兰州财经大学丝绸之路经济研究文库

项目来源：兰州财经大学重大招标项目《西北丝路旅游时空演变研究》(LZUFE2017A04)

兰州财经大学丝绸之路经济研究院重点项目《丝绸之路入境旅游流时空演变研究》(JYYZ201602)

兰州财经大学青年学术英才计划项目(QNYC710)

国家社科项目《非传统安全视域下西北民族地区旅游危机预警管控研究》(15XMZ047)

丝路旅游发展模式研究

——区域旅游卷

窦开龙　等著

中国财经出版传媒集团
中国财政经济出版社

图书在版编目（CIP）数据

丝路旅游发展模式研究．区域旅游卷／窦开龙等著．--北京：中国财政经济出版社，2020.9

（兰州财经大学丝绸之路经济研究文库）

ISBN 978-7-5095-9872-6

Ⅰ.①丝…　Ⅱ.①窦…　Ⅲ.①丝绸之路-旅游经济-经济发展模式-研究　Ⅳ.①F592.74

中国版本图书馆CIP数据核字（2020）第104700号

责任编辑：葛　新　　　　责任校对：胡永立

封面设计：陈宇琰　　　　责任印制：刘春年

丝路旅游发展模式研究——区域旅游卷

SILULÜYOUFAZHANMOSHIYANJIUQUYULÜYOUJUAN

中国财政经济出版社 出版

URL：http：//www. cfeph. cn

E-mail：cfeph@ cfeph. cn

社址：北京市海淀区阜成路甲28号　邮政编码：100142

营销中心电话：010-88191522　编辑部门电话：010-88190666

天猫网店：中国财政经济出版社旗舰店

网址：https：//zgczjjcbs. tmall. com

北京财经印刷厂印刷　各地新华书店经销

成品尺寸：170mm×240mm　16开　18.5印张　278 000字

2021年9月第1版　2021年9月北京第1次印刷

定价：56.00元

ISBN 978-7-5095-9872-6

（图书出现印装问题，本社负责调换，电话：010-88190548）

本社质量投诉电话：010-88190744

打击盗版举报热线：010-88191661　QQ：2242791300

前　言

丝绸之路，也被称为“玉石之路”“皮毛之路”“香料之路”“宝石之路”“佛教之路”“陶瓷之路”，横贯东西，纵横古今，是一条文化廊道。在中西方文化交流历史上，丝绸之路一度非常兴盛，人员、物资交流非常频繁，不同族群南来北往、西去东走，商贸往来特别活跃，促进了边疆发展与人类和平，后来由于气候变化与沿海开发等因素逐渐衰落。丝绸之路也是一条举世闻名的旅游黄金走廊。这里，名胜古迹随处可见，现代建筑星罗棋布，民俗风情奇异多彩，古迹遗址数不胜数。当年驼铃悠悠回响，使者商旅跋涉前行，游客学者游览考察。改革开放以来，丝路旅游得到发展，景点林立，景区串联，线路成熟，并且在联合国教科文组织的推动下，中、哈、吉三国联合申报的丝绸之路项目被列入《世界遗产名录》，受到世界关注。因此，研究丝路旅游势在必行。

基于此，我们组织了一些年轻学者，形成科研团队，经过仔细论证，确定选题，拟策划撰写一套研究丛书。经过资料分析、实地调研、问卷调查，结合访谈，反复琢磨，最终形成了本系列成果。

本丛书包括4卷，不侧重理论体系建构，而是围绕重点、热点与难点，多角度、多层面、多视野分析了丝路旅游的历史、现状与未来。其中，《入境旅游卷》依据国家权威统计数据和模型，开展计量分析，对西北地区入境旅游流的流质、流量、竞争态等做了测算比较，分析了背后机理与影响因素；《区域旅游卷》选择省级区域与特色县域，阐述了旅游发展模式的时空差异；《文化旅游卷》将名人文化、红色文化、遗址文化等做了细致梳理，同时侧重经世致用，提出了文旅融合发展的若干对策建议；《城乡旅游卷》

选择典型城市与乡村，揭示了丝路旅游在城乡之间的差异、表现与特征。丛书附录部分很有意义，收录了作者演说稿、发言词与专家访谈记录，与正文相得益彰，既可丰富研究内容，也可提升研究品质，增加了丛书的趣味性与吸引力，是本丛书的亮点。

本丛书的出版得到了兰州财经大学领导的大力支持，兰州财经大学丝绸之路经济研究院与科技处给予了经费支持，中国财政经济出版社蔡宾先生多次协商沟通具体细节，倾注了汗水与智慧。在此一并表示由衷的感谢。

旅游发展无止境，学术研究无尽头。我们会继续关注丝路旅游，推出新的研究成果。同时，也祝愿在“一带一路”与“丝绸之路经济带”建设背景下，丝路旅游在高质量发展、创意创新驱动、一体化建设方面有新的突破，为中国崛起与世界和平发展做出更大贡献。

窦开龙

2020年6月29日

目　录

第一部分　省域旅游卷：以甘肃为例

第二部分　县域旅游卷：以永昌县、古浪县及永靖县为例

第一部分
省域旅游卷：以甘肃为例

第一章

旅游资源概述

第一节　旅游资源的形成

一、旅游资源的含义

旅游资源是旅游发展的基础、前提和条件。旅游资源学术界有不同的认识，形成了不同的界定。一般认为，旅游资源是吸引旅游者的各类物体或者现象。对于其类别，学者认识也不同，有的学者认为旅游资源包括物质因素（自然风光、遗产遗址或现代人工创造物等）及非物质因素（历史、文化和社会现象等），有的学者认为旅游资源包括自然景观和人文景观。旅游资源的本质特征是对游客具有吸引力，可以通过开发利用，满足旅游者求新、求异、求乐、求健康等动机，并产生一系列的经济、社会、文化和生态环境效益。

甘肃旅游资源包括自然风景和人文景观两大类。前者由地质地貌等自然地理要素构成，主要包括特色地貌、水文资源、天象气候、动植物等，后者主要包括历史文化与文物古迹、民族风情、现代建设中的城乡风貌、地方饮食购物、体育娱乐等。这些资源互相交织，互为辅助，各美其美，美美与共，构成了美丽甘肃的壮丽画卷。

二、甘肃旅游资源形成背景

1. 自然地理背景

甘肃位于中国西北部，属于边疆地区，与陕西、四川、青海、新疆、宁夏以及内蒙古等多个省区交界，西北部和蒙古国相连接。从地图或者高空俯视，甘肃位于中国西北腹地，地形呈哑铃状，也有人形象描述整体地形犹如一支“玉如意”，东西两端较为宽阔，而中间地域比较狭窄，东西两端海拔不同，西南地区多为高原，海拔较高，东北部分相对较低。从地形上看，甘肃各地差异很大，其中，东南部为陇南山地，大秦岭山脉向西延伸，白龙江、西汉水等长江支流贯穿其中，日夜奔流；中部和东部横亘的是六盘山脉，黄河流经此地；南面是甘南，属于青藏高原边缘地带；河西走廊及其北部为典型干旱半干旱地区，多荒漠，也有绿洲点缀其间，其中山脉主要是祁连山，海拔 4300 米以上，个别地方由于寒冷形成冰川。

甘肃气候具有多样性特征。狭长的地形使甘肃兼跨西北干旱区、青藏高原区、东部季风区，气候类型较为多样。

因此，我们可以这样说，甘肃地形狭长，气候复杂，雪山挺拔巍峨，冰川晶莹剔透，大漠辽阔苍茫，河流蜿蜒盘旋，戈壁绿洲相间，森林郁郁葱葱，草原花香草绿，高原千沟万壑，山地高大雄浑，共同孕育出一幅美丽画卷。

2. 历史发展背景

甘肃之称呼，最早出现在 700 多年前，由于西夏曾设置甘肃军司，元朝设置甘肃省，取古甘州（今张掖）与肃州（今酒泉）两地的首字。由于大部分地区位于陇山（六盘山）以西，唐朝设置陇右道，甘肃也被称为“陇”。

甘肃历史悠久。其一，甘肃是中华民族和华夏文明起源地。伏羲、女娲、黄帝、西王母出生在甘肃的传说由来已久，庆阳是周人发迹地，陇南是秦人肇基地，陇西是李氏故里，甘肃也是中医药学的重要发祥地。其二，甘肃是丝绸之路黄金路段。伴随丝路崛起萧条，甘肃亦走过不凡岁月，丝路遗址、遗迹、故事传说众多，石窟、长城天下知名。其三，甘肃是历史上的边疆地区。作为中原王朝的重要战略基地，武威、敦煌、酒泉、庆阳等地曾经硝烟弥漫，金戈铁马，狼烟四起，关隘长城到处耸立，边塞诗千古流传。其四，仁人志士和革命前辈在甘肃留下了革命史诗。为民族崛起，为国家稳定，谱写了无数传奇与悲歌。

3. 社会文化背景

甘肃是多元社会文化交流之地。其一，周秦汉唐、三国文化可以找到足迹。其二，丝绸文化在这里交融，留下无数人文古迹，敦煌莫高窟、麦积山石窟、嘉峪关等是人类瑰宝。其三，具有多样民族文化。汉族、回族、藏族等 54 个民族在这里生活繁衍，各民族之间民俗习惯和宗教信仰差异很大，但却能和平共处。因此，我们说：甘肃是一个文化大观园，如始祖文化、丝路文化、三国文化、黄河文化、宗教文化和红色文化，类别多元，令人叹为观止。

第二节　地文景观类旅游资源

一、概述

甘肃地形狭长，地势自西南向东北倾斜，大致分为六大区域，南部是陇南山地，中间和东部地区是陇东、陇西黄土高原，东南部地区为甘南高原，西部是狭长的河西走廊和祁连山地。除热带沙漠和滨海类型资源外，山岳、化石、熔岩、峡谷、石林、沙漠、丹霞、雅丹、平川、河谷、沙漠、戈壁等均有分布。甘肃独特的地理要素和环境要素，使得气候和生物资源也较为特殊、多样。从整体看，甘肃地文景观类资源质量和结构较为优秀，在国内具有较高美誉度和知名度。见表1－1。

表1－1　　甘肃地文景观类旅游资源

亚类	基本类型	主要资源
综合自然旅游地	山丘型旅游地	祁连山脉、乌鞘岭、六盘山、崆峒山、焉支山、阿尔金山、马鬃山、景泰寿鹿山、兰州白塔山、兰州五泉山等
	砂砾石地型旅游地	敦煌沙漠、腾格里沙漠等
沉积与构造	生物化石点	永靖恐龙足印化石群（国家地质公园）、平凉古菱齿象化石点
地质地貌过程形迹	石（土）林	景泰黄河石林、碌曲则岔石林
	丹霞	兰州丹霞五彩之山、张掖丹霞地质公园、兰州天斧沙宫、天梯山丹霞地貌等
	沟壑地	董志塬等
	峡谷段落	曲卓尼大峡谷、太平奇石峡、两当云屏三峡、张掖平山湖大峡谷等
	雅丹	敦煌雅丹魔鬼城、安西布隆吉雅丹地貌
	岩石洞与岩穴	武都万象洞、天水香积山溶洞、托河白玉洞、成县五仙山森林溶洞、天寿山玉皇洞
	沙丘地	鸣沙山等

资料来源：作者根据网站资料整理。

二、山丘峡谷型旅游资源

甘肃山脉多呈现西北—东南走势，主要有阿尔金山、祁连山、合黎山、龙首山、六盘山、岷山、秦岭、子午岭山、阿尼玛卿山等。峡谷主要有马牙雪山峡谷、张掖平山湖大峡谷等。这里重点介绍如下几个：

1. 祁连山

祁连山是甘肃西北部主要山脉，与青海相接。由于其阴面是张掖市，祁连山又被本地居民称为“张掖南山”，不过此称谓知晓率较低，局限于本地。“祁连”得名，据说和古代的少数民族匈奴有关系，匈奴一支早期就居住在祁连山区域，按照古匈奴语，祁连山为“天山”之意。祁连山多条山脉按西北—东南走向，峡谷横列其间，个别地方人迹罕至。祁连山海拔较高，山上气候严寒，高处被厚厚的永久积雪和现代冰川覆盖，因此具有丰富的冰川资源，被称为“高山水库”。天气转暖，融化的雪水就沿着山麓和沟谷顺流而下，形成绿洲，保障了农业发展。祁连山最主要的贡献是维护西北生态平衡，一旦祁连山遭到破坏，新疆境内的沙漠将和甘肃境内的沙漠“握手”，后果不堪设想，因此国家对祁连山生态环保极其重视。

2. 崆峒山

崆峒山所属区域较大，具体范围有争议，但主要部分位于甘肃平凉，地处城区西边。崆峒山属于六盘山支脉，自然景色秀丽，植被茂盛，森林覆盖率高，生长多种动植物。崆峒山被称为道教圣地，据说智者广成子在此修道，轩辕黄帝为了治理天下和修身养性，曾亲临崆峒山，多次求教广成子，《庄子·在宥》和《史记》等典籍中均有记载。其后，秦皇武帝也登临崆峒，寻道问道，司马迁、杜甫、白居易等一大批文人墨客也慕名前来，留下大量诗文，使崆峒山名扬天下。崆峒山目前是国家5A级旅游景区（2001年获得），每年游客络绎不绝。

3. 天水卦台山

卦台山又被称为“画卦台”，位于天水市麦积区渭南镇。其得名和伏羲创设八卦传说有关——此地环境神奇独特，渭河由东向西流淌，在这里转了一个大弯，形成一个天然的S形，三阳川盆地被流过的河水一分成二，形状极其像太极图。画卦台对面，就是所谓的“龙马山”，一旦遇到阴雨天气，云雾缭绕，有龙马出没的感觉。正是由于这里环境奇特，始祖伏羲来此后得到灵感，根据日月飞禽和山石走兽现状以及变化，创造了文字以及八卦符号，反映了自然界“天、地、水、火、山、雷、风、泽”八种现象和变化，卦台山由此而得名。

《秦州志》记载，明正德十二年（1517年），为纪念伏羲功绩和传承民族文化传统，巡按冯时雍于州北三阳川卦台山上建了很多寺院庙宇，后多次维修重建。目前，卦台山已成为国家知名景区，每年举办伏羲祭祀大典，无数游客前来凭吊始祖，登临这里看自然景观，寻八卦图之妙，带动了经济社会发展。

4. 天井峡

天井峡位于定西市渭源县莲峰镇，是一处典型的史前峡谷。峡谷分前、后、上、下四大块，各有不同的山形特点。峡中有景点20多处，山崖陡峭，一座座耸立挺拔，但中间有一细缝，刀削斧劈一般，又如同被大锯生生割开后形成的一条板缝，因此本地人把它叫作“解板沟”。峡谷深处是仙女屏，树木参天，瀑布流淌，小鸟鸣叫，别有天地。峡谷似画廊，到处是奇山，山水美景如仙境。这里不但景色美，而且还有许多奇花异草，很多珍奇野生动物时常出没，如獐、鹿、野牛、金钱豹、蓝马鸡、娃娃鱼等。

5. 马牙雪山峡谷

马牙雪山峡谷主体位于武威市天祝藏族自治县西南58公里的炭山岭镇，其完整地保存了4亿年前的古老造山运动演化记录，现为景区，游客可以观赏到马牙雪山古冰川地貌、金沙峡深切型峡谷地貌、本康丹霞地貌和石门三岔枕状熔宕等地质遗迹，以及水利工程和民族文化，是典型综合类地质公园。

6. 张掖平山湖大峡谷

峡谷内有红色岩石，形状奇特，适宜探险科考和休闲运动。《中国地理杂志》及中外知名地质专家和游客给予其高度评价，认为景色之美可以和张家界以及美国科罗拉多大峡谷相媲美。峡谷附近居住有甘肃特有民族裕固族。

三、古生物化石旅游资源

根据甘肃境内的化石记录和地层资料，在远古中生代，甘肃曾经是一个孕育生命起源的生机盎然的大地，陇南大地曾多次出现热带、亚热带动植物一统天下的局面，这里也曾经是一片沼泽之地，到处湖波浩渺，树木繁茂，景色旖旎。岁月的流转、气候的变化，这里成为了高原交汇处。近几十年来，甘肃境内发现了数量可观、门类庞杂的化石，包括马门溪龙、黄河剑齿象、古鳄鱼化石、巨蜥、铲齿象、剑齿虎、大唇犀、巨鬣狗等化石，如今很多生物已经灭绝，伴随着起伏的黄土高原和绵延百里的戈壁荒漠，唯有化石见证着这段沧海桑田的变迁。

1. 和政古动物化石博物馆

该博物馆为新型博物馆，位于甘肃临夏州和政县，2003 年第一期完成，2006 年第二期工程建成并对外开放。该地区发现了古动物化石 5700 余件，和政古动物化石博物馆里展出了所发现的哺乳动物化石中的一部分，最具代表性的是：目前世界上最大的鬣狗化石；距今约 1500 万 - 1200 万年的铲齿象化石；约 1200 万 - 500 万年的三趾马化石；和政羊化石；约 200 万年的真马动物群化石。博物馆填补了多项世界空白，被誉为“高原史书”，是了解远古生命演化、青藏高原环境变迁以及黄河文明的知识大观园。

2. 永靖恐龙足印化石群（国家地质公园）

科学家经过研究认为，在人类统治地球之前，恐龙是地球上最主要的动物，或者说是地球主宰者，时间长达 1.6 亿年，但在 6500 万年前灭绝。其灭绝原因存在争议。科学家认为，恐龙有很多类型，形态各异，躯体十分巨大。这种史前生物的出现、繁盛、绝灭仅存在于人类的想象之中，没有化石的话，只是假设，难以支撑科学观点。甘肃省永靖县出土的恐龙化石蛋和化石骨骼为研究恐龙提供了依据。20 世纪 60 年代至 90 年代和 21 世纪初期，经过多次挖掘，永靖县盐锅峡水库库区北岸发现了永靖恐龙足印群，展示了当时恐龙生活场景。为发展经济和满足旅游者需求，政府于 2005 年修建了刘家峡恐龙国家地质公园，并正式对外开放。

刘家峡在 1.7 亿年前是一个古湖泊沙岸，当时有一个枯水期，由于水位下降，沙滩开始露出水面。恐龙家族爬出湖泊后，朝着沙滩走去，留下痕迹，后来水位上涨，沙滩被淹没，足迹成为化石被保留下来。

化石群不但有恐龙足印，也发现了世界上已知植食性恐龙中牙齿最大的恐龙，由于发掘地在兰州附近，专家将其命名为“兰州龙”。这对研究本地环境变迁以及恐龙演化有很大的帮助。

3. 黄河古象化石

1973 年，甘肃省庆阳市合水县板桥乡出土了一具古象化石，具体地点在马莲河畔。当地居民在河边挖土时发现一些奇异的象牙，后继续挖掘，全部化石被发现。经过粘接，人们惊异的发现，除了一小段尾骨，这头生活在几百万年前的象骨架保存完好，专家研究后认为这是一具完整的剑齿象化石标本，并依据所生活环境和地理位置，将其命名为“黄河古象”。目前复原骨架存于北京自然博物馆。黄河古象的发现有助于人们了解 250 万 - 200 万年前甘肃地区的古地理、古气候。目前，复制品在本地博物馆。

4. 平凉古菱齿象化石点

平凉古菱齿象化石发现于 1984 年，位置在平凉市崆峒区大秦乡沙塬村，先由本地居民发现，后由刘玉林具体做论证披露，知名学者贾兰坡等认可。平凉古菱齿象是亚洲象的直系祖先，生存时间距今约 100 万年前。古菱齿象化石点的发现具有重要研究价值，同时也说明，早在 5 亿年前这里位于海底，后逐渐升高，形成今日河流山川地貌地形，并且当时生机勃勃，多种植物、动物在此繁衍生息，后伴随自然演化不断消亡或者灭绝。

四、石林地貌

1. 景泰黄河石林

景泰黄河石林位于白银市景泰县中泉乡龙湾村，2004 年设立国家地质公园，为甘肃地质公园之一（见表 1 - 2），包含饮马沟、老龙沟、豹子沟、蟠龙洞、观音崖、古村落等区域。石林主要组成要素是土黄色砂砾岩，形成时间在 200 多万年前，经历地壳运动、风化、雨蚀等作用，形成了峭壁岩柱、石柱、石笋。古石林是其中最具特点的区域，景区内峰林绵延不绝，姿态各异，有的气势磅礴，有的小巧玲珑，好似窈窕玉立的少女，整体看则是一幅壮丽画卷。宁静的石林之边就是奔流不息的母亲河——黄河，远处的龙湾村却是一派田园风光，别有洞天。

石林景区有多处奇景。其中，蟠龙洞洞顶有天然形成的太极图；洞内的“兴龙寺”历经百年沧桑；清凉寺地处黄河北岸，为知名佛教圣地。景区项目如石林观光、沙滩排球、乘坐羊皮筏子、黄河漂流、篝火晚会、滑沙、乘坐驴车、骑马、卡丁车等深受游客喜爱。

2. 碌曲则岔石林

则岔石林位于甘南藏族自治州碌曲县，具体位置在拉仁关乡则岔村。则岔，在藏语中为“则仓”，是羚羊家园的意思。这一处地貌景观由硅灰岩组成。景区内环境幽静，空气极其清新，林木翠绿茂盛，流水缓缓，山峰石林耸立，各类珍禽异兽栖息生活其间。进入石林后，游客必须经过一处景观，本地人叫作“石门一线天”，长约百米，宽仅容一驮畜经过，极其险要，据说为藏族英雄格萨尔王一剑劈开，马蹄印痕留于其上。1998 年，则岔石林成为国家级自然保护区，目前是甘南州最具魅力的景区之一，和桑科草原、拉卜楞寺等齐名。

表 1-2　　甘肃地质公园名录

景区名称	地址	主要地质特征地质遗迹保护对象
甘肃敦煌雅丹国家地质公园	敦煌市	雅丹地貌，黑色戈壁滩
甘肃刘家峡恐龙国家地质公园	临夏回族自治州永靖县	恐龙化石和足印
甘肃景泰黄河石林国家地质公园	白银市景泰县	黄河石林，融合峰林，雅丹和丹霞等地貌特征
甘肃平凉崆峒山国家地质公园	平凉市崆峒区	丹霞地貌，斑马山

资料来源：根据甘肃林业网及甘肃省地质公园名录（2015-5-15）整理。

五、溶洞

1. 武都万象洞

万象洞地处陇南市武都区，具体位置在汉王镇杨庞村。目前是甘肃知名旅游景区、省级重点文物保护单位，是西北地区规模最大的岩溶地貌溶洞。已有 3 亿-2.5 亿年历史，因洞中又有洞，洞内乳石各有姿态，游客到此，仿佛进入仙宫，故而得名“万象洞”。洞内留有北周、宋、元、明、清等各代石碑，因此被称为“地下艺术长廊”“华夏第一洞”。清有诗《万象仙洞》曰：“不是人世间，包罗万象天。卧龙何日起，玉竹几时悬？谁凿洪蒙窍，空留丹灶烟。洞内台不滑，何处遇神仙！”洞内气候湿热，小溪潺潺。由于洞穴规模很大，非常适宜开展休闲避暑和科考探险旅游。景区景点依形象被命名为月宫、天宫和龙宫三洞天。

2. 天水香积山溶洞

香积山位于天水，在知名景区麦积山正南。由于山腰之处有一天然形成的溶洞，故被称为“香子洞”（或“玉祥洞”），洞内遍布各类形状的乳石，阳光照射后，到处晶莹耀目，闪闪发光。山顶在冬季被白雪覆盖，有“香积积雪”之称，自古受到游客传颂。明代，山顶建有香积寺，据说香火极为旺盛，一时香客如云，与麦积山瑞应寺交相呼应，后逐渐趋于萧条，今日只剩残垣断壁。明胡缵宗《与麦积山上人》诗中咏道：“南有香积寺，北有麦积山。山人拾瑶草，白云相与还。”游客到此，可以登上凌空栈道，来一番高空行走的体验。

六、丹霞地貌

丹霞地貌是以红色砂砾岩等形成的地貌。甘肃省丹霞地貌资源的特点有三：一是规模大。调查统计资料显示，目前甘肃省丹霞地貌达 80 多处，占全国的 1/7。二是组合好。大部分风景区和本地历史人文资源组合良好，尤其是与石窟、壁画等宗教建筑毗邻，形成较好的景区。三是已经初步得到旅游开发。较为知名的是张掖丹霞、平凉崆峒山、武山水帘洞等。

1. 张掖丹霞地质公园

张掖丹霞地貌位于临泽、肃南两县交界之地，是国内唯一的丹霞地貌与彩色丘陵景观复合区，被《中国国家地理》评为全国“七大丹霞地貌”之一。目前开发出两大景点，一是七彩丹霞景区，主要分布在临泽县倪家营乡，由经长期风化剥离和流水侵蚀的红色砾石、砂岩和泥岩形成，色彩斑斓，尤其雨雪天气之后，格外美丽绚烂，五颜六色，被当地人称之为“阿兰拉格达”，意为红色的山。电影《太阳照常升起》《三枪拍案惊奇》以及电视连续剧《神探狄仁杰》等曾在此拍摄。二是冰沟丹霞景区，位于张掖市肃南县康乐乡、白银乡地段，属于窗棂状宫殿式丹霞。

2. 兰州树屏丹霞

兰州树屏丹霞位于兰州市，具体位置在永登县咸水河流域的树屏镇、苦水镇和西固区河口镇。其中树屏丹霞最为典型，发育于白垩纪至第三纪时期，距今已有1.5亿年历史。到达杏花村海通山以后，放眼望去，可见各种形态的丹霞地貌，连绵起伏，绚丽多姿。目前该丹霞刚刚开发，旅游前景值得期待。

3. 兰州天斧沙宫

天斧沙宫位于兰州安宁区，也属于丹霞地貌景观，距今已有2500万年历史。地貌群的具体位置在仁寿山下，处于龙风峡之内。峡谷曲折，山体主要为红色砂岩，经过不断的风化和水蚀，山体变化为宫殿城堡群形状。地理学家陶保廉、杨钟健、卞美年、B. H. 帕甫林诺夫等都来此做过考察，鬼斧神工天然形成，称为"类丹霞地貌"。任震英先生则直接美誉为"天斧沙宫"。这里有好多奇特景观被命名为交易大厅、卧龙驿站、连环营寨、议事厅等，适宜探险。

七、雅丹地貌

1. 敦煌雅丹魔鬼城

雅丹，维吾尔语的意思是"陡峭的山丘"，是干燥地区按照一定方向排列的沟垅相间的风蚀地貌组合。雅丹地貌在甘肃和新疆多有分布。其中，敦煌雅丹位于敦煌西北部，经过几十万年的大自然造化，这里形成规模很大的雅丹地貌，仿佛是一座古城堡，游客可以看到长城城墙、古城街道、狮身人面像等。大风来时，这里发出奇怪叫声，似有千万个魔鬼在打斗，因此人称"魔鬼城"。白天，游客可以看到浅红色雅丹、蓝天、白云，心旷神怡，夜晚可以露宿，早上观看日出，别有滋味。

2. 安西布隆吉雅丹地貌

安西县也有雅丹地貌景观，以布隆吉雅丹为代表。地点在安西县布隆吉乡疏勒河的北岸、甘新公路南侧，长约9公里，高高低低，形态不一，有的好似人头，有的好似云朵，有的好似骆驼，其形成和这里多风有关。安西县素有"世界风库"之称，常年有大风，在风力作用下，雅丹地貌呈现多样姿态。

八、沙漠

1. 鸣沙山

鸣沙又称响沙，是一种自然现象，指会发出声响的沙子。沙子之所以发声，源于自然界的多种力量尤其是风力。我国有多处著名的鸣沙景区，其中以敦煌鸣沙山最具有代表性，《后汉书·郡国志》《旧唐书·地理志》《沙州图经》等都有记载。目前这里是景区，有交通车和旅游大巴直达，游客很多，主要项目是骆驼骑行、滑沙、滑翔跳伞等。

2. 武威沙漠

武威沙漠是腾格里沙漠的一部分，以沙漠公园最为出名。该公园位于武威城东。1994 年，武威为了治理沙漠，从世界各地引来多个品种的沙生植物，主要有白蜡、椿树、柳树、文冠果、大宁、刺山柑、山冬青、白梭梭等，成为国内最早在沙漠中建立的公园，当时被外界誉为“沙海第一园”。现为国家 4A 级旅游景区，项目有游泳、跑马、赛骆驼、沙浴等。不过，景区质量和鸣沙山等无法相比，需要提升。

九、高原

甘肃地处三大高原交汇处，黄土高原和农业文明有关，青藏高原和甘南居民生活密切相关，北部与内蒙古高原相邻。其中最著名的是庆阳市的董志塬景观，该景观位于六盘山之东，因六盘山又名陇山，故人们将董志塬为中心的黄土残原总称为“陇东黄土高原”。专家考证后认为，数百万年前，这里是一片草原，到处沼泽，后来，伴随造山运动和喜马拉雅山脉的不断变化，形成持续运动性变迁，最终抬高成为丘陵。此外，由于西伯利亚狂风不断吹来，将黄土搬运到这里，堆积下来，层层叠加，形成了初期的黄土高原。在此之后，经过风力搬运黄土，堆积，雨水和河流将其冲刷，将完整的陇东黄土高原分割开来，演化为塬、墚、峁等多样黄土地貌。董志塬总面积较大，以面积最大、保存最完整、土层最厚被誉为“天下黄土第一塬”，中央电视台还专门制作专题片，对黄天厚土做了宣传，此地具有发展乡村旅游和黄土文化旅游的绝佳条件。

第三节　水域风光类旅游资源

一、概述

没有水，大自然就没有生命存在，因为水是万物之源。水是变化的，水是灵动的，表现出江河、湖泊、湿地、泉水、雪山、冰川，海洋等形态，是发展旅游业最重要的资源。甘肃省水资源相对丰富，河流、湖泊、湿地、泉水均有分布（见表1－3），促进了甘肃旅游业的发展。

表1－3　　甘肃水域风光资源

亚类	基本类型	主要资源
河段	观光游憩河段	黄河、疏勒河、黑河、石羊河、渭河、白龙江等，永靖黄河三峡、白银黄河小三峡、玛曲黄河首弯、卓尼大峪沟、天祝小三峡、盐锅峡
天然湖泊与沼泽	观光游憩湖段	文县天池、月牙泉（湖）、尕海、苏干湖
	沼泽与湿地	尕海—则岔、张掖黑河、党河湿地
瀑布	悬瀑	官鹅沟瀑布、三滩瀑布
泉	地热与温泉	天水清水温泉、定西通渭温泉、平凉泾川温泉、崆峒山温泉、天水街亭温泉、天水武山温泉
冰雪地	冰川观光地、常年积雪地	七一冰川、梦珂冰川、大雪山冰川，马牙雪山

资料来源：作者根据网络资料收集整理。

二、峡谷

1. 永靖黄河三峡

黄河三峡地处永靖县，包括炳灵峡、刘家峡、盐锅峡三大峡谷。黄河自西南向北流淌，呈“S”形横穿永靖县。这里风光优美，两岸是彩色岩石构成的山体，黄河水汇流流过，一副高峡出平湖的景观。黄河三峡现为国家4A级旅游景区，也是甘肃省重点发展的大景区之一。

2. 卓尼大峪沟

卓尼大峪沟位于甘南藏族自治州，具体位置在卓尼县木耳乡。这里沟谷较多，山川挺拔，奇石林立，林木高大，绿草如茵，农家田园点缀其间，构成了一幅绝美的风景画。

三、江河

甘肃地处黄土高原、内蒙古高原和青藏高原交汇地带，大部分地区干旱少雨，但全省有450余条较大河流，包括黄河、洮河、湟水、大夏河、庄浪河、渭河、泾河、石羊河、黑河和疏勒河等。这些河流为农业区域和绿洲提供了灌溉用水，为居民提供了生活用水，为城市提供了工业用水，也为旅游业发展提供了资源支持。

1. 黄河

黄河是中华民族的母亲河，发源于青海，流经多个省区，是我国第二大河。黄河在甘肃流经甘南草原，在永靖县有刘家峡等水利工程，在兰州有黄河铁桥等景观，景泰县有黄河石林景区。甘肃有多条河流汇集到黄河，如渭河、洮河、湟水、泾河等。因此，甘肃重点开发建设黄河风情线项目，并与沿黄河地区加大旅游合作。

2. 玛曲黄河第一弯

黄河九曲有九十九道弯，但黄河第一弯在哪里，世人知道的并不多。第一弯就在甘南藏族自治州，具体位置在玛曲县。“玛曲”，藏语之意思“黄河”。黄河发源于巴颜喀拉山，由于地势关系，黄河自西向东流淌，汇集后在玛曲县境内形成第一弯。此地可见黄河、草原、牛羊、远山，景色独特，是甘肃的知名景点。

四、湖泊和湿地

甘肃有一些湖泊在国内有一定知名度，较为知名的有月牙泉（湖）、文县天池、苏干湖、尕海等。甘肃也有很多沼泽湿地，非常适合野生动植物生存，其中，最著名的有尕海—则岔、张掖黑河、党河湿地等。见表1－4。

表1－4　甘肃重要湿地名录

级别	名称	所在县市
国际级	尕海—则岔	甘南藏族自治州碌曲县
	张掖黑河	张掖市甘州、临泽、高台三县（区）
	党河湿地	酒泉市肃北县
国家级	文县黄林沟	陇南市文县
	兰州秦王川	兰州市
	民勤石羊河	武威市民勤县
	永昌北海子	金昌市永昌县
	金川金水湖	金昌市
	金塔北海子	酒泉市金塔县
	临洮洮河	定西市临洮县
	酒泉花城湖	酒泉市肃州区
	康县梅园河	陇南市康县
	景泰白墩子盐沼	白银市景泰县
	嘉峪关草湖	嘉峪关市

资料来源：根据中国重要湿地名录整理。

1. 文县天池

文县天池国家森林公园位于甘肃省陇南市，具体位置在文县西北地区。这里奇峰、飞瀑流泉引人入胜。专家考证后认为，天池是宋代以前由于地震阻塞了洋汤河道，形成的一处巨大堰塞湖。作为知名景区，这里的吸引力在于：自然环境好，景色优美；终年气候宜人；动植物资源极其丰富，有各类珍贵木材、贵重药材、山珍奇味、异兽。2018 年 1 月份，甘肃省旅游景区质量等级评定委员会发布公告，文县天池被评定为国家 4A 级旅游景区。

2. 月牙泉

月牙泉位于敦煌市，地处市区南面，是鸣沙山里的一个湖泊。泉不大，南北较长，东西最宽处为 25 米左右，水深 4 米以上。泉水由于自然界作用，虽然地处沙漠却不干枯，的确是奇观。每年有大量游客前来此地，欣赏此奇观。

3. 苏干湖

苏干湖地处酒泉市，具体位置在阿克塞哈萨克族自治县。苏干湖有一大一小两个湖，其中大苏干湖面积在 100 平方公里以上，属于咸水湖，小苏干湖面积较小，仅为大湖的十分之一，是淡水湖。苏干湖湖水滋润了周围草原，形成了优质牧场，夏秋时节，这里一片生机，花香鸟鸣，天蓝云白，游客到此心旷神怡。

4. 尕海湿地

尕海湿地位于甘南藏族自治州，具体位置在碌曲县西南部尕海乡。这里海拔较高，尕海湖就处于此地，是甘南第一大淡水湖，1998 年成为国家级自然保护区，2011 年列入国际重要湿地名录。尕海为珍稀动植物繁衍提供了条件，目前有黑颈鹤、白天鹅、灰鹤、黑鹳、大白鹭、雁鸭、水鸟等多种候鸟。为防止破坏生态以及生物多样性，政府在附近建设了公路，长度约 60 公里，实现了“人类为鸟类让道”。

5. 张掖黑河湿地国家级自然保护区

黑河是我国第二大内陆河，甘肃张掖的甘州、临泽和高台三县（区）是黑河主要流经地区，一共有 200 多公里河段。黑河在这里形成了湖泊、湿地、沼泽和滩涂，不但可以涵养水源，调节小区域生态气候，而且为流域内人民的生活生产提供了重要保障。黑河湿地是国家级自然保护区，始建于 1992 年，2015 年成功列入国际重要湿地名录。目前有珍稀候鸟、水禽等各类动植物资源，其中黑鹳是重要保护对象，约占全世界总数 3‰以上的黑鹳在保护区越冬。

五、冰川和雪山

1. 七一冰川

七一冰川是嘉峪关非常稀缺的旅游资源，具体位置在距离市区 100 多公里之处。由于和嘉峪关距离很近，被认为是距离城市最近的冰川。1958 年我国开始冰川考察，地点就在这里，因此，这里是中国冰川研究的发祥地，“七一”是当年科研人员登上冰川的具体日期。近年伴随气候变化和工业发展，城市污染加大，七一冰川面积和规模均缩小，亟需改善生态环境，以保护这一特殊资源。

2. 透明梦柯冰川

透明梦柯冰川位于酒泉市，具体位置在肃北蒙古族自治县。此冰川又叫老虎沟 12 号冰川，也是目前祁连山最大的山谷冰川，为河西走廊发展农业和饮水做出了巨大贡献，是珍贵的水体资源和旅游资源。

3. 阿尼嘎卓——马牙雪山

马牙雪山位于武威市，具体位置在天祝县。马牙雪山在藏语中被称为“阿尼嘎卓”，因形如马牙而得名。由于地处高原，海拔较高，山上气温较低，常有积雪。主峰叫作白尕达，藏语的意思是“最高的须弥山”。

六、温泉

甘肃虽然地处内陆，属于干旱半干旱地区，但并不缺少温泉资源，温泉开发历史比较久远，地理学经典著作北魏的《水经注》有关于甘肃通渭温泉保健治病的记载。甘肃有多处温泉，都属于中低温地热资源，主要有定西通渭温泉、平凉泾川温泉、天水清水温泉、武山温泉、街亭温泉、平凉崆峒山温泉等。其中，武山温泉的氡含量比较高，为优质氡泉；定西通渭温泉的铁含量很高，是公认的我国三大铁泉之一；天水清水温泉、定西通渭温泉和平凉泾川温泉水质好，具有较高的医疗保健作用。目前，温泉旅游作为新型业态得到重视，政府和企业都加大了投入，旅游设施和配套项目比较完备，受到游客好评。

第四节　气候、气象景观与生物景观旅游资源

一、气候、天象景观

气候是由于太阳辐射、大气环流、人类活动共同作用下，在某一时段内大量天气过程的一种综合表现；气象是大气中出现的各类物理现象和物理过程。两者都是旅游资源，可以直接成为旅游吸引元素，但在特殊条件下，也会制约旅游业发展。甘肃特殊的地理位置使省域内气候资源丰富多样，不但和外地不同，内部差异也很大，有助于发展旅游业。

1. 避暑胜地

甘肃地处北半球，最热的月份在 7 月，但平均温度不是很高。甘肃有高山、草原、山地、湖泊，使该区域气温较低，尤其是高海拔地区是避暑的理想之地。目前，甘肃开始发展避暑旅游，南部山地、河西走廊草原、东部高原都有相关项目，很受游客喜欢。

2. 低垭云海

云海是一类特殊的自然景观，在一定的气候条件下，云顶高度低于山顶高度的时候，若从山巅往下观看，就会看到云层如大海一样，浩渺无尽。甘肃的云海主要是低垭云海，它位于陇南市康县铜钱乡低垭梁，这里可以经常看到云海景观，只见云层如轻烟，有的时候又似薄雾，一片白色，茫茫无尽。

二、生物景观概述

生物也是珍贵的旅游资源，不但可以丰富生活，还可以增进人类对自然

界的认知。甘肃境内有各类植物，代表性的有冷杉、云杉、栎类、杨类、连香树、水青树、杜仲、透骨草、五福花等；主要药材有当归、党参、甘草、红芪、冬虫草等；主要草场有甘南草原等；特色农作物有油菜花等。

三、森林生态

森林公园由于森林景观奇美、人文风俗夹杂、生态地位高、旅游价值大，受到国家高度重视。甘肃省有多家国家级以及省级森林公园，具有代表性的是吐鲁沟、松鸣岩、云崖寺、兴隆山森林公园、则岔森林公园等。见表1-5。

表1-5　　甘肃国家级森林公园名录

序号	名称	批复时间	地　址
1	甘肃吐鲁沟国家森林公园	1992	兰州市永登县
2	甘肃石佛沟国家森林公园	1992	兰州市榆中县
3	甘肃徐家山国家森林公园	1992	兰州市
4	甘肃松鸣岩国家森林公园	1992	临夏回族自治州和政县
5	甘肃云崖寺国家森林公园	1992	平凉市庄浪县
6	甘肃小陇山麦积国家森林公园	1997	天水市麦积区
7	甘肃贵清山国家森林公园	1996	定西市漳县
8	甘肃渭河源国家森林公园	2000	定西市渭源县
9	甘肃鸡峰山国家森林公园	1999	陇南市成县
10	甘肃天祝三峡国家森林公园	2002	武威市天祝藏族自治县
11	甘肃冶力关国家森林公园	2002	甘南藏族自治州临潭县
12	甘肃大峪国家森林公园	2003	甘南藏族自治州卓尼县
13	甘肃沙滩国家森林公园	2003	甘南藏族自治州舟曲县
14	甘肃腊子口国家森林公园	2003	甘南藏族自治州迭部县
15	甘肃官鹅沟国家森林公园	2003	陇南市宕昌县
16	甘肃文县天池国家森林公园	2005	陇南市文县
17	甘肃莲花山国家森林公园	2005	临夏回族自治州康乐县
18	甘肃寿鹿山国家森林公园	2005	白银市景泰县
19	甘肃周祖陵国家森林公园	2005	庆阳市庆城县

续表

序号	名称	批复时间	地　址
20	甘肃子午岭国家森林公园	2005	庆阳市华池、宁县、合水和正宁四区
21	甘肃小陇山国家森林公园	2005	天水市麦积区
22	甘肃大峡沟国家森林公园	2005	甘南藏族自治州舟曲县

资料来源：根据甘肃林业网、甘肃省国家级森林公园名录（2012－1－31）整理。

1. 甘肃冶力关国家森林公园

甘肃冶力关国家森林公园位于甘南藏族自治州卓尼、临潭两县境内。该公园森林覆盖率高，境内有冶木河流过注入洮河，天然牧场在两侧，练珠峡在其附近，主要景点是睡佛、石林、瀑布、冶海、林海、雪原、植物，附近居住有藏族、土族、回族以及汉族居民。游客前来不但可以欣赏美丽的自然风光，还可以领略少数民族风情和藏传佛教文化。目前，该公园为国家4A级旅游景区。

2. 甘肃官鹅沟国家森林公园

官鹅沟国家森林公园位于甘肃省陇南市，在宕昌县城郊，包括几个板块，主要是官珠沟、鹅嫚沟、木隆沟、庙沟等。森林覆盖率高于冶力关国家森林公园。该公园为国家4A级旅游景区，游客可以看到雪山、河流、森林、草原、峡谷、瀑布。附近居住有藏族、羌族等居民，独特民俗和风情极具旅游吸引力。

3. 尖山寺森林公园

尖山寺位于天水市甘谷县武家河乡，地处一尖山之上，森林覆盖率不是很高，平均气温相对较低，适合避暑休闲。公园内生长有中药材、油松、落叶松、白桦、山杨、漆树等植物，可以看到梅花鹿、金钱豹、锦鸡等10余种国家保护野生动物。山上古迹很多，最早的建于汉魏六朝时期。

4. 徽县三滩自然风景区

三滩位于陇南市徽县、两当县境内，总面积在200多平方公里。这里植被茂盛，森林覆盖率很高，有高山、峡谷、溶岩、地洞等特殊地貌。游客到此可观看飞瀑、河流、瀑布、云海等景观，可谓一举多得，美不胜收。

四、生态保护区域

甘肃是生态敏感区，为加强生态环境保护、促进生态文明建设，继1963年在文县建立大熊猫保护区后，甘肃陆续建立了多处自然保护区（国家级和省级自然保护区、生态公园、植物园），为保护生态、促进生态环境研究、发展生态产业做出了贡献。见表1－6。

表1－6　　甘肃省国家级自然保护区

序号	名称	所在市县	主要保护对象	总面积（公顷）
1	白水江	陇南市文县	大熊猫、金丝猴、扭角羚等野生动物及森林生态系统	183799
2	太统崆峒山	平凉市崆峒区	温带落叶阔叶林生态系统级野生动植物园	16283
3	小陇山	陇南市徽县、两当县	扭角羚、红腹锦鸡等野生珍稀动植物	31938
4	莲花山	临夏州康乐县等	森林生态系统、野生动植物	11691
5	尕海—则岔	甘南藏族自治州碌曲县	森林生态系统等	247431
6	安西极旱荒漠	酒泉市瓜州县	荒漠生态级野生动物	800000
7	盐池湾	酒泉市肃北县	白唇鹿、野牦牛、野驴等湿地珍稀动物及其生存环境	1360000
8	安南坝野骆驼	酒泉市阿克塞县	野骆驼、野驴等野生动物及荒漠草原	396000
9	民勤连古城	武威市民勤县	荒漠生态系统	389883
10	兴隆山	兰州市榆中县	森林生态系统	29584
11	祁连山	张掖市、武威市、金昌市	森林及野生动物	2645428
12	敦煌西湖	酒泉市、敦煌市	野生动物及荒漠湿地	660000

续表

序号	名称	所在市县	主要保护对象	总面积（公顷）
13	连城	兰州市永登县	森林生态系统及祁连圆柏、青杆等物种	47930
14	张掖黑河湿地	张掖市高台县、甘州区、临泽县	黑鹳等湿地珍禽及湿地和水域生态系统	41165
15	敦煌阳关	敦煌市	湿地生态系统及候鸟	88178
16	洮河	卓尼县	森林生态系统	287759
17	黄河首曲	甘南藏族自治州玛曲县	黑颈鹤等候鸟及其栖息环境	375000
18	太子山	临夏回族自治州与甘南藏族自治州	水源涵养林及野生动植物	84700
19	漳县珍稀水生动物	定西市漳县	秦岭细鳞鲑、水獭等多种珍稀水生野生动物及其繁殖栖息地	216440
20	秦州珍稀水生野生动物	天水市秦州区	野生大鲵，秦岭细鳞鲑及其生存环境	93000000
21	多儿	甘南藏族自治州迭部县	大熊猫及其栖息环境	55000
22	裕河	陇南市武都区	川金丝猴、大熊猫、羚牛等珍稀濒危野生动物	50000

资料来源：摘自《甘肃地理》（甘肃人民出版社，2016 年）。

1. 榆中兴隆山国家自然保护区

兴隆山位于兰州市榆中县。在古代，兴隆山被称为“栖云山”，在康熙年间改名为“兴隆山”。这里是重要的旅游地和知名宗教圣地，主要原因是这里与成吉思汗有关。历史记载：公元 1227 年，成吉思汗病逝于此，抗日战争期间，为防止日本帝国主义对其陵墓的破坏，政府将其灵柩密迁移到兴隆山，藏于大佛殿，直到 1949 年又迁往青海塔尔寺，后被安放在内蒙古的成吉思汗陵寝室。兴隆山因此被誉为“陇右第一名山”。这里有众多殿阁、植物，是甘肃知名旅游胜地、国家自然保护区。

2. 敦煌西湖国家自然保护区

敦煌西湖国家自然保护区位于敦煌市，在市区的西部，保护区西面是著名的库姆塔格沙漠、罗布泊，南面和北面分别是甘肃阿克赛哈萨克族自治县、新疆哈密市。保护区内有湿地、林地、野生种子植物、野生动物、荒漠，景观资源比较丰富。保护区对防风固沙和维护本地生态具有极其重要的作用，被称为敦煌生态安全第一防线。

3. 阳关沙漠森林公园

阳关沙漠森林公园位于敦煌市，具体地点在西南部的南湖林场附近，总面积约16平方公里。1993年以后，这里相继建设了葡萄长廊、沙生植物园、动物园、度假别墅。种植有葡萄、杨树、柳树、桃树、苹果、枣树等，以环境好和葡萄质量好受到消费者关注。

4. 民勤沙生植物园

民勤沙生植物园位于武威市民勤县，在内蒙古巴丹吉林大沙漠西北部地区。1974年，国家建立该植物园，为我国第一个荒漠植物园。该植物园主要从事沙区野生植物资源发掘、改良、推广、科研，同时为农牧区农业发展提供科学支持。

五、草原

甘南草原、祁连山地、西秦岭等地有大量草原草地，这里地势相对平坦，有河流经过，气候湿润，水草丰美。甘肃著名的草原有桑科草原、美仁大草原、玛曲草原、康乐草原，山丹马场草原、抓喜秀龙草原、苏干湖草原等。

1. 桑科草原

桑科草原位于甘南藏族自治州夏河县境内，是典型的草甸草原。这里平均海拔较高，在3000米以上，草原面积较大，适宜放牧，是甘南主要的畜牧业基地。目前，这里是甘南重要的旅游景区，夏季，外地游客到夏河以后，一定会来这里观光游玩，体验奶茶、糌粑、牦牛肉、手抓羊肉、骑马、骑牦牛、射击、篝火晚会等项目，藏族风情旅游很有特色。

2. 山丹军马场

山丹军马场位于张掖市山丹县，具体位置在祁连山冷龙岭北麓的大马营草原。该马场面积较大，堪称亚洲最大，马场历时悠久，早在公元前121年，西汉骠骑将军霍去病大败匈奴时，就看重这片区域的战略价值，这里就被当时政府设立为国家马场，为国家培育优良战马。这里草质优良，地势平坦，风景壮美，不但可以培育马匹，还是发展草原旅游的好地方，每年有大量游客前来体验。

3. 康乐草原

康乐草原位于张掖市肃南裕固族自治县康乐乡，总面积在200万亩以上，森林面积40多万亩。一到夏季，这里牛羊成群，鲜花盛开，白塔、毡房和五彩经幡立于其上，裕固族牧民边放牧边歌唱本民族歌曲，自得其乐。目前，这里被纳入旅游开发项目，裕固族草原风情得到充分展示，和雪山、丹霞地貌、马场滩草原、藏族寺庙、革命遗址串联起来，形成了巨大的旅游吸引力。

六、野生动物栖息地

甘肃野生动物中列入国家稀有珍贵动物的较多，主要有大熊猫、金丝猴、羚牛、野马、野骆驼、野驴、野牦牛、白唇鹿、苍鹭、大白鹭、斑头雁、赤麻鸭、天鹅、灰鹤等。国家为保护这些珍稀动物，设立多处保护区，使其繁衍栖息，代表性的有白水江国家级自然保护区、裕河国家级自然保护区等。

1. 白水江国家级自然保护区

1978年，国家在陇南市设立白水江国家级自然保护区，具体地点在武都区和文县。该保护区森林覆盖率在90%左右，有大熊猫、珙桐等多种珍稀濒危野生动植物，对保护生物多样性具有重大意义。

2. 裕河国家级自然保护区

该国家级自然保护区始建于2002年，后成为国家级保护区（2016年）。保护区位于陇南市，在武都区境内，地处陕、甘、川三省及秦岭山系与岷山山系的交汇地带。保护区内的主要动物有大熊猫、川金丝猴、林麝、羚牛等，主要植物有珙桐、红豆杉等，对保护山地森林生态系统有很高价值。

第五节 历史文物古迹

一、概述

甘肃历史悠久，境内古文化遗址数量众多，在全国处于第二位。其中大地湾文化、马家窑文化、齐家文化遗址属于甘肃独有；古墓葬群无论在规模、时间跨度、分布范围、保存质量方面，在国内都属罕见；敦煌莫高窟、长城、麦积山石窟、炳灵寺石窟、锁阳城遗址、悬泉置遗址和玉门关遗址等为知名世界遗产，在国内省区中具有一定竞争力。

二、石窟寺及石刻

甘肃现存的石窟寺数量较多，其中敦煌莫高窟、永靖炳灵寺、天水麦积山等大型石窟世界知名。这些石窟在规模、艺术性、观赏性方面有很高价值，是发展旅游的重要依托，具有不可估量的旅游价值。见表1－7和表1－8。

表1－7　　甘肃全国重点保护单位——石窟寺及石刻

序号	名称	地域	时代
1	莫高窟	酒泉市	北魏至元
2	麦积山石窟	天水市	北魏至明
3	炳灵寺石窟	临夏回族自治州	北魏至明
4	榆林窟	酒泉市	北魏至元
5	北石窟寺	庆阳市	北魏至宋
6	南石窟寺	平凉市	北魏至唐
7	东千佛洞石窟	酒泉市	北魏至西夏
8	马蹄寺石窟群	张掖市	十六国至清
9	水帘洞—大像山石窟	天水市	北周至唐
10	天梯山石窟	武威市	北朝至唐

续表

序号	名称	地域	时代
11	文殊山石窟	张掖市	北朝至西夏
12	西峡颂摩崖石刻	陇南市	汉
13	木梯寺石窟	天水市	南北朝至元
14	王母宫石窟	平凉市	南北朝
15	云崖寺和陈家洞石窟	平凉市	南北朝至明
16	《新修白水路记》摩崖	陇南市	宋
17	黑山岩画	嘉峪关市	战国至明
18	文殊山后山千佛洞、古佛洞	张掖市	南北朝至宋
19	大黑沟岩画	酒泉市	战国至汉
20	五个庙石窟	酒泉市	南北朝、五代、宋
21	石拱寺石窟	平凉市	北魏至隋
22	石空寺石窟	庆阳市	宋至明

资料来源：根据甘肃省文物局及全国重点文物保护单位名单整理。

表1-8　甘肃市县级及以上文物保护单位——石窟石刻细分

类型	名称	地域	时代
石窟	五佛沿寺石窟、法泉寺石窟、寺儿湾石窟、红山寺石窟	白银市	北魏、唐、元、明、清
	榆林窟、莫高窟（包括西千佛洞）昌马石窟、东千佛洞石窟、五个庙石窟	酒泉市	北魏、十六国、南北朝、五代、宋、清等
	炳灵寺石窟	临夏回族自治州	西秦至明
	八峰崖石窟	陇南市	宋至清
	王母宫石窟、南石窟寺、石拱寺石窟、家洞石窟云崖寺石窟、建沟石佛群	平凉市	北魏、隋、唐、金、明、清
	北石窟寺、保全寺—张家沟门石窟、莲花寺石窟、玉山寺石窟、石空寺石窟	庆阳市	北魏、宋、唐、明
	麦积山石窟、水帘洞石窟、大像山石窟、木梯寺石窟、仙人崖石窟、华盖寺石窟	天水市	北魏、北周、明、清
	天梯山石窟	武威市	北朝至唐
	马蹄寺石窟群、文殊山石窟、景耀寺石窟、童子寺石窟	张掖市	北魏、十六国、西夏、清等

续表

类型	名称	地域	时代
岩画	野麻滩黄河岩画、红水姜窝子沟岩画	白银市	待考
	黑山岩画	嘉峪关市	战国至明
	北山岩画	金昌市	战国至汉
	大黑沟岩画、昌马岩画、灰湾子岩画、七个驴岩画、阿尔格力太岩画、老道呼都格岩画、青崖子沟岩画	酒泉市	春秋至汉等时期
	榆木山岩画	张掖市	待考
摩崖石刻	新修白水路记摩崖石刻	陇南市	北宋
	河峪摩崖石刻	天水市	东汉
	西峡颂摩崖石刻	陇南市	东汉
摩崖造像	佛爷崖摩崖造像	陇南市	北周
石刻	花大门石刻	金昌市	西夏
	万象洞石刻题记	陇南市	北周至清
碑碣	哥舒翰纪功碑、首阳山辨碑	定西市	唐、明
	李将军碑、丈地均粮碑	甘南藏族自治州	唐、明
	王仁裕神道碑、赵孟頫书赵世延家庙碑	陇南市	北宋、元
	修筑新子州州墙及署衙记碑（牛公碑）、天庆观老子道德经幢、承天观之碑、明摹刻黄庭坚云亭宴集诗碑、重建宋范韩二公祠堂记碑	庆阳市	五代（梁）、北宋、明
	鲁恭姬造像碑	天水市	北周
	重修护国寺感应塔碑（西夏碑）、西宁王忻都公神道碑、亦都护高昌王世勋碑	武威市	西夏、元

资料来源：根据甘肃省文物局及全国重点文物保护单位名单整理。

1. 敦煌莫高窟

莫高窟位于敦煌市，具体地点在鸣沙山。石窟分布在断崖之上，由于各类佛窟、佛像、彩塑的数量极其众多，外界称其为“千佛洞”。专家依据唐碑文记载分析认为，莫高窟最早开凿于前秦建元二年（366 年）。莫高窟壁画以及彩塑众多，堪称世界上现存规模最宏大、内容最丰富、保存最完好、艺术精湛的佛教艺术宝库，也是世界文化遗产项目。莫高窟反映了丝绸之路的文化交流以及本地经济社会的发展，对研究我国古代社会以及丝绸之路发展有很高的价值。由于该石窟影响力大，艺术性高，加之敦煌学影响，是知名度很高的旅游景区，每年游客爆满，可谓一票难求。

2. 天水麦积山石窟

麦积山石窟位于天水市郊区。该石窟外部形状和农村麦垛类似，因此本地人将其称为“麦积山”或“麦积崖”。这里峰峦林立，植被茂盛，泉水流淌，被美誉为“秦地林泉”。结合史料记载和文物考古专家认为，麦积山石窟最早开凿于后秦时期（384－417年），后不断发展，形成一定规模，其雕塑主要题材和佛教有关，涉及佛陀、菩萨、天王、力士，极其富有生活情趣，堪称经典的是其中的123窟塑造的一对童男童女，显得非常稚气，一副天真无邪的样子惹人可爱；133窟是一尊小沙弥，造型简洁质朴，脸上的喜悦和羞涩的神情被刻画得惟妙惟肖。由于艺术风格独特，麦积山石窟被称为“东方雕塑陈列馆”，于2014年列入世界文化遗产名录。

3. 炳灵寺石窟

炳灵寺石窟位于临夏回族自治州永靖县，具体地点在小积石山。该石窟修建时期最早可追溯到公元4世纪后期的西秦，其后规模不断扩大。169窟北壁的“建弘元年”是我国已知石窟中发现最早的题记。目前分布有上寺、下寺、洞沟、佛爷台等，区域内有丹霞地貌，加之地处黄河流经地，石窟造像及壁画艺术特征鲜明，旅游价值很高，是世界宝贵遗产，也是甘肃知名景区。

4. 天梯山石窟

天梯山石窟位于武威市，也被称为“凉州石窟”，内部有佛像，被称为“大佛寺”，具体地点在天梯山南麓。该石窟始建于东晋十六国时期的北凉，石窟内藏有壁画、佛像、经卷，主体建筑——30米高的大佛窟佛像神态逼真，有很高的艺术造诣。天梯山石窟是我国开凿最早的石窟，艺术形式被学术界称为“凉州模式”，因此被誉为“中国石窟之鼻祖”，其和云冈石窟、龙门石窟、莫高窟等齐名。

5. 西狭颂摩崖石刻

西狭颂摩崖石刻位于陇南市成县，具体地点在天井山的鱼窍峡。东汉时期开凿，目前已有1800多年历史。该石刻被称为“汉武都太守汉阳河阳李翕西狭颂”，主要讲述和展示东汉武都郡太守李翕开通天井道的过程和历史政绩。石刻多年隐藏山谷，北宋之前一直不为外人所知，可谓藏在深山无人识。后被人发现，一时形成轰动效应，近年更是成为景区，现为全国重点文物保护单位。

6. 庄浪云崖寺

庄浪云崖寺位于平凉市，具体地点在庄浪县。云崖寺石窟群始建于北魏，后不断修葺扩建。和其他石窟风格不同，该石窟表现了中国石窟造像之风的晚期特征，因此被称为“中国石窟建造史上大规模开窟造像之风的最后止息地”。目前，这里发展为景区、国家级森林公园（1993年）、国家级文物保护单位（2006年），游客可前来观赏石窟、欣赏自然景色和休闲度假。

三、古遗址

甘肃作为历史文化大省和丝绸之路黄金路段，文化底蕴深厚，有大批古代遗址。甘肃古遗址主要有半山遗址、锁阳城古渠道遗址、大堡子山遗址等，主要集中在河西走廊的酒泉、张掖、武威以及庆阳、平凉、天水等地区。见表1－9。

表1－9　　甘肃全国重点保护单位——遗址遗迹

名称	示例	分布	时代
史前人类活动遗址	半山遗址、边家林遗址、大地湾遗址、缸缸洼遗址、火石梁遗址、狼叫屲遗址、林家遗址、马家窑遗址、磨沟遗址（含墓群）、南佐遗址、牛角沟遗址、牛门洞遗址、齐家坪遗址、然闹遗址、砂锅梁遗址、寺洼遗址、西河滩遗址、西山遗址、新庄坪遗址	临夏回族自治州、酒泉市、定西市、甘南藏族自治州、庆阳市、平凉市、白银市	旧石器时代、新石器时代至夏、商
古代交通道路遗址	秦直道遗址庆阳段	庆阳市	秦
	茶马古道遗址	陇南市	
水利工程	锁阳城古渠道遗址	酒泉市	唐
	下川水车	兰州市	清

续表

名称	示例	分布	时代
古军事设施	汉长城及沿线城障烽燧、明长城及沿线城障烽燧	兰州市、武威市、金昌市、张掖市、酒泉市、敦煌市、嘉峪关市等	汉、明
古迹遗址	李崖遗址、桥村遗址、石沟坪遗址、辛店遗址	天水市、平凉市、陇南市、定西市	新石器时代、商、周、春秋、汉
	悬泉置遗址	酒泉市	汉至魏、晋
	白塔寺遗址	武威市	元代
文化城池遗址遗迹	东灰山遗址、三角城遗址	张掖市、金昌市	夏、商、西周至春秋
	成纪故城遗址	平凉市	秦至宋
	居延遗址（甘肃部分）、玉门关及长城烽燧遗址（包括大方盘、小方盘）、八卦营城址、黑水国遗址	酒泉市、张掖市	汉至魏、晋
	草沟井城址	张掖市	汉至明
	许三湾城及墓群、六工城遗址、骆驼城遗址、破城子遗址、锁阳城遗址	张掖市、酒泉市	汉至隋、唐
	八角城城址、永泰城址	甘南藏族自治州、白银市	唐至明

资料来源：根据甘肃省文物局等网站信息整理。

1. 玉门关及长城烽燧遗址

汉武帝时期，在大败匈奴和将其驱出河西走廊后，政府在河西走廊设置了武威、张掖、酒泉和敦煌四郡。此后，又在附近修建了军事设施，以扼守西域。修建的玉门关及长城烽燧就是其中的主要设施。现发现或存在的遗址主要包括玉门关、河仓城和长城烽燧三部分。其中，玉门关被称为“小方盘”，是西汉玉门都尉治所遗址。古代诗句，“劝君更尽一杯酒，西出阳关无故人”“羌笛何须怨杨柳，春风不度玉门关”最为出名。河仓城被称为“大方盘”，是仓库，用于储备各类军需和粮草。长城烽燧保存较为完整。以上三者互相依托，和沙漠浑然一体，千年不倒，堪称奇迹。

2. 安西锁阳城遗址

锁阳城位于河西走廊安西县，在县城东南的沙漠中。其名称源于当地出产的特色中药材“锁阳”。其实，早在汉唐时期，这里就是丝绸之路上的古城之一。目前可见的遗址包括锁阳城古城址、农业灌溉渠系遗迹、锁阳城墓群和塔尔寺遗址以及古河道、墓群、寺院等遗址，出土有丝绸、骆驼、胡人俑、古钱等文物。该遗址对研究锁阳城历史、丝路军事系统建设、本地文化有很高价值。2014 年该遗址被列入世界遗产名录。

3. 悬泉置遗址

悬泉置遗址和敦煌汉简等关系密切。1990 年，相关人士在三危山麓下发现悬泉置遗址，并且在这里发掘出数万枚汉代简牍，使得遗址名声大噪。遗址是汉唐时期设置的一系列驿站遗址，出土的简牍内容包括诏书、律令、科品，内容反映了这个驿站的历史和社会生活，发现的还有墙壁墨书题记、货币、日用品、家具，服饰、文具、粮食等文物，印证了造纸术的发明和传播。遗址于 2014 年成为世界遗产。

4. 大地湾遗址

大地湾新石器时代遗址位于天水市，在秦安县五营乡邵店村。1958 年，本地居民与相关人员在这里首次发现了史前人类活动踪迹，后来国家组织专业人员进行了多次科学考察（1978 年、1984 年、1995 年），发现了房屋、墓葬、壕沟、文物。结合文物，遗址专家认为这里是人类始祖居住地，时间在 6 万年之前，以狩猎和采集为生，当时的人类已经可以造屋养畜，有了定居生活。大地湾文化将人类历史大大前推，是西北地区最早产生的农业文化，对探索华夏文明起源具有较高价值。

5. 白塔寺遗址

白塔寺位于武威市，在武南镇的白塔村刘家台庄。研究认为，该寺院始建于元朝，为下葬西藏喇嘛教名僧萨班而修建。1239 年，当时元朝皇子——

元太宗窝阔台之子阔端为西凉王，久攻西藏不克，因此邀请西藏喇嘛教萨迦派四祖萨迦班智达（萨班）来凉州（今武威）举行和谈，商议未来前景问题。1247年，萨班和阔端在这里举行了著名的“凉州和谈”，西藏从此归顺元朝，纳入祖国版图。萨班居凉州白塔寺，并将其改建为藏传佛教寺院。萨班圆寂后，阔端为表纪念，特意修建灵骨塔一座，后世俗称白塔。不幸的是，由于历史因素，寺院大部分被毁，现仅存白塔塔基、殿基、几座小型墓塔、萨班铜像等。目前，武威市将其作为重点开发景区，对遗址做了保护性开发。

四、古建筑与设施

甘肃省古建筑中列入省级保护单位的有160多处，古墓葬将近90处。这些古建筑、古墓葬从史前时代一直到元明时期，最多的集中在明清两个历史时期，对发展旅游业意义重大。见表1-10和表1-11。

表1-10　　甘肃全国重点保护单位——古建筑设施

名称	示例	分布	时代
城（堡）	洮州卫城	甘南藏族自治州	明、清
会馆	张掖会馆	张掖市	清
塔型建筑物	周旧邦木坊、罗川赵氏石坊	庆阳市	明
居住地与社区、名人故居	青城古民居、鲁土司衙门旧址	兰州市	明、清、民国
	胡氏古民居建筑	天水市	明、清
军事观光地	万里长城——嘉峪关	嘉峪关市	明
楼阁	永昌钟鼓楼、张掖鼓楼、酒泉鼓楼	金昌市、张掖市、酒泉市	明、清
碑碣	重修护国寺感应塔碑（西夏碑）	武威市	西夏

续表

名称	示例	分布	时代
古墓葬群	大堡子山遗址及墓群、马家塬遗址、磨咀子和五坝山墓群、放马滩墓群	陇南市、天水市、武威市	新石器时代、战国、西周、春秋、汉、晋
	八卦营、果园—新城墓群、雷台汉墓、甲子墩墓群、旱滩坡墓群、骆驼城墓群、锁阳城墓群、踏实墓群	嘉峪关市、武威市张掖市、酒泉市	汉至唐
	高昌王和西宁王墓、明肃王墓、汪氏家族墓地	武威市、兰州市、定西市	元、明

资料来源：根据甘肃省文物局等网站信息整理。

表1-11　甘肃市县级及以上文物保护单位——古建筑（非宗教祭祀活动场所）细分

类型	名称	地域	时代
城（堡）	洮州卫城	甘南藏族自治州	明至清
栈道	茶马古道（康县段）	陇南市	
会馆	铁柱宫、山陕会馆、张掖山西会馆、张掖民勤会馆	天水市、兰州市、武威市、张掖市	清、民国
塔型建筑物	周旧邦木坊、罗川赵氏石坊、头天门牌坊	庆阳市、定西市	明、清
建筑小品	治平寺天圣铜钟、灵台明昌铁钟、临夏北寺照壁、慈云寺女真文铁钟、普照寺贞元铜钟、二郎山明代铜钟	平凉市、临夏回族自治州、庆阳市、定西市	北宋、金、明、清
居住地传统建筑	仁和张氏民居、柳合山堂、河口古民居、黎氏民居、青城古民居、汪氏民居、谈家院	白银市、兰州市、天水市、陇南市	明、清、民国
居住地历史纪念建筑	鲁土司衙门旧址	兰州市	明、清
居住地名人故居	连腾霄宅院、高总兵宅院、政平书房	天水市、张掖市、庆阳市	明、清

续表

类型	名称	地域	时代
居住地特色街巷	张庆麟宅院、人民街古建筑群、哈锐宅院、石作瑞宅院、秦安张氏民居、贾家公馆、冯国瑞宅院	天水市	明、清
居住地特色社区	胡氏古民居建筑	天水市	明、清
军事观光地	红堡子、千家寨堡子、万里长城——嘉峪关	甘南藏族自治州、嘉峪关市	明
粮仓	敦煌南仓、张掖东仓	酒泉市、张掖市	明、清
楼阁	威远楼、保昌楼、永昌钟鼓楼、酒泉鼓楼、文县文昌楼、关帝庙戏楼、辑宁楼、罗汉楼、二分大庙双楼、王城堡魁星阁、东古城城楼、红山魁星楼、张掖钟鼓楼及唐钟、上花园戏台、四家魁星楼、圣经楼	定西市、金昌市、酒泉市、陇南市、平凉市、庆阳市、武威市、张掖市	汉、明、清
桥	兴隆山卧桥、平洛龙凤桥、桥儿沟积善桥	兰州市、陇南市、庆阳市	明、清
社会商贸活动场所	杨店古建筑群	陇南市	明、清
书院	甘肃举院	兰州市	清
水工建筑	多儿水磨群、下川水车、大川渡黄河水车、渭源水磨群、洮惠渠	甘南藏族自治州、兰州市、白银市、定西市	明、清、民国

资料来源：根据甘肃省文物局等网站信息整理。

1. 嘉峪关关城

嘉峪关关城位于嘉峪关市，此处地势最高，战略意义和地理位置价值极其重要，可西出西域，内走内地，被称为河西走廊上的第一隘口，加之修建得气势不凡，故有“天下雄关”之称。关城始建于明洪武五年（1372 年），包括外城、内城、罗城、瓮城及城楼附属建筑。1987 年列入世界文化遗产名录。

2. 雷台汉墓

雷台汉墓位于武威市，地处北关中路。研究发现，该墓穴约建于东汉，有三座墓葬。有研究认为该墓穴是张将军之墓，但主人究竟是谁，尚无定论。出土的文物由金、银、铜、铁、玉、骨、漆、石、陶等材料构成，其中最著名的是一套铜车马仪仗队，铸造极其精致，制作工艺水平非常高，一匹铜奔马后腿右足踩一飞鸟，雕塑体现了力学原理，富有想象。该文物后被确定为国家旅游标志，武威也成为中国旅游标志之都。

3. 旱滩坡墓群

旱滩坡墓群位于武威市，地处凉州区。其历史最早可追溯到战国时期，后不断得到扩充，规模很大。伴随时代变化，内部宝贵财物和文物流失严重。其中汉墓出土了很多枚医药简，内容相当丰富。目前缺少宣传，很少有人知道。

五、近代重要史迹和建筑

甘肃近代史迹和建筑的特点有四：一是包括近代的军事遗址和各种人文活动场所；二是年代基本都在民国到中华人民共和国成立前后，少数部分集中在清代；三是均匀分布在各地，但相对集中在张掖、庆阳、兰州、甘南；四是甘肃红色旅游资源丰富，这和红军长征、西路军等有关。见表1－12。

表1－12　　甘肃市县级及以上文物保护单位
——近现代重要史迹及代表性建筑细分

类型	名称	地域	时代
红色旅游资源	会宁红军会师旧址、红堡子红军战斗旧址、白银露天矿遗址	白银市	1936年、1956年
	榜罗镇会议旧址、陇右工委地下印刷所	定西市	1935年、1949年
	腊子口战役旧址、俄界会议旧址、肋巴佛烈士纪念碑	甘南藏族自治州	1935年、1987年
	西路军永昌战役遗址	金昌市	1936年
	玉门油田老一井、酒泉卫星发射中心导弹卫星发射场旧址和烈士陵园	酒泉市	1939年，现代

续表

类型	名称	地域	时代
红色旅游资源	八路军驻兰州办事处旧址、兰州战役旧址、华林坪革命烈士纪念塔	兰州市	1937－1943年、1949年、1959年
	两当兵变旧址、哈达铺会议旧址	陇南市	1932年、1935年、1936年
	界石铺红军长征旧址	平凉市	1936年
	南梁陕甘边区苏维埃政府旧址、河连湾陕甘宁省苏维埃政府旧址、山城堡战役旧址、陇东中学礼堂、抗日军政大学第七分校校部旧址、王孝锡烈士墓	庆阳市	1934年、1935年、1936年、1940年、抗日战争时期及现代
	汪家墩红军战斗旧址、高台红西路军烈士陵园、艾黎捐赠文物陈列馆、福音堂医院旧址、艾黎与何柯陵园、临泽红西路军烈士陵园	张掖市	1936年、1937年、1956年、1982年及近现代
居住地	瑞安堡、贾坛故居、陆氏民居、秦氏民居	武威市	民国等
	八坊十三巷80号院、临夏东公馆与蝴蝶楼	临夏回族自治州	民国、1947年
	靳氏民居	张掖市	1918年
	西道堂	甘南藏族自治州	
水工建筑	兰州水厂	兰州市	
	鸳鸯池水库	酒泉市	
生产地	庄浪梯田	平凉市	
军事观光地	明水要塞遗址	酒泉市	
楼阁	靖远钟鼓楼	白银市	民国
	通渭中学木楼	定西市	1945年
建筑小品	临潭一中大门	甘南藏族自治州	民国
桥	合作化桥	陇南市	1956年
	兰州黄河铁桥	兰州市	清代
	灞陵桥	定西市	民国
	靖远县黄河铁桥	白银市	1971年
祭祀场所	雷台观、罗什寺塔	武威市	民国
	宣化冈、南下关清真寺	天水市	清至民国

资料来源：根据甘肃省文物局等网站信息整理。

1. 会宁红军会师旧址

会宁红军会师旧址位于甘肃省白银市会宁县会师镇，由于历史意义和价值重大，被列入全国重点文物保护单位。1936 年 10 月，中国工农红军第一、二、四方面军三大主力会师于会宁，不久红军二万五千里长征胜利结束。目前，游客可以看到的会师旧址建筑包括红军会师楼、古城墙、联欢会会址、革命文物陈列馆以及红军长征将帅碑林。目前是知名的爱国主义教育基地、红色旅游景区。

2. 腊子口战役纪念馆

腊子口战役发生在红军长征时期，地点在迭部县东北部的腊子乡。1935 年，毛泽东率 8000 余红军路过号称“天险门户”的腊子口，当时这里被国民党重兵把守，腊子口极其险要，能否通过关系重大，最后不怕牺牲、勇敢有智慧的红军取得胜利，一举攻克腊子口，为红军北上打开了通路。为纪念这段历史，修建了纪念馆，怀念革命烈士。

3. 兰州黄河铁桥

黄河铁桥位于兰州市，在西关附近，地处白塔山前。兰州黄河铁桥始建于清光绪年间，由美国人设计，完成建筑的则是德国人。铁桥横跨黄河，是黄河上第一座公路桥，因此被称为“黄河天下第一桥”。1949 年“兰州战役”中铁桥桥面木板一度被烧毁，导致通行短暂中断。“兰州黄河铁桥”于 1942 年改名为“中山桥”，目的是为了纪念民主革命先驱孙中山先生。

4. 临夏东公馆与蝴蝶楼

临夏东公馆地处临夏市东南隅，是一座宫殿式建筑，为原国民党第四十集团军副司令马步青的私人住宅，整个建筑呈现中式四合院布局，内有砖雕，特别精美。蝴蝶楼位于临夏市前河沿路西端，据说马步青强娶本地秦腔戏班名角张小莺之后，在这里修建此楼，现存正院一座，形似蝴蝶双翼，故而得名“蝴蝶楼”。

第六节　城乡风貌

一、概述

本节主要介绍甘肃省内历史文化名城、典型历史文化名镇名村、中国优秀旅游城市。其中，历史文化名城是具有丰富的历史文物，发生过具有重大历史价值和革命意义的事件，保存有特殊价值的文化景观；历史文化名镇名村是保存文物特别丰富、具有重大历史价值或纪念意义的、能较完整地反映某一历史时期传统风貌和地方民族特色的镇以及村；优秀旅游城市为依据国家相关条例评选出来的城市，在旅游发展方面有巨大成就。

甘肃入选全国历史文化名城的有敦煌、张掖、武威、天水 4 个城市，省级文化名城有兰州市、肃州区、临夏市、灵台县、庆城县、夏河县、陇西县和会宁县；国家级历史文化名镇名村有宕昌哈达铺镇、榆中青城镇、金崖镇、永登连城镇、古浪大靖镇、秦安陇城镇、临潭新城镇等。中国优秀旅游城市有 8 个，即敦煌、嘉峪关、天水、兰州、张掖、武威、酒泉、平凉。

二、历史文化名城

1. 敦煌

敦煌现属于酒泉市管辖，和嘉峪关市临近。敦煌是河西走廊西部端点，也是甘、青、新三省（区）交汇地。历史上，这里是丝绸之路客流进出门户。史料记载，月氏、乌孙曾经在此驻牧生活，后来由于战争，部分少数民族西迁，西汉时设敦煌郡。公元 781 年，吐蕃进入。清乾隆二十五年（1760 年），改名敦煌县。1987 年设市，为县级市。敦煌处于一片绿洲之上，周围有沙漠，加之莫高窟在这里，旅游资源丰富度高，品质极佳，堪称世界旅游名城。

2. 武威

武威在公元121年就已经设郡，也称为“凉州”。历史上，这里是边疆前沿地带，属于政治军事重镇。武威不但历史文化底蕴深厚，自然景观也较特殊，有山脉、草原、雪山、戈壁、沙漠、森林，天梯山石窟是中国开凿最早的石窟之一，“铜奔马”为中国旅游标志，西夏文和汉字对照版的西夏碑是研究西夏的重要文物。武威于1986年被列入国家历史文化名城。

3. 张掖

张掖位于河西走廊中部，在古代被称为“甘州”。这里地势平坦，黑水河流经此地，气候温和湿润，土地肥沃，被誉为“塞上江南”及“金张掖”，非常适合居住生活。历史上，这里居住过月氏、乌孙、匈奴。汉武帝时设张掖郡，张骞、班超、玄奘、隋炀帝等来过这里。黑水国遗址、骆驼城、张掖大佛寺、鼓楼、甘州古城墙群等是文物保护单位。

4. 天水

天水位于甘肃东部，处于陕川两省交界之地，是甘肃东南部政治、经济、文化和交通中心。据说，天水市秦安县是人文始祖伏羲和女娲诞生之地，因此天水被称为“羲里娲乡”，江泽民题字“伏羲故里”。天水也是秦人发祥地，因此被称为“秦州”。天水有很多名胜古迹，保留有许多遗址、墓葬、建筑、民居和石窟，其中伏羲庙、麦积山石窟、大地湾遗址世界知名。

三、乡村风貌

甘肃古镇颇多，国家级历史文化名镇亦很多。这些历史文化名镇以革命贡献、特色民俗、深厚历史和奇特自然景观知名，是发展乡村旅游的主要村镇。

1. 哈达铺镇

哈达铺镇位于陇南市宕昌县，是中国历史文化名镇（2005年）。哈达铺的出名和这里发生的革命事件有关。1935年，红军一方面军在哈达铺驻扎，在这里，毛泽东明确提出要把长征落脚点放在陕北。1936年，红四方面军和红二方面军进驻哈达铺，这使得哈达铺格外重要。为纪念红军长征，1978年修建了哈达铺红军长征纪念馆。现在这里成为全国知名红色旅游景区。

2. 扎尕那

扎尕那位于甘南藏族自治州，在迭部县西北益哇乡。扎尕那在藏语中的意思是“石匣子”，此处环境幽静，周围是群山，中间是村落，四面有云雾，一派天人和谐景象叫人惊叹不已。近年这里成为乡村旅游热点地区，在甘南旅游地中具有重要吸引力。

3. 平凉庄浪梯田

庄浪县被誉为“梯田王国”。由于地处黄土高原，曾经大面积修建梯田，这里随处可见梯田，层层叠叠，犹如诗画。这里的梯田模式不但是农业发展的成功模式，也是值得认可的生态治理模式，将来会是更有特色的旅游模式。

4. 大靖镇

大靖镇位于古浪县，是甘肃特色乡镇。这里是丝绸之路重要经过地，也是商业繁华地段。有“要想赚银子，走一趟大靖土门子”（古浪县另外一个乡镇）之说。西路军也在此战斗过，发展红色旅游有一定基础。

第七节　宗教文化资源

一、概述

甘肃有大量宗教寺庙道观资源，主要包括宗教建筑、宗教活动场所、活动、节日、仪式等，这是满足现代旅游者参观游览或体验活动的重要旅游资源。见表1-13和表1-14。

表 1－13　甘肃全国重点保护单位——古建筑宗教寺院佛塔设施

名称	示例	地域	时代
佛塔	圣容寺塔	金昌市	唐代
	东华池塔、凝寿寺塔、塔儿庄塔	庆阳市	五代、宋
	湘乐砖塔、白马造像塔、脚扎川万佛塔、环县塔、肖金塔、塔儿湾造像塔、双塔寺造像塔	庆阳市	宋
	栗川砖塔	陇南市	宋
	延恩寺塔、威远楼、圆通寺塔	平凉市、定西市、张掖市	明、清
宗教与祭祀活动场所	张掖大佛寺	张掖市	西夏、清
	兴国寺	天水市	元
	玉泉观		元、清
	崆峒山古建筑群	平凉市	宋、明、清
	武威文庙、伏羲庙、武康王庙、红城感恩寺、后街清真寺、秦安文庙、西来寺、兴隆山古建筑群、拉卜楞寺、金天观、兰州府城隍庙	武威市、天水市、平凉市、兰州市、张掖市、庆阳市、甘南藏族自治州	明、清
	五泉山建筑群、海藏寺、圣容寺	兰州市、武威市	明至民国

资料来源：根据甘肃省文物局等网站信息整理。

表 1－14　甘肃市县级及以上文物保护单位
——古建筑之宗教祭祀活动场所细分（106 项）

类型	名称	地域	时代
祠庙建筑	清水关帝庙、巩昌府文庙大成殿、临洮城隍庙大殿及寝宫、临洮文庙大成殿	定西市	明、清
	三沟魁星阁	金昌市	清
	药王宫	酒泉市	
	天齐庙、兰州府文庙大成殿、兰州府城隍庙、兰州禅院、皋兰县文庙	兰州市	明、清
	徽县文庙大成殿、两当文庙大殿、梓潼文昌帝君庙、理川泰山庙	陇南市	明、清
	平凉隍庙、灵台文庙、静宁文庙、武康王庙、泾川隍庙	平凉市	明、清

续表

类型	名称	地域	时代
祠庙建筑	何家寺窑洞庙宇、正宁文庙、新堡庙	庆阳市	唐、元、清
	秦安文庙、纪信祠、甘谷文庙大成殿、伏羲庙、秦安泰山庙、秦州关帝庙、贯寺李家祠堂、秦州文庙	天水市	明、清、民国
	火庙大殿、马神庙、武威文庙、三义殿、财神阁、东镇大庙、下双大庙及魁星阁	武威市	明、清
道教建筑	道德楼、西云观	酒泉市	清
	金天观、白云观	兰州市	清
	玉泉观、石门山古建筑群	天水市	明、清
	马寨无量殿	张掖市	明
佛道融合建筑	屈吴山朝云寺	白银市	清
藏传佛教建筑	大崇教寺	定西市	明
	拉卜楞寺、禅定寺、察干外香寺、郎木寺	甘南藏族自治州	清、现代
	显教寺和雷坛	兰州市	明、清
	东大寺、天堂寺	武威市	清
佛教建筑	海德寺、红城感恩寺	兰州市	明、清
	福津广严院、象龟寺	陇南市	宋、清
	武山官寺、兴国寺、蔡家寺	天水市	元、明、清
	海藏寺、圣容寺、大云寺及唐钟	武威市	明、清、民国
	张掖大佛寺、西来寺、万寿寺	张掖市	西夏、明、清、民国
	普陀寺大殿	定西市	清
汉藏融合佛教建筑	杰迪寺	甘南藏族自治州	唐
	前川寺	定西市	
清真寺建筑	徽县清真寺姆拉楼	定西市	民国
	黄家清真寺	临夏回族自治州	清
	静宁清真寺	平凉市	明、清
	后街清真寺	天水市	元、清

续表

类型	名称	地域	时代
儒、释、道融合建筑	李家龙宫	定西市	唐
塔	文峰塔	定西市	清
	圣容寺塔、北海子塔	金昌市	唐、明
	白马塔、塔院寺金塔	酒泉市	明、清、民国
	白衣寺塔及白衣菩萨殿	兰州市	明、清
	栗川砖塔	陇南市	宋
	延恩寺塔、华亭盘龙寺塔、崆峒山塔群	平凉市	明、清、民国
	东华池塔、塔儿庄塔、湘乐砖塔、环县塔、双塔寺造像塔、塔儿湾造像塔、肖金塔、凝寿寺塔、白马造像塔、脚扎川万佛塔	庆阳市	五代、宋
	镇国塔、莲花山塔	武威市	清
	圆通寺塔、吉祥寺砖塔	张掖市	明、清
宗教祭祀、文化活动、园林游憩等	关川道堂（伊斯兰教）	白银市	清
	金崖古建筑群、五泉山建筑群、白塔山	兰州市	明、清、民国
	崆峒山古建筑群	平凉市	宋、明、清
	环县兴隆山古建群	庆阳市	明、清

资料来源：根据甘肃文物局等网站信息整理。

二、佛教寺庙

1. 张掖大佛寺

张掖大佛寺位于张掖市西南，有目前中国最大的室内卧佛，被列入国家重点文物保护单位名录。该寺院始建于西夏永安元年（1098 年），原称为“名迦叶如来寺”“名宝觉寺”“宏仁寺”，主体建筑大佛殿在清乾隆年间重建。殿内有卧佛，体积很大，仅一根中指就可以平躺一人，内部还有佛经，比较珍贵。

2. 夏河拉卜楞寺

拉卜楞寺地处甘南藏族自治州夏河县，是藏传佛教格鲁派六大寺院之一，被誉为“世界藏学府”。“拉卜楞”是藏语音译，在藏语中的意思为活佛大师的府邸。该寺院占地规模较大，建筑群面积也很大，1709 年开始修建，一共设六大学院，较好地体现了藏传佛教教育体系。寺庙内珍藏有各类珍贵的民族文物和佛教艺术品，定期举行大法会。该寺院于 1982 年成为全国重点文物保护单位。现为甘南重点旅游景区。

3. 米拉日巴佛阁

米拉日巴佛阁位于甘南藏族自治州合作市北侧的山根。该寺于 1777 年开始修建，内部有米拉日巴尊者塑像以及其他宗派的开宗祖师。“文革”期间，原有建筑被毁，后得到修复。寺院具有典型的藏族传统特色，肃穆庄严，有 1000 多尊佛像，总数之多，制作之精美，使人惊叹不已。

4. 碌曲郎木寺

郎木寺位于甘南藏族自治州碌曲县郎木寺镇，地处郎木村，为藏传佛教格鲁派寺院。该寺于 1748 年修建，后不断扩建，设有闻思、续部、时轮、印经、医学等五个学院，后被毁。1981 年 5 月批准开放复建，现为甘南主要旅游景区。

5. 武威海藏寺

海藏寺位于武威市，保存较为完整。寺院始建于晋代，明代所建建筑较多，目前可见建筑主要是牌楼、山门、大雄宝殿等，有“海藏寺藏经阁记”和“修葺碑记”二块石碑可了解其历史。因寺院建在水中小岛灵均台上，故而被称为“海藏寺”。

6. 天祝天堂寺

天堂寺位于武威市天祝藏族自治县，具体地点在天堂乡，为藏传佛教格鲁派寺院。该寺院周围环山，大通河流经此地，环境很好。寺院始建于 18 世纪初，主佛为释迦牟尼，内有舍利。极盛时期寺院规模很大，僧众达千人，有完整的修学制度。1981 年寺院开放，接待游客，现为知名景区。

7. 白马造像塔

白马造像塔位于庆阳市华池县，地处白马乡，约建于北宋，为红砂岩楼阁式石造像塔，六面体，一共有 7 层，高度大约 6 米，包括塔座、塔体、塔檐三部分，有鹿、凤、羊、狮、奔马、人物雕塑以及佛像多尊，造型奇特，历史和艺术价值极高。

三、伊斯兰教建筑

1. 兰州西关清真寺

兰州西关清真寺位于兰州市，具体地点在西关街西端，游客到了西关车站就能看到该寺。这里在历史上是中西文化交汇之地、穆斯林客商朝拜商贸交流之地。寺院始建于明朝洪武或永乐年间，后有扩建，规模较大，气势不凡，极富伊斯兰风格，是兰州市的标志性宗教建筑。

2. 宣化岗拱北

拱北是阿拉伯语，意思是教主陵墓上的圆顶建筑。宣化岗拱北位于天水市，具体地点在张家川回族自治县。该拱北始建于清光绪八年（1882 年），为我国伊斯兰教哲合忍耶教派最大拱北。建筑时，建筑者有意仿照云南园林而建造，包括苏菲道堂、宗教领袖墓地和相关防卫设施，风格极其鲜明。

四、道教寺院

甘肃道教文化深厚，道观各地都有分布，其中最著名的是被赞为“道教第一名山”的崆峒山，以及兰州白云观、平凉王母宫，天水玉泉观等。

1. 王母宫

王母宫位于平凉市，具体地点在泾川县，是中国西北地区著名道教宫观。传说，王母是道教女仙之首，而泾川则为西王母诞生之地。为纪念西王母，汉武帝时期修建王母宫，后由于战乱被毁。1992 年政府投入物力财力重修。目前，王母宫是甘肃知名道教场所，也是甘肃知名旅游景区。

2. 天水玉泉观

玉泉观位于天水市，地处城北，为陇上名观。该道观的名称和当地一眼泉水有关，该泉水质清冽。玉泉观始建于唐代，后经扩建和重修，现有多座道教建筑，庄严肃穆，内有碑石，古柏参天，堪称仙境。

五、祠庙

中华民族作为礼仪之邦，自古以来就有祭典先祖、修建祠庙的习俗。甘肃现存多座祠庙，著名的有天水伏羲庙、武威文庙、兰州五泉山、平凉崆峒山以及崇信武康王庙等。

1. 天水伏羲庙

天水伏羲庙也被称为太昊宫、人宗庙、人祖庙，专门用于祭祀中华人文始祖伏羲氏。现为甘肃省重点文物保护单位（1963 年获批），是知名景区，主要有牌坊、大门、仪门、先天殿、太极殿等建筑。每年有大量华人和游客前来游览朝觐、寻根祭祖，是名副其实的“中华第一庙”。

2. 武威文庙

自古历史悠久、文化发达的都市都建有文庙祭奠孔子，武威也是如此。武威文庙位于武威市南部地区，也被本地人叫作“圣庙”，建于明代，由于规模较大，被称为“陇右学宫之冠”。经过历代政府和民间集资重修以及扩建，文庙现有多座建筑，内部环境优雅，古树参天，藏有西夏护国寺感应塔碑、元代亦都护高昌王世勋碑以及其他碑刻、牌匾，具有重要历史文化价值。目前，其是武威市主要旅游景点。

第八节　现代人造设施

一、概述

甘肃兴建了一批富有特色、规模较大的文化设施，同时兴建了一些水利、航空等大型工程，这不但解决了民生问题、国防问题，也成为发展旅游的主要资源，一些遗址工程如刘家峡水库、酒泉赤金峡水利风景区、酒泉卫星发射中心导弹卫星发射场旧址、引大入秦工程等已经成为游客心中向往之地，有的成为典型旅游目的地，增强了游客体验感。

二、博物馆

甘肃博物馆众多，知名省级博物馆有敦煌研究院、甘肃省博物馆、甘肃简牍博物馆以及大地湾博物馆。这些博物馆充分展示了甘肃人文历史，是名副其实的文化殿堂。

1. 甘肃省博物馆

甘肃省博物馆位于兰州市区，距兰州西站较近。该馆成立于 1939 年，当时为“甘肃科学教育馆”，后改名为甘肃省博物馆，1999 年展览大楼进行改扩建，馆内汇集了甘肃地区从远古时期到近现代的大量文化珍宝，尤其是武威出土的铜奔马被誉为中国旅游标志，堪称镇馆之宝。另外，甘肃彩陶、汉简、汉唐丝绸之路珍品、魏晋墓“驿使图”画像砖、佛教艺术萃宝、古生物化石等都极其珍贵，很有吸引力。目前，博物馆还推出了科技体验项目，深受青少年喜欢。

2. 敦煌研究院

敦煌研究院位于敦煌市，原为敦煌艺术研究院，1944 年成立并建设。主要负责保护和研究世界文化遗产敦煌莫高窟，后将麦积山石窟、瓜州榆林窟等也作为保护、管理与研究对象。研究院实力雄厚，在国内外具有较高知名度和美誉度。

三、主题公园

主题公园是根据某些特定主题而兴建的旅游目的地，一般采用现代科学技术，策划多层次系列旅游活动，尤其是娱乐活动，具备完善的休闲要素和服务接待能力，目的是满足游客休闲娱乐需求。主题公园在国内发展很快，甘肃主题公园发展也很好，其中，嘉峪关方特欢乐世界、中华孔雀苑、滑翔基地、紫轩葡萄酒庄、兰州西部恐龙园等都具有很高的美誉度。

1. 嘉峪关方特欢乐世界

嘉峪关方特欢乐世界是嘉峪关的知名景区，也是甘肃规模最大的高科技主题公园，建设者是深圳华强集团，游乐项目主要以中国文化及丝路历史为主题，结合高科技互动展示。项目或者有趣，或者惊险刺激，或者具有新意，适合各类人群旅游休闲度假。

2. 兰州水车博览园

兰州水车博览园于 2005 年建成，位于兰州市中心，地处百里黄河风情线滨河东路黄河南岸。目前是兰州主要景点景区，包括水车园、水车广场、文化广场，并和黄河母亲像、黄河铁桥、白塔山公园等串联成为旅游线路，是一个立体展现黄河文化和水车文化的主题公园。

3. 敦煌古城

史料记载，历史上敦煌古城始建于汉代，但由于历史因素已经消亡。目前的敦煌古城不是历史上古城的复制或者复原，而是 1987 年中日合拍历史片《敦煌》时留下的外景地，可以说目前的古城是后人结合历史史料记载加上自己的思考创新修建而成的，古城以宋代《清明上河图》为蓝本，主要包括街道、楼（敦煌楼、宣德楼、通元楼）、店铺、酒肆、客栈等，展示了昔日丝路文明和古代敦煌的繁华。

4. 滑雪场

甘肃冬季气候严寒，为促进冬季旅游发展，甘肃多个地方建有滑雪场。其中，松鸣岩国际滑雪场位于临夏回族自治州和政县，在松鸣岩景区内，四季开放，不但可以满足游客滑雪需要，还有观光索道、会议接待、演艺服务等项目；兴隆山滑雪场位于兰州市，在榆中县兴隆山脚下，雪场占地 200 多亩，配套设施齐全，适合滑雪爱好者游玩。

四、公园

甘肃知名公园有兰州的五泉山公园、白塔山公园、雁滩公园、小西湖公园，金昌市的金川公园，酒泉市的酒泉公园等。

1. 五泉山公园

五泉山位于兰州市区，所谓的“五泉”，分别是“甘露、掬月、摸子、惠、蒙”，据说汉代骠骑将军霍去病出征匈奴，在途经五泉山时由于缺水，拿出宝剑辟出泉水，故此得名。五泉山上古建筑众多，后多被毁坏，目前得到修复，游客可以看到佛教、道教、儒家文化建筑。1955 年，五泉山成为公园，对外开放，一时成为游客云集之地。现在免费对外开放，还增加了游乐设施，不过原来的动物园被迁移到兰州新区。每年五泉山公园都举办庙会及其他民俗文化活动。

2. 白塔山公园

白塔山公园位于兰州市区，在黄河铁桥附近。白塔山以山顶一座“白塔”而得名。白塔约建于元初，相传成吉思汗曾致书西藏黄教萨迦派法王，探求国家统一大事，萨迦派法王即派当时一位著名的喇嘛去蒙古拜见成吉思汗。喇嘛行至兰州时，却不幸病故，后大元帝国为表纪念，在山顶修造一座白塔。现塔为后来修建，外表呈现白色，因此被称“白塔”，山被称为“白塔山”，公园被称为“白塔山公园”。公园内有滑索、缆车等供游客体验，可登高观看黄河和兰州市区风光。

3. 酒泉公园

酒泉公园位于酒泉市，酒泉公园又被称为“泉湖公园”，因为园中有酒泉而得名，已有 2000 多年的历史。现为一座集古典园林、天然湖、趣味娱乐于一体的综合性公园。游客到公园后，可以看到古典园林、湖泊，是休闲娱乐的好去处。

五、大型工程

1. 刘家峡水库

刘家峡水库竣工于 1974 年，是我国第一座修建在黄河上的大型水电站。胡锦涛同志曾在这里工作过。黄河上游修建了三座大型水库和电站，具体是刘家峡、盐锅峡和八盘峡，都在临夏回族自治州永靖县境内，刘家峡水电站最为出名。黄河在这里和洮河汇合，由于特殊地形，导致蓝黄颜色交融，呈现出奇妙景致。刘家峡水电站在当地农业发展以及旅游发展中发挥着重要作用。

2. 酒泉卫星发射中心

为发展中国航空航天事业，国家于1958年在酒泉建设了卫星发射中心。中心也被称为“东风航天城”，是世界三大载人航天发射场之一。目前，航天城对外开放，游客可参观区域包括发射场、东风航天历史展馆以及革命烈士陵园。在这里不但可以了解我国航天事业的发展历程，还可以了解卫星技术，同时缅怀为中国航天事业献身的官兵和科技工作者。2017年，酒泉卫星发射中心入选首批中国十大科技旅游基地。

第九节　人文活动旅游资源

一、概述

人文活动旅游资源是指能够吸引人们进行旅游活动的古今人类所创造的物质实体或以其为载体的神话传说、名人轶事等。甘肃人文活动旅游资源内容丰富，形式多样，影响深远，并且大多都和少数民族有关系。这些人文活动留下了无数遗迹、遗址、建筑、石窟等实物，也创造了值得人类学习传承和思考的民俗礼仪、人物故事、民间传说、文学艺术、宗教信仰、习俗风情、节日庆典、民族技术及工艺等，是当今社会难得的旅游资源。

二、名人典故与传说故事

甘肃历史名人很多，这里限于篇幅，仅重点介绍几位。

1. 伏羲

伏羲是中华民族人文始祖、三皇之一，伏羲文化是中华文明的源头。相传伏羲出生地在今甘肃天水，因此天水被称为羲皇故里。据说，他在卦台山查看天文地理，受到启发，先后画八卦、造书契、结网罟、取火种、造甲历、制嫁娶、创礼乐、设九部、制九针、立占莁，开启了中华民族文明发展之光。目前，伏羲庙、卦台山等景区每年都举办文化旅游节，吸引世界各地游客前来

2. 秦襄公

秦襄公（？—公元前766年），嬴非子五代孙，被称襄公，秦国发展史上极其重要之人，是春秋时期秦国被正式列为诸侯的第一任国君。作为第一任国君，在位时间12年（公元前778年—公元前766年）。由于秦庄公被当时比较强大的少数民族犬戎杀害，秦襄公即位。后来，出于国家安全考虑，周平王不得不东迁，秦襄公出兵护送，被封为诸侯，赐土地，自此秦国日益强大，为统一天下打下了坚实基础。后秦襄公在攻打西戎部落时去世。20世纪90年代，甘肃礼县永坪乡大堡子出土了秦早期大型墓葬，考古界断定是秦襄公之墓。

3. 霍去病

霍去病，山西临汾人，官至西汉大司马骠骑将军，名闻四海的丝绸之路即由其打通。他善于带领军队长途奔袭，多次率兵突击匈奴，占领河西地区，使丝绸之路得以开通，同时贯通河西走廊，使其纳入国家版图，扩大了汉帝国疆土。霍去病在甘肃兰州、酒泉都有传奇故事，兰州市五泉山公园有其雕塑。

4. 李广

李广，陇西成纪（今甘肃天水秦安）人，西汉名将。少年时从军，多次带领军队驻扎边疆和匈奴作战。由于征战沙场时间久，加之骁勇善战并善于射箭，被称为“飞将军”。李广一生战功赫赫。王勃在诗歌中写到“冯唐易老、李广难封”，为其感叹。王昌龄则有诗云：“但使龙城飞将在，不教胡马度阴山”，描述了其戍守边疆的决心和勇敢豪迈的气魄，千古流传。

5. 孙悟空

孙悟空是传说之名人，真实性有待考证。在甘肃丝绸之路沿线的榆林窟、西千佛洞内，有西游记主题壁画多幅，其中《唐僧取经图》创作年代较

早，比小说《西游记》早300年。画的内容是“唐僧西天取经”的故事，有唐僧、悟空、白马，没有八戒和沙僧。在一幅西夏壁画上也发现唐僧和悟空，其中唐僧非常虔诚，悟空作为助手，帮助师傅拿东西。敦煌学大师段文杰先生考证，此猴形人为孙悟空原型。也有学者研究后认为，悟空原型名叫石磐陀，出生地在甘肃瓜州锁阳城，历史上的确和玄奘一起西行，到达过高昌国。后此事在民间流传，演化成了孙悟空。

6. 隋炀帝

隋炀帝是历史上有争议的帝王。作为隋朝皇帝，他为拓通和巩固丝绸之路的繁荣，以及扩大边疆，于公元609年在大败吐谷浑以后，翻过山脉，进入张掖，登上山丹焉支山，参禅天地，并且举办博览会，召见西域二十七国使臣，史称“万国博览会”。这是中国封建社会历史上唯一一次中原王朝帝王西巡至河西走廊境内的重大历史活动。

三、民俗风情

1. 蒙古族服饰

甘肃境内的肃北蒙古族自治县与内蒙古自治区相接，世居民族是以游牧为主要生活方式的裕固族。该地区地处高原，气候相对寒冷，为了抵御严寒，其制作的衣服多用皮毛或者厚重材料，以长袍、坎肩、皮帽、皮靴为主，有别于内蒙古自治区的蒙古族服饰。

2. 格萨尔

史诗《格萨尔》的价值巨大：一是它为世界上迄今发现的演唱篇幅最长的史诗；二是传播地区广，广泛传唱于中国青藏高原的藏、蒙、土、裕固、纳西、普米等众多民族；三是以口耳相传方式传承；四是英雄的故事。主要讲述格萨尔王降临下界，降妖除魔以及统一各部的故事；五是艺术表现形式多样，传唱千年，是重要的非物质文化遗产。

3. 藏戏

藏戏，藏语称“南木特”，是“传记”的意思。因首次表演地点在甘南拉卜楞寺，因此该戏又被称为“拉卜楞藏戏”。该戏目的是歌颂正面人物，主要表现方式是说唱，代表作品有《松赞干布》《达巴旦保》《智美更登》等。目前，藏戏已经被甘肃省列入首批十大非物质文化遗产试点保护项目，也是世界非物质文化遗产代表性项目，具有很高的文化价值和旅游欣赏价值。

4. 西王母信俗

西王母信俗是平凉市泾川县地方传统民俗。据说此民俗最早出现在宋代，传承至今。每逢农历三月二十日，这里要举办祭祀西王母的盛大活动，到时候人山人海，来自各地包括中国台湾的信众要在凌晨三时赶到西王母祖庙，抢烧头香，然后举办热热闹闹的庙会，以求平安、健康，或者求子求福。该民俗特色鲜明，涉及历史、宗教、礼仪，具有很高文化历史价值。目前，已经成为旅游资源。

5. 裕固族婚礼活动

裕固族是一个民俗奇特的民族，尤其是婚俗比较特殊。原来，裕固族之间流传系腰婚、招赘女婿婚，后来，伴随国家政策改变、经济社会发展，人们思想观念发生改变，婚俗也随之变化。一般来说，传统婚礼历经时间长，礼仪繁杂，包括求婚、许亲、订婚、戴头、送亲、接亲、戴冠、献羊背子、交接新娘等过程，非常热闹和有人情味。但目前发生变化，一些人不再这样举办婚礼，民俗急需得到保护。

6. 姑娘追

此项目主要流传于酒泉市阿克塞哈萨克族自治县。哈萨克族在甘肃分布不多，人口数量不大，主要居住在辽阔的大山和草原地区，常年游牧，后来开展农业、草原养殖。该民族性格豪放、热情，喜欢开展体育运动，“姑娘追”就是其中之一。该项目一般在欢庆时节举行，举办时，哈萨克族姑娘小伙骑马并行，期间，小伙可以挑逗姑娘，以表达爱慕，姑娘在到达约定地点前要具有耐心，但到达目的地以后，在返回来的路上，姑娘可以挥舞皮鞭，打击小伙，有情则假打，无意则真打，非常有情趣。

四、节日庆典

1. 拉卜楞寺正月大法会

拉卜楞寺是中国喇嘛教格鲁派六大寺院之一，位于甘南藏族自治州夏河县。该寺经常举办规模很大的大法会以及各类活动。其中，每年正月初三日晚至十七日，举办正月大法会。期间，大经堂有诵经仪式；初八日要举办放生活动；十三日要举行晒佛仪式；十四日为法舞会；十五日为酥油花灯会；十六日为“转香巴”日。活佛弟子和藏族人民欢聚一起，载歌载舞，好不热闹。目前，法会被列入旅游项目。相关节庆活动见表 1－15。

表 1－15　甘南藏族自治州节庆活动

节庆	地区	时间	形式
毛兰节	夏河县寺庙	正月初三日至十七日	祈祷法会。诵经、放生、晒佛、转香巴等
藏历新年		与汉族农历新年接近	迎新祈福。燃松脂、供酥油花、背及香水、拜年等
西仓寺亮宝节	碌曲县	正月十四日	敬畏自然、祈福未来。部落男丁晒宝、舞蹈、祭祀等
跑马节	舟曲县	农历三月二十八日	祈祷人强马壮、庄稼丰收等
娘乃节		农历四月十四日	闭斋，纪念佛祖苦修。煨桑、听讲等
黑水沟朝水节	舟曲县	端午节	祭水。驱邪祈福、沐浴，舞蹈等
夏河香浪节	夏河县	农历六月、七月	采薪。郊游、美食、歌舞、体育活动等
插箭节	卓尼县、夏河县等		祈求和平、祭山神。男性参与，僧人诵经、拉经幡、插箭等

2. 花儿会

“花儿”是西北地区一种特色的艺术活动，为国家非物质文化遗产。据说，“花儿”产生于明代初年（1368 年前后）。花儿的特点：一是流传广泛，在回、藏、东乡、保安、撒拉、土、裕固、蒙等民族中广泛传唱；二是讲究现场发挥，人们要结合生活即兴演唱；三是规模大，人很多；四是表现形式多样，有独唱、对唱、合唱，歌手组队表演，歌词风趣幽默。目前，甘肃比较重要的花儿会是临夏州和政县“松鸣岩花儿会”、永靖县“炳灵寺花儿会”、康乐县“莲花山花儿会”、定西市岷县“二郎山花儿会”等，临夏被誉为“中国花儿之乡”。

3. 太昊伏羲公祭大典

传说中的伏羲是中华民族人文始祖，又被称为“羲皇”。天水是伏羲的诞生地，被认为是中华文明发祥地之一。为纪念伏羲，本地居民在这里举办大型活动，热闹非凡。为表达民族情怀和传承民族文化，天水于 1988 年 6 月恢复公祭伏羲氏活动，2006 年“太昊伏羲祭典”被列为首批国家级非物质文化遗产名录。

4. 乞巧节

乞巧民俗和“七夕”文化紧密联系。甘肃省西和县、礼县一带流行乞巧民俗。研究表明，乞巧节最早出现在汉代，明清兴盛，一般从农历六月三十日（小月为二十九日）晚到七月初七日晚，包括坐巧、迎巧、祭巧、拜巧、娱巧、卜巧、送巧等环节，主要表现形式是唱词、舞蹈等。目前，甘肃西和县将其打造成为重要的旅游活动，成效显著。

五、饮食和购物

饮食和购物也是旅游资源，开发得当可以提升游客体验度，带动经济发展。甘肃有各类地方风味小吃、美食街、特产旅游商品市场，无不吸引各地游客前来。

1. 特色市场

大型超市主要有亚欧商厦、西太华商厦、国芳百盛购物中心、华联超市等；也有一些特产店，出售本地土特产；兰州黄河药材批发市场主要销售批发中药材，是特色较强的市场。夜市有兰州静宁路夜市、沙州夜市，其中沙洲夜市位于敦煌，规模较大，分为风味小吃、工艺品、“三泡台”茶座及农副土特产品等区域，游客在游览莫高窟的同时，还可以体验地方小吃，购买农副土特产、工艺品。

2. 旅游商品

甘肃传统旅游商品主要包括陶艺制品、美术品、日用品、名小吃等。其中出名的有洮砚、庆阳剪纸、酒泉夜光杯、保安腰刀、庆阳香包等。见表1－16。

表 1－16　　　　旅游商品博览会获奖甘肃旅游商品表

种类	主要产品
陶瓷艺术制品	梦里敦煌陶艺、脱胎蒜头瓶、大地湾文化陶艺、西北风格人物陶艺、刻瓷工艺品等
美术工艺品	环县皮影、铜奔马复制品、漆器工艺品、龙盘工艺品、双龙碗摆件、砖雕博古架工艺品、河曲宝马摆件、裕固族仿瓷娃娃工艺品、铜雕艺术品、太平鼓雕塑艺术品、核桃工艺品、五彩山丹工艺品、根雕、雕刻葫芦工艺品、酒泉夜光杯、天水雕漆、玉璧、庆阳剪纸、大漠风情石艺、纸织画、铜奔马仪仗工艺品、汉唐麦积山艺术陶瓷、珍珠银反弹琵琶工艺品、疙瘩葫芦艺术品、唐卡、驿使摆件等
日用品	敦煌元素书签等、敦煌元素红酒摆件、佛教艺术杯垫、天水漆器文具三件套、各种文化元素瓷器杯具、天水丝毯、大漠行麻鞋、三格毛服饰、藏式手工帽、藏香等
砚台	卓尼洮砚、挑河绿石砚、徽县栗亭砚等
饰品	敦煌元素丝巾、裕固族风情饰品、庆阳香包等
甘肃名吃	礼品面食、脱水四季豆、脱水苹果脆、苦荞茶、良谷米、糯玉米制品、包装牛肉、野燕麦仁、人生果、玫瑰系列产品、中药套装、枸杞系列产品、礼品百合等

资料来源：根据甘肃旅游网信息整理。

保安腰刀：主要产于临夏回族自治州积石山保安族东乡族撒拉族自治县，具体地点在大河家镇、刘集乡及周边地区。当地保安族群众多从事副业，冶铁手工业是最主要行业，男子多擅长打刀，所制作刀具工艺精湛，是著名商品。

夜光杯雕：传统夜光杯以玉石为材料，经过仔细雕琢方可制成，制作过程很复杂，据说要完成28道工序。唐代诗人王翰在《凉州词》中诗云："葡萄美酒夜光杯，欲饮琵琶马上催”，是对夜光杯的赞誉。

3. 风味美食

甘肃美食市场十分火爆，各种美食街遍布，以牛羊肉类为主的美食、面食最为著名，其中兰州牛肉面、陇南浆水面、武威凉皮、东乡手抓羊肉、静宁烧鸡锅等非常出名。一到开门营业时间，店铺就变得喧哗热闹，生意极其火爆。

4. 土特产品

特色农产品主要有马铃薯、百合、辣椒、猴头菇、烤烟等；特色水果有白兰瓜、冬果梨、水蜜桃、李广杏、大枣、长把梨等；中药材资源丰富，在全国很有名气，主要有当归、大黄、党参、甘草、红芪、黄芪等。丰富的土特产品资源为发展旅游提供了支持。

第十节　现代体育和文化事件

一、概述

节庆就是在特定时间、特定地点举行的各种庆祝活动的总和，其形式包括各种传统的节日以及在新时期创新的节日。甘肃节庆活动丰富多样，包括各种旅游活动、本地民俗文化活动和体育活动。

二、体育资源和赛事

甘肃地理风貌多样，地形复杂，山脉、沙漠、草地、森林、雪山、冰川、戈壁等为发展体育赛事提供了天然支撑，可谓得天独厚，为开展登山、攀岩、滑翔、越野、沙漠体育竞技活动、漂流、拉力赛等活动提供了条件。目前甘肃有多个体育训练基地，如榆中亚高原训练基地、刘家峡水上训练基地等。体育项目繁多，一些特殊项目很受欢迎，如玉门山地超级马拉松魔鬼跑、兰州马拉松赛等。

三、户外运动

甘肃具有开展各种户外探险旅游活动的条件，近年来相关运动陆续开展。在张掖，游客可以体验和了解户外运动如山地户外运动挑战赛、全国徒步大会、山地救援交流赛、汽车拉力锦标赛；在嘉峪关，游客可以在滑翔基地跳伞、蹦极、乘坐热气球，体验滑翔带来的刺激；在兰州—河西走廊地带，游客可以自驾车越野、长跑、徒步穿越、攀岩；在甘南州迭部县，游客可以在扎尕那、碌曲则岔、陇南武都万象洞体验探险寻秘；在兰州市、景泰县和永靖县，游客可以乘坐羊皮筏子漂流，体验黄河不一样的魅力。

四、文化旅游节

为促进旅游业发展，甘肃近年来组织和推出了一系列节会活动，著名的有丝绸之路国际旅游节、天水伏羲文化旅游节、陇南乞巧节、庆阳香包民俗文化节、香巴拉旅游艺术节等。这些节会活动是很好的文化旅游资源，值得开发利用和保护传承。

1. 中国甘南香巴拉旅游艺术节

香巴拉旅游艺术节每年盛夏在甘南藏族自治州合作市等地举办，地点轮换。该活动声势浩大，参与人数多，主要项目有藏族服饰展示、舞蹈、藏戏、体育比赛、演唱、民间弹唱等。

2. 天水伏羲文化旅游节

该节是为了纪念伏羲而举办的节会活动，原来由民间举办，现由政府举办，规格较高，主要活动包括开幕式、演出和旅游参观等。

3. 兰州安宁国际桃花旅游节

兰州安宁是著名桃乡，桃子质量优良。为发展旅游，安宁从 1984 年起，成功举办了多次桃花旅游节，经济效益和社会效益很好。旅游节期间的主要项目有踏青赏花、文艺展览、经贸洽谈等。

第十一节　旅游资源特征分析

一、历史悠久，资源内涵深厚

甘肃历史悠久，少数民族世居于此，人文旅游资源内涵丰富。甘肃人杰地灵，始祖文化、丝路文化、三国文化等多元文化交相辉映，具有很强的旅游吸引力。

二、特色鲜明，旅游价值极高

一是甘肃位于中国西北部，版图狭长，这使得甘肃旅游资源具有地域性，高原、山地、走廊几个版块各不相同，和省外景观差别很大；二是民族和宗教特征较强，建筑、服饰、宗教信仰和民族历史有很大关联；三是长征、西路军在这里留下的故事不同于其他地区；四是甘肃属于丝绸之路的黄金路段，资源利用对“一带一路”倡议有很高的价值。

三、总量丰富，类型较为齐全

自然景观资源方面，森林公园、自然保护区数量多，分布广泛；人文景观方面，遗址、历史文化名城、古墓葬群、近代史迹、重点文物保护单位众多，形成了很多旅游景区。见表1－17。

表 1－17　　　　　　　甘肃省 A 级旅游景区名录

级别	地区	景区名称
5A （4 处）	嘉峪关市 （1 处）	嘉峪关文物景区
	平凉市 （1 处）	平凉市崆峒山风景名胜区
	天水市 （1 处）	麦积山景区
	酒泉市 （1 处）	敦煌鸣沙山月牙泉景区
4A （85 处）	白银市 （2 处）	景泰黄河石林风景旅游区、红军会宁会师旧址
	定西市 （2 处）	贵清山/遮阳山旅游风景区、渭源县渭河源景区
	甘南州 （7 处）	夏河县拉卜楞寺景区、临潭县冶力关景区、卓尼县大峪沟景区、舟曲县拉尕山景区、合作市当周草原景区、碌曲县则岔石林景区、郎木寺景区
	嘉峪关市 （4 处）	紫轩葡萄酒庄园、东湖生态旅游景区、中华孔雀苑、方特欢乐世界
	金昌市 （3 处）	骊靬古城景区、紫金花城景区、金水湖景区
	酒泉市 （8 处）	西汉酒泉胜迹、敦煌雅丹国处地质公园、敦煌阳关旅游景区、赤金峡旅游景区、瓜州锁阳城景区、草圣故里文化产业园景区、金塔沙漠胡杨林景区、玉门玉泽湖生态旅游景区
	兰州市 （5 处）	兴隆山自然保护区、兰州吐鲁沟国家森林公园、兰州水车博览园、什川古梨园景区、榆中县青城古镇
	临夏州 （5 处）	和政松鸣岩风景区、黄河三峡风景名胜区、和政古动物化石博物馆、临夏市八坊十三巷景区、积石山大墩峡保安族民俗文化生态旅游园景区
	陇南市 （13 处）	武都万象洞景区、成县《西峡颂》景区、宕昌官鹅沟景区、康县阳坝景区、西和晚霞湖景区秦文化博物馆景区、金徽酒文化生态旅游景区、两当云屏三峡旅游景区、两当兵变红色旅游景区、花桥村景区、陇南市文县天池景区、哈达铺景区、金徽矿业景区
	平凉市 （6 处）	崇信龙泉寺景区、泾川大云寺·王母宫景区、庄浪云崖寺景区、古灵台·荆山森林公园、田家沟景区、华亭莲花台景区

续表

级别	地区	景区名称
4A（85处）	庆阳市（3处）	庆阳市庆城县周祖陵景区、庆阳市华池南梁红色旅游景区、庆阳市天富亿生态民俗村景区
	天水市（6处）	伏羲庙景区、南郭寺景区、玉泉观景区、水帘洞景区、大像山景区、回乡风情园
	武威市（5处）	武威市雷台公园、武威文庙景区、武威神州荒漠、武威沙漠公园、武威凉州白塔寺景区
	张掖市（16处）	张掖大佛寺、肃南马蹄寺风景名胜区、张掖市山丹焉支山景区、张掖国家湿地公园景区、肃南文殊寺景区、丹霞地质旅游景区、山丹大佛寺旅游景区、高台西路红军纪念馆、中华裕固风情走廊、大湖湾文化旅游景区、玉水苑景区、民乐扁都口生态休闲旅游景区、张掖市肃南冰沟丹霞景区、高台月牙湖景区、肃南裕固族民俗度假区景区、张掖市平山湖大峡谷
3A 109处	白银市（4处）	法泉寺风景旅游区、景泰寿鹿山森林公园、白银黄河湿地公园、甘肃农垦条山农场旅游区
	定西市（6处）	通渭县温泉度假区、渭源县首阳山景区、甘肃省仁寿山森林公园、岷县狼渡湿地草原景区、榜罗会议纪念馆、岷州会议纪念馆
	甘南州（10处）	迭部县腊子口景区、米拉日巴佛阁景区、俄界会议遗址景区、茨日那毛主席旧居景区、巴寨沟景区、夏河县熊猫沟景区、赛尔布景区、阿万仓贡赛尔喀木道景区、外香寺景区、扎尕那景区
	嘉峪关（2处）	嘉峪关城市博物馆、讨赖河生态文化景区
	金昌市（2处）	金川公园、北武当山景区
	酒泉市（19处）	金塔鸳鸯湖风景区、酒泉常青苑、敦煌古城、阿克塞哈萨克民族风情园、敦煌三危山景区、金塔金鼎湖金泽溪风景区、阿克塞金山湖景区、瓜州桥湾城旅游景区、“铁人”王进喜纪念馆景区、敦煌夜市景区、敦煌同舟岛景区、敦煌雷音寺、航天神舟休闲生态园景区、党河峡谷民族文化风情园、敦煌党河生态公园、敦煌市光电博览园、月牙泉小镇民俗文化旅游景区、酒泉大法幢寺、酒泉民俗博物馆
	兰州市（13处）	五一山森林生态旅游区、龙头山森林生态旅游区、兰州石源园林景区、兰州猪驮山景区、兰州植物园、兰山风景区、兰州徐家山森林公园、兰州创意文化产业园、甘肃O2O体验广场、安宁银滩港、石洞寺景区、榆中玉泉山庄、金城公园景区

续表

级别	地区	景区名称
3A 109 处	临夏州 （8 处）	临夏枹罕山庄、临夏东郊公园、临夏市东公馆、积石山大墩峡景区、积石山大山庄峡景区、临夏县关滩沟景区、临夏县龙首山景区、莲花山国家森林公园
	陇南市 （8 处）	陇南市文县碧口古镇景区、白马河民俗风情旅游景区、牛头寺森林公园景区、礼县祁山武侯祠风景区、武都朝阳洞景区、成县陈院生态园景区、康县大水沟村旅游景区、康县何家庄村旅游景区
	平凉市 （7 处）	米家沟生态园、柳湖公园、南山生态公园、莲花湖人文生态景区、静宁成纪文化城景区、华亭双凤山公园、庄浪紫荆山景区
	庆阳市 （5 处）	合水陇东古石刻艺术博物馆、环县东老爷山景区、宁县古豳文化旅游区、正宁县调令关森林公园、宁县印象义渠莲花池景区
	天水市 （13 处）	清水县温泉生态旅游景区、木梯寺景区、卧牛山森林公园、崇福寺景区、武山蔬菜科技示范园区景区、姜维文化园景区、宣化岗拱北、三皇谷森林公园景区、花石崖景区、炳灵寺、青鹃山国际休闲旅游度假景区、齐寿山文化旅游大景区、凤山景区
	武威市 （5 处）	天祝三峡国家森林公园、黄羊河休闲农业旅游区、凉州植物园、民勤县沙生药材科技文化博览园、凉州区天乙生态园
	张掖市 （7 处）	祁连葡萄庄园、甘州区甘泉公园、甘州区二坝湖景区、山丹南湖生态植物园、民乐圣天寺旅游景区、临泽香姑寺景区、临泽梨园口战役纪念馆
2A 80 处	定西市 （12 处）	安定区玉湖公园、临洮县岳麓山景区、渭源县灞陵桥公园、临洮县貂蝉湖公园、渭源县马铃薯科技示范园区、安定区西岩山、临洮县佛归寺景区、临洮县三易花卉、通渭县秦嘉徐淑公园、岷县二郎山省级森林公园景区、漳县石崖寺景区、漳县泰山公园景区
	甘南州 （10 处）	桑科草原景区、天下黄河第一弯景区、翠峰山景区、阿子塘宝塔景区、亚哈景区、拉卜楞摩尼宝旅游文化产业园、欧拉克琼湖景区、河曲马场景区、古战术布景区、新城景区
	酒泉市 （2 处）	花城湖生态旅游风景区、阿克塞苏干湖旅游景区
	兰州市 （10 处）	兰州白塔山公园、永登青龙山公园、兰州水车园管理所、仁寿山生态文化景区、安宁滑雪场、兰州金色隆源生态休闲园、星河种植园、兰州市城关区陇萃堂购物景区、石佛沟国家森林公园、皋兰生态农业观光园

续表

级别	地区	景区名称
2A 80处	临夏州 （3处）	临夏人民红园、积石民俗村、和政三岔沟景区
	陇南市 （5处）	武都水濂洞、成县杜公祠风景区、武都五凤山景区、徽县泰湖风情园景区、两当县乔河景区
	庆阳市 （6处）	潜夫山森林公园、华池双塔森林公园、西峰东湖公园、庆阳农耕民俗文化村、合水夏家沟森林公园、宁县桂花园森林公园
	天水市 （21处）	马跑泉公园景区、卦台山景区、龙园景区、尖山寺森林公园、云凤山景区、赵充国陵园、李广墓景区、诸葛军垒景区、龟凤山景区、文庙景区、上关明清一条街、蔡家寺景区、黑潭寺景区、小华山景区、凤凰山景区、可泉寺景区、古坡草原景区、卧龙山老庵寺、街亭遗址、西梁子森林公园、导流山景区、天门山景区
	武威市 （9处）	武威天梯山石窟、武威西郊公园、鸠摩罗什寺、红西路军古浪战役纪念馆、民勤红崖山水库、凉州区海藏公园、凉州区磨嘴子、民勤县陶中现代农业示范园、民勤县郎福生态文化旅游景区
	张掖市 （2处）	山丹县博物馆、双泉湖景区
1A （2处）	酒泉市 （1处）	敦煌白马塔景区
	嘉峪关市 （1处）	三禾奇石文化交流中心

资料来源：根据甘肃政务服务网等网站信息整理。

四、非遗众多，质量结构均优

按照国家文化和旅游部的分类，非物质文化遗产类别较多，涉及文学、舞蹈、曲艺、游艺、技艺等。甘肃花儿、甘南藏戏、格萨尔、剪纸等属于世界非物质文化遗产代表性项目，省级非遗项目更多。这些非物质文化遗产和旅游融合发展是大势所趋。见表1－18。

表 1－18　　甘肃国家非物质文化遗产代表性项目分类表

	民间文学	传统音乐	传统舞蹈	传统戏剧	曲艺	传统美术	传统技艺	传统医药	民俗
甘肃	格萨尔			陇剧、秦腔			毛纺织及擀制技艺		蒙古族服饰、裕固族服饰
酒泉市	河西宝卷			敦煌曲子戏	哈萨克族阿依特斯	夜光杯雕			
张掖市		裕固族民歌							裕固族传统婚俗
金昌市									永昌县卍字灯俗
武威市	河西宝卷	华锐藏族民歌	凉州攻鼓子		凉州贤孝				
兰州市			兰州太平鼓、苦水高高跷		兰州鼓子		兰州黄河大水车制作技艺		
白银市				曲子戏		会宁剪纸			
临夏回族自治州	米拉尕黑	莲花山花儿会、松鸣岩花儿会、二郎山花儿会，张家川花儿	永靖七月跳会		河州平弦、河州贤孝	临夏砖雕	保安族腰刀锻制技艺、生铁冶铸技艺		
甘南藏族自治州		拉卜楞寺佛殿音乐道得尔、甘南藏族民歌	多地舞、巴郎鼓舞	武都高山戏、南木特藏戏		甘南藏族唐卡	洮砚制作技艺	甘南藏医药	
定西市			巴当舞	通渭小曲戏			洮砚制作技艺		岷县青苗会

续表

	民间文学	传统音乐	传统舞蹈	传统戏剧	曲艺	传统美术	传统技艺	传统医药	民俗
陇南市			文县池哥昼						乞巧节
天水市		清水道教音乐	武山旋鼓舞		秦安小曲		雕漆技艺、丝毯织造技艺		太昊伏羲祭典、女娲祭典
平凉市				华亭曲子戏					西王母信俗、庄浪县高抬
庆阳市		唢呐艺术		环县道情皮影戏		庆阳香包绣制、庆阳剪纸	窑洞营造技艺		

资料来源：根据中国非物质文化遗产网（www.ihchina.cn）等网站信息整理。

五、组合良好，线路得到优化

一是省域内部一些地州县之间资源各不相同，便于差异化开发；二是由于地形地貌、气候环境、人文发展不同，自然景观与人文景观相映生辉，文物古迹、自然风光和民俗风情等旅游资源组合，便于延长客流游览时间；三是以兰州为中心，向外部发散，形成东南部回藏风情草原风光、河西走廊丝绸之路大漠风情、东部寻根朝觐、南部自然观光等线路。

第二章

旅游经济演变分析

第一节　省域旅游经济差距演变

——基于西北五省比较视角

一、前言

区域经济发展必将导致区域差距或经济空间分异，因此，研究差异表现表征，探究其背后机制，进而加以优化，是区域经济学研究的重点内容之一。区域旅游经济发展也会形成差异，包括地域差异、行业差异、时间差异。在区位、政策、交通、气候、经济基础、文化背景、资源等要素驱动下，中国旅游业发展不平衡现象受到众多学者关注。其中，城市方面，北京、上海、广州、西安和桂林等发展较好，兰州、武威等城市发展相对滞后；区域方面，长三角、珠三角、京津冀、关中、成渝等形成一级增长极。纵观学术成果，学者研究不断趋于深化，但主要局限于三大地带，对丝路旅游涉及较少。基于此，本书采用位序—规模理论，运用变差系数、泰尔系数等指标进行大胆探讨。

二、数据来源

本书采用的资料来源于2007－2018年《陕西统计年鉴》《甘肃统计年鉴》《青海统计年鉴》《宁夏统计年鉴》和《新疆统计年鉴》以及西北五省2006－2017年的《国民经济和社会发展统计公报》，采集的数据为2006－2017年西北五省的旅游数据。

三、丝路沿线西北五省旅游经济概况

数据显示（见表2－1和图2－1），2006－2017年，丝路沿线西北五省旅游总收入具有如下演化特征：第一，整体呈现增长态势。2006年旅游收入为693.3亿元，2007年旅游收入突破800亿元大关，2008年旅游收入突破1000亿元，2011年旅游收入突破2000亿元，2013年旅游收入突破3000亿元，2014年旅游收入突破4000亿元，2015年旅游收入突破5000亿元，2017年旅游收入突破8000亿元，几乎每隔一年就增加1000亿元旅游收入。第二，省区之间差异很大。总量看，陕西最大，新疆次之，甘肃第三，青海第四，宁夏最弱。增长看，陕西2006年旅游收入为418亿元，2017年旅游收入为4813.59亿元，2017年旅游收入是2006年旅游收入的10多倍。甘肃2006年旅游收入为80.21亿元，2017年旅游收入为1580.11亿元，2017年旅游收入是2006年旅游收入的20倍。青海2006年旅游收入为35.69亿元，2017年旅游收入为381.53亿元，2017年旅游收入是2006年旅游收入的10多倍。宁夏2006年旅游收入为25.67亿元，2007年旅游收入为277.72亿元，2007年旅游收入是2006年旅游收入的10倍以上。新疆2006年旅游收入为159.22亿元，2017年旅游收入为1821.97亿元，2017年旅游收入是2006年旅游收入的10倍以上。可见，宁夏、新疆旅游发展态势较好，陕西、青海次之，甘肃最慢。

四、丝路沿线西北五省旅游经济差距演变实证分析

衡量区域经济差异时，学者的考量重点、偏好、学术背景等不同，会甄

选不同的评价体系，导致指标设计不同，计算结果不同。本书着眼于流域经济的宏观尺度，选择标准差、基尼系数、变差系数、区位熵等指标来反映丝路沿线西北五省旅游经济之间的差异及发展演化。

表 2－1　2006－2017 年丝路沿线西北五省旅游收入变化　单位：亿元

	2006 年	2007 年	2008 年	2009 年	2010 年	2011 年	2012 年	2013 年	2014 年	2015 年	2016 年	2017 年
陕西	418	504	607	767	984	1324	1713	2135	2521	3006	3813	4813.59
甘肃	80.21	115.96	137.51	192.76	237.21	333.69	471.08	620.16	780.82	975.35	1220.47	1580.11
青海	35.69	47.38	48.21	60.15	71.02	92.3	123.75	158.54	201.9	248.03	310.3	381.53
宁夏	25.67	31.64	40.53	53.4	67.8	84.21	103.39	127.3	142.7	161.3	210.02	277.72
新疆	159.22	205.19	207.39	186.11	306.04	441.87	576.88	673.24	650.07	1022	1401	1821.97
均值	143.76	180.83	208.13	251.88	333.21	455.21	597.62	742.85	859.3	1082.54	1390.96	1774.98

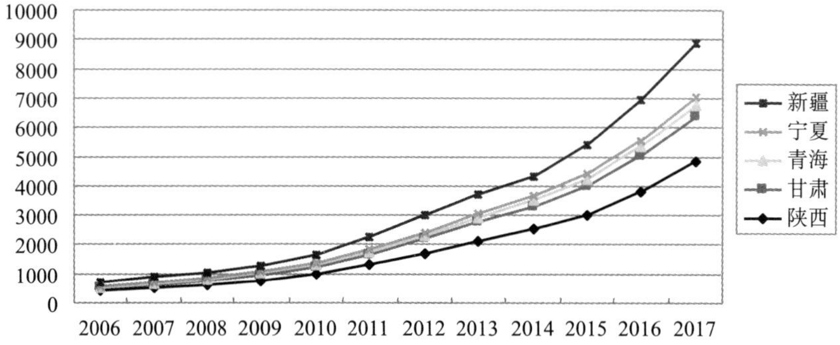

图 2－1　2006－2017 年丝路沿线西北五省旅游收入变化图

（一）标准差

标准差（VOC）是衡量各数据偏离平均数距离的指标，用该指标可反映丝路沿线西北五省各省旅游经济的绝对差异，其计算公式为：

$$VOC = \sqrt{\frac{\sum_{i=1}^{n}(X_i - \overline{X})^2}{n}} \tag{1}$$

式中，X_i 为第 i 个城市旅游收入；$\overline{X}$ 为丝路沿线西北五省旅游收入均值；n 表示被研究城市的数量。根据公式（1）可测量得到丝路沿线西北五省旅游经济发展的标准差。见图 2－2。

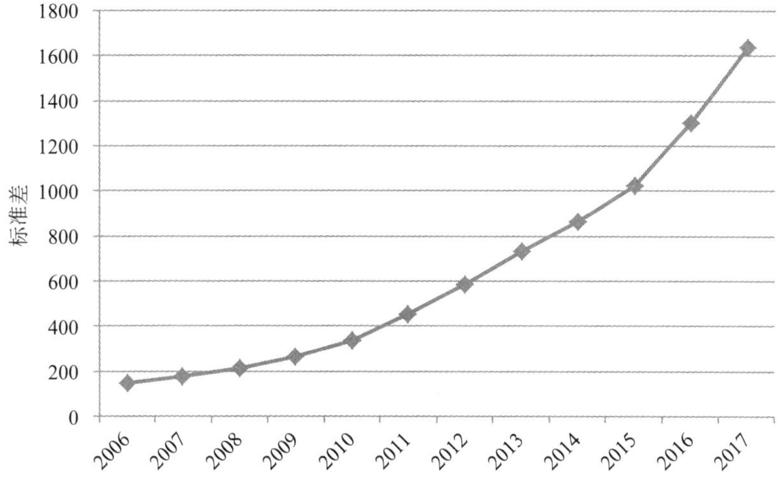

图 2－2　2013－2017 年丝路沿线西北五省旅游经济标准差变化

图 2－2 显示，丝路沿线西北五省旅游经济绝对差异指标曲线呈现向右上方倾斜态势，并且倾斜坡度越来越大，有急剧上扬走势。其中，2006－2017 年，标准差从 2006 年的 144.989 增加到 2017 年的 1640.538，增长了 1031.49%。区域旅游经济绝对差异变化的影响因素有：①资源条件，陕西、新疆和甘肃资源类别多，青海和宁夏民族特色强；②交通条件，陕西交通便利，新疆有国际口岸优势；③区域经济水平因素，甘肃发展速度稍慢，陕西等省发展相对较快。总之，由于以上因素综合作用，各省的发展过程不同，速度不同，实力不同，区域旅游经济的绝对差异自然很大，并伴有明显增大之势。

（二）基尼系数

基尼系数反映的是地区之间发展程度的相对差异，此指标数值越小，表示区域发展差异越小，经济态势越平衡；反之，如果此指标数值越大，则表示两极分化程度越显著，区域发展越不平衡，问题越突出。此指标数值的计算公式为：

$$G = 1 + \frac{1}{n} - \frac{1}{n^2\overline{X}}(x_1 + 2x_2 + 3x_3 + \cdots + nx_n) \qquad (2)$$

式中，G 为基尼系数；n 为样本数量；$\overline{X}$ 为研究对象均值，x_1，x_2，…，

x_n 是从大到小的样本值。

依据公式（2）可以计算出 2006－2017 年丝路沿线西北五省旅游经济基尼系数的变化。见图 2－3。

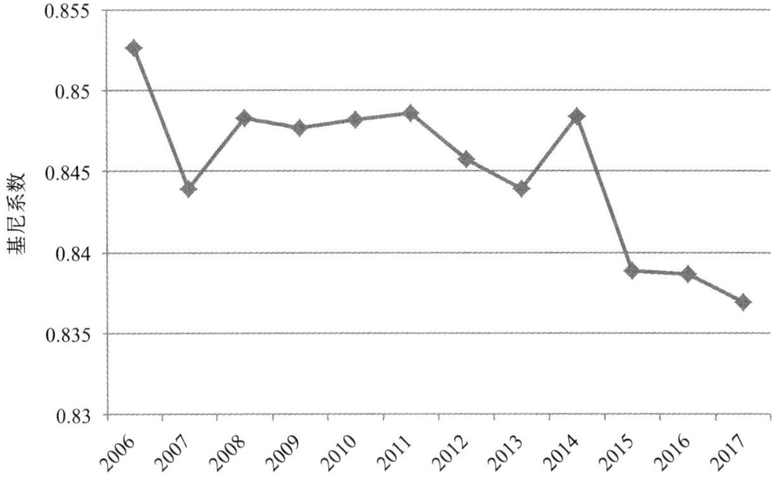

图 2－3　2006－2017 年丝路沿线西北五省旅游经济基尼系数变化图

图 2－3 显示，2006－2017 年丝路沿线西北五省旅游经济基尼系数的整体特点有三：一是变化幅度不是很大，最大值出现在 2006 年（0. 8527），最小值出现在 2007 年（0. 8369），两者差距在 0. 02 左右，反映出的实质问题是丝路沿线五省旅游经济的相对差异不是很突出。二是整体缩小，曲线向右下方倾斜。三是有波动。具体看，有两起三落的趋势，2008－2011 年旅游经济的差距基本稳定，2011 年出现下降趋势，2014 年差距快速增大，2015 年以后差距持续缩小。

（三）变差系数

变差系数（CV）也是衡量地区之间发展程度差异的统计指标。此指标和其他指标相比优势在于，能够消除度量单位和平均数对几组数据差异程度比较的影响。变差系数越大，区域发展中的差异趋势越大；反之，变异系数越小，则区域发展中的差异程度越小。其计算公式为：

$$CV = \sqrt{\frac{\frac{\sum_{i=1}^{n}(X_i - \overline{X})^2}{n}}{\overline{X}}} \tag{3}$$

依据公式（3）可以计算出丝路沿线西北五省 2006－2017 年旅游经济的变差系数。见图 2－4。

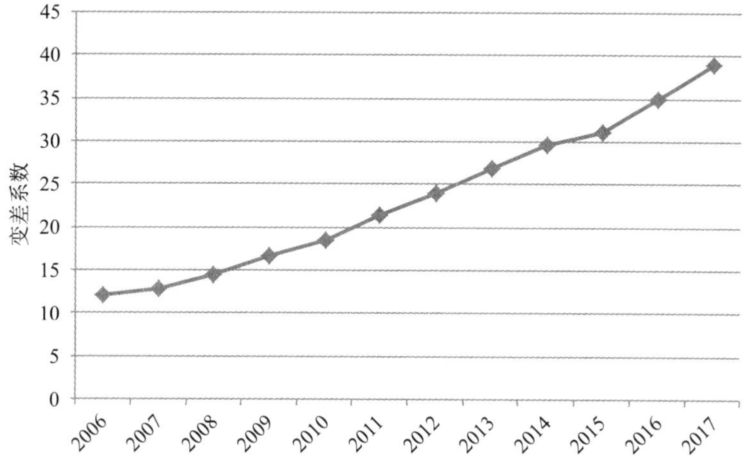

图 2－4　2006－2017 年丝路沿线西北五省旅游经济的变差系数变化图

图 2－4 描述了具体的变化趋势，2006－2017 年，变差系数一直处于增长趋势，其值由 12.093 增长到 38.939，曲线呈现向右倾斜趋势，这说明区域旅游经济的相对差异始终较大，并且有扩大趋势，越到右边，曲线的陡峭程度越有增加走势。

（四）区位熵

区位熵能更清楚地反映各个省份的旅游收入相对于丝路沿线西北五省旅游收入平均水平的差异。其计算公式为：

$$Q_i = \frac{S_i}{P_i} \tag{4}$$

式中，Q_i 为 i 省旅游经济的区位熵；S_i 为 i 省旅游收入占丝路沿线西北五省旅游收入的比重；P_i 为丝路沿线西北五省旅游收入占全国的比重。

Q_i 的数值如果较大，则说明 i 省旅游经济发展水平较好；反之，若该数据值较小，则说明该地区旅游经济发展水平不是很好。假设用 $\overline{Q}$ 表示丝路沿线西北五省区旅游经济区位熵均值，那么区域会被划分为如下三种基本类别：繁荣区（$Q_i > \overline{Q}$）、发展区（$1 < Q_i < \overline{Q}$）、落后区（$Q_i < 1$）。依据公式（4）可测算得到 2006－2017 年丝路沿线西北五省旅游经济的区位熵（见图 2－5）。

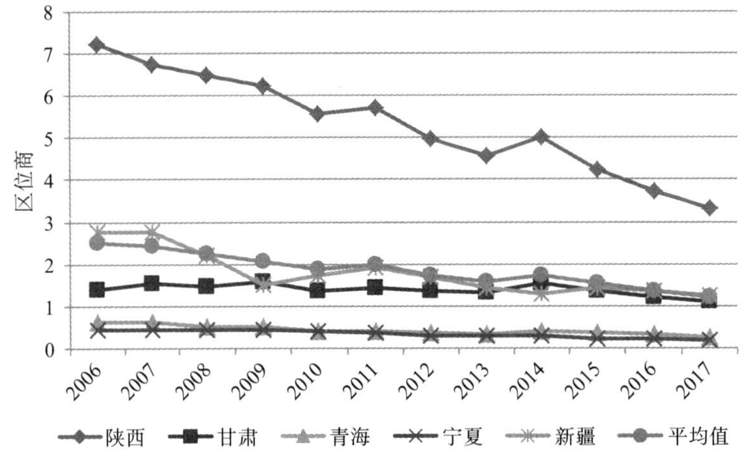

图 2－5　2006－2017 年丝路沿线西北五省旅游经济区位熵变化图

从 Q_i 与 $\overline{Q}$ 的对比关系看，2006－2017 年，丝路沿线西北五省旅游经济的平均区位熵特点有三：一是由 2.48648 下降到 1.21676，这说明丝路沿线西北五省旅游经济发展水平在全国的地位呈现逐年下降趋势。从流域内各地区旅游经济的区位熵看，陕西一直是旅游经济繁荣区且旅游经济的区位熵均在 3.2997 以上，说明陕西的旅游经济发展水平在丝路沿线西北五省处于“龙头”地位，这与陕西良好的经济基础以及其优越的区位条件密切相关。而甘肃、青海和宁夏一直是旅游经济落后区，新疆则在旅游经济落后区与旅游经济发展区之间转换。

第二节　甘肃各市州旅游经济差距演变分析

一、数据来源

本书采用的资料来源于2000－2018年《甘肃统计年鉴》以及甘肃14个市州2001－2017年的《国民经济和社会发展统计公报》，采集的数据为2001－2017年甘肃各市州的旅游收入数据。

二、甘肃各州市旅游经济演变态势

权威统计数据显示（见表2－2和图2－6），2001年，酒泉市旅游接待人次最多，但旅游经济收入位居第二；兰州市旅游收入位居第一；白银市旅游收入倒数第二；金昌市旅游收入最少。2017年，兰州市旅游收入位居第一保持不变，酒泉市旅游收入第二，天水市旅游收入第三，金昌市旅游收入倒数第一。从均值看，旅游收入在增长，从2001年的2.4亿元增加到2017年的14.3亿元。

三、甘肃各市州旅游经济差距演变实证分析

采用前文所述的衡量区域经济差异的指标（标准差、基尼系数、变差系数、区位熵）来分析甘肃旅游经济差异演化特征及规律。

（一）标准差

标准差（VOC）的测算公式为：

$$VOC=\sqrt{\frac{\sum_{i=1}^{n}(X_i-\overline{X})^2}{n}} \tag{5}$$

表 2-2　　甘肃各州市旅游收入变化表　　单位：亿元

年份	兰州	嘉峪关	金昌	白银	天水	武威	张掖	平凉
2017	43. 19857049	7. 175471162	0. 661340309	5. 232480668	25. 51767202	14. 82291155	11. 35641671	9. 557133836
2016	39. 99937391	7. 217998736	0	3. 056532506	22. 52036725	14. 10639063	9. 557753228	12. 29184326
2015	34. 15866099	10. 95306915	5. 056908371	4. 688956563	22. 91368447	33. 61029138	14. 42201093	7. 186407157
2014	33. 6917673	9. 024673928	0. 689806287	1. 213958534	22. 69736603	8. 872418241	5. 643457163	10. 01741792
2013	28. 52345947	6. 649491625	0. 440233677	1. 541178119	23. 88405159	8. 623488473	7. 068653721	8. 034028701
2012	26. 36401501	6. 316812444	0. 430376232	1. 388310427	20. 97737056	7. 705122871	5. 039566851	7. 885603227
2011	20. 4095563	4. 276132547	0. 318261774	1. 444418818	15. 03174838	7. 752530381	3. 239741644	6. 634533895
2010	18. 45927368	2. 327313868	1. 273898117	3. 099002151	14. 20886362	3. 809445332	3. 05613058	4. 77711794
2009	17. 22064212	1. 932681374	1. 145035644	2. 442742707	10. 95764413	2. 66828003	1. 956970009	5. 360848695
2008	17. 57955956	2. 575473764	0. 627144585	2. 723201155	10. 29910775	2. 302317456	2. 547600671	5. 739069784
2007	19. 55527893	2. 484944713	0. 923298553	2. 809819612	9. 110282801	2. 380621569	3. 302121039	5. 25521972
2006	16. 2806382	1. 972211018	0. 7972759	2. 318131311	6. 788216878	2. 119371823	3. 048989123	4. 050764642
2005	14. 56122785	1. 669501656	0. 680662947	1. 980880118	5. 623116658	1. 844171733	2. 67489991	3. 300000871
2004	14. 05600574	1. 717049834	0. 700143766	1. 989561473	5. 738341036	1. 919068906	2. 911658618	3. 394427315
2003	12. 55905749	1. 553394895	0. 625727061	1. 765700015	5. 146372692	1. 72204708	2. 613587392	3. 03471311
2002	11. 4348184	1. 441016219	0. 567368	1. 596308911	4. 672261394	1. 590795419	2. 603108691	2. 762559255
2001	8. 317708924	1. 237178919	0. 486567482	1. 388339217	4. 584546946	1. 368876517	3. 401647333	2. 369475514

续表

年份	酒泉	庆阳	定西	陇南	临夏	甘南	平均值
2017	28.7460109	6.39199286	13.40408044	5.76271341	7.963626241	21.36548543	14.368279
2016	19.37548686	13.79649544	7.816932533	4.094915826	7.094062538	16.68986003	12.68700091
2015	18.09685573	11.09198504	11.01422253	7.543043429	7.260836339	18.23946215	14.73117102
2014	12.80691265	4.304421864	1.611370283	1.932781331	2.687824917	8.597738663	8.842279651
2013	16.871982	3.799956381	3.510031509	2.43434354	2.578619854	8.912081566	8.776542873
2012	15.53519368	3.401360547	3.165347774	2.374010831	2.637789812	8.163265312	7.956010399
2011	13.91375189	2.187029623	2.325759114	5.247238984	3.35398946	8.42985672	6.754610681
2010	17.44260499	1.733236381	3.245990395	5.959148405	3.025508029	1.818979523	6.016893787
2009	11.23869833	1.186673303	2.369876802	4.240101687	2.231084603	1.936151179	4.777673615
2008	9.655239306	1.56089319	2.385936734	3.73499442	2.402660589	1.978989581	4.722299181
2007	10.13908942	1.766945135	2.099683966	3.312623991	2.261105006	1.832446107	4.802391468
2006	8.261056197	1.489371388	1.733629597	2.485053613	2.081856157	1.478100113	3.921761854
2005	7.095713457	1.224614642	0.915276754	2.116831475	1.802628125	1.20951863	3.335646059
2004	7.277947546	1.250923922	0.919827745	2.161302791	1.855461987	1.241447051	3.366654838
2003	6.558126068	1.110369742	0.815504241	1.930979679	1.664249672	1.113545178	3.015241022
2002	6.065410401	1.004982248	0.740549597	1.783381525	1.528681201	1.025393115	2.772616741
2001	5.296016731	0.914746867	0.640106555	1.531065678	1.520253067	1.113698904	2.440730618

式中，X_i 为第 i 个城市旅游收入；$\overline{X}$ 为甘肃各市州旅游收入均值；n 表示样本的数量。

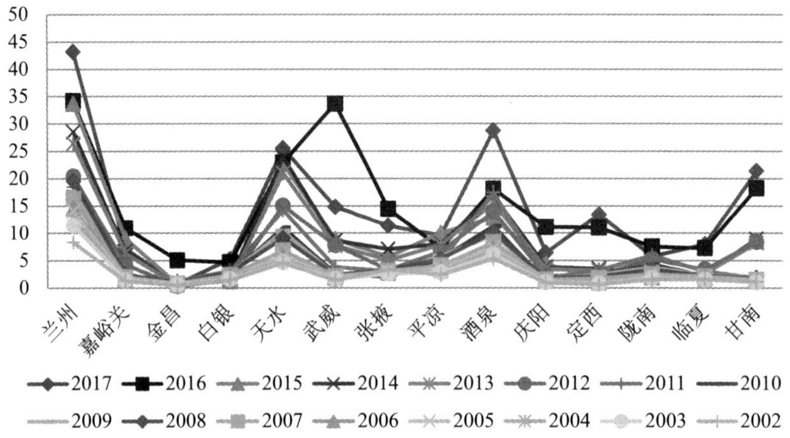

图 2-6　甘肃各地州市旅游收入变化图

注：由于 2002 年金昌市数据缺失，故图中金昌市数据未纳入分析，但对后文基尼系数计算结果影响不大。

依据公式（5）可测算得到相关数据。见图 2-7。

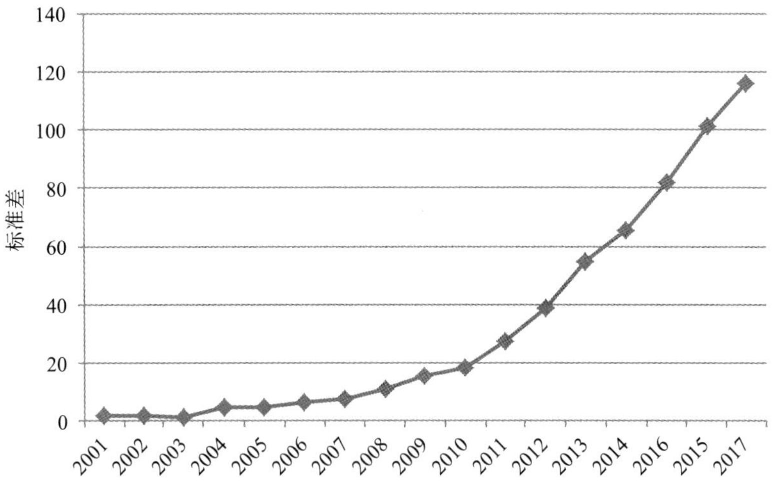

图 2-7　2001-2017 年甘肃各市州旅游经济标准差变化图

从图 2－7 可以看出，甘肃各市州旅游经济绝对差异变化的显著特点是曲线急剧上扬。2006－2017 年，标准差从 2001 年的 1.439 增加到 2017 年的 116.125。区域旅游经济绝对差异的影响因素主要是各州市旅游业发展起步时间、经济基础、区位、政策等。图 2－7 也显示，未来绝对差异有继续扩大态势。

（二）基尼系数

基尼系数的测算公式为：

$$G = 1 + \frac{1}{n} - \frac{1}{n^2 \overline{X}} (x_1 + 2x_2 + 3x_3 + \cdots + nx_n) \quad (6)$$

式中，基尼系数用 G 表示；研究对象或者样本数量用 n 表示；$\overline{X}$ 表示的是均值；x_1，x_2，…，x_n 表示的是按照数值大小排序的样本值。

依据公式（6）可测算甘肃各市州旅游经济基尼系数变化。见图 2－8。

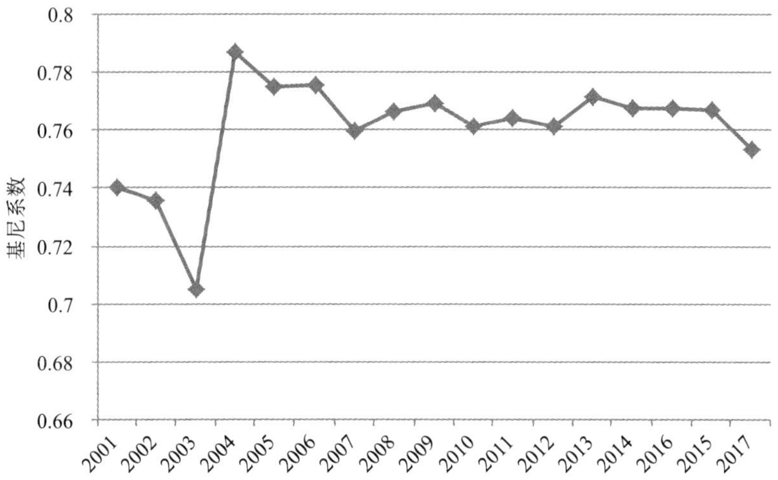

图 2－8　甘肃各市州旅游经济基尼系数变化图

从图 2－8 可以看出，2001－2017 年，甘肃各市州旅游经济基尼系数的变化特点如下：一是幅度不是很大。具体看，2003 年为最小值（0.7052），2014 年达到最大值（0.78672），两者相差 0.082，可见各市州旅游经济的相对差异不是很大，整体呈现出均衡发展态势。二是有起伏。由基尼系数曲线的走势可以看出，2003 年处于最低谷，2004 年出现高峰，达到了最大值，此后基本稳定在 0.76 附近，但 2017 年又猛然下降。

（三）变差系数

变差系数（CV）的测算公式为：

$$CV = \sqrt{\frac{\frac{\sum_{i=1}^{n}(X_i - \overline{X})^2}{n}}{\overline{X}}} \qquad (7)$$

依据公式（7）可以计算得到 2001 - 2017 年甘肃各市州旅游经济的变差系数。见图 2 - 9。

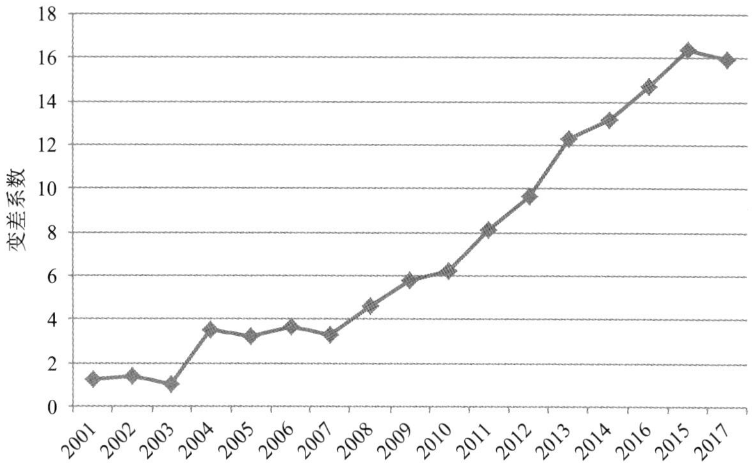

图 2 - 9　甘肃各市州旅游经济的变差系数变化图

观察图 2 - 9，可归纳出具体变化趋势有二：一是波动起伏。2001 - 2003 年保持平稳；2004 年增大；2004 - 2007 年保持平稳；2017 年降低。二是整体增加。2007 - 2016 年变差系数基本处于增长趋势，其值由 1.234 增长到 16.397，表明各市州旅游经济的相对差异始终较大。

（四）区位熵

区位熵的计算公式为：

$$Q_i = \frac{S_i}{P_i} \quad (8)$$

式中，Q_i 为 i 省旅游经济的区位熵；S_i 为 i 省旅游收入占甘肃各市州旅游收入的比重；P_i 为甘肃各市州旅游收入占全国的比重。

Q_i 数值的大小反映旅游经济发展水平的高低，数值大则水平高，数值小则水平低。假设用 $\overline{Q}$ 表示甘肃各市州旅游经济区位熵的平均值，则 $Q_i > \overline{Q}$ 为旅游经济繁荣区，$1 < Q_i < \overline{Q}$ 为旅游经济发展区，$Q_i < 1$ 为旅游经济落后区。根据公式（8）可以计算得到 2001－2017 年甘肃各市州旅游经济的区位熵。见图 2－10。

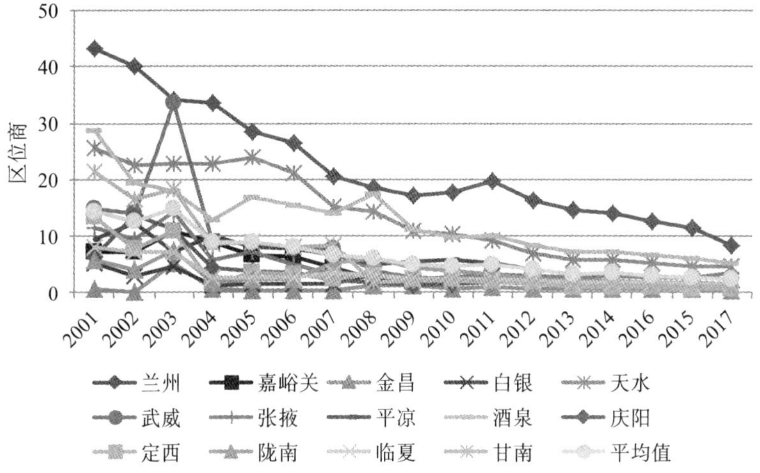

图 2－10　2006－2017 年甘肃各市州旅游经济区位熵

从 Q_i 与 $\overline{Q}$ 的对比关系看，2001－2017 年，甘肃各市州旅游经济发展的区位熵特点如下：一是不断下降。最初数据较大，为 14.3683，其后开始下降，最小值为 2.4407。可见，全国格局中，甘肃旅游经济发展地位逐年降低。第二，出现分化现象。兰州、天水和酒泉由于人口优势与产业经济基础优势，区位熵均值较高，基本在 4.58 以上，保持了繁荣区地位，旅游经济发展较好，可以说具有“龙头”作用。金昌、白银、定西、陇南和临夏一直是旅游经济落后区；嘉峪关、武威、张掖、平凉、庆阳和甘南则在旅游经济落后区与旅游经济发展之间转换，其中庆阳在 2002 年处于旅游经济发展区，其余年份均处于旅游经济落后区；甘南在 2001 - 2007 年处于旅游经济发展区，2008 - 2017 年处于旅游经济落后区；张掖在 2001 - 2016 年处于旅游经济落后区，2017 年处于旅游经济发展区；嘉峪关在 2004 年处于旅游经济发展区，其余年份均处于旅游经济落后区。

第三章

区域旅游与经济耦合演变分析

——以河西走廊为例

第一节　耦合评价模型构建

一、综合发展评价模型构建

首先，计算功效函数。对于旅游流系统与区域经济系统的序参量，本书假定其为 U_i（i=1，2，…，n），第 i 个序参量第 j 个指标为 U_{ij}，用 X_{ij}（j=1，2，…，p；i=1，2，…，n）表示。α_{ij}、β_{ij}为系统稳定临界点上序参量的上限值和下限值，因此，旅游流系统与区域经济系统的功效函数 U_{ij}可表示为：

$$U_{ij}=\begin{cases}(X_{ij}-\beta_{ij})/(\alpha_{ij}-\beta_{ij}) & U_{ij}\text{具有正功效}\\(\alpha_{ij}-X_{ij})/(\alpha_{ij}-\beta_{ij}) & U_{ij}\text{具有负功效}\end{cases}\qquad(1)$$

式中，U_{ij}表示 X_{ij}影响系统的程度大小，可以用来反映各指标达到目标的满意程度，U_{ij}越小表示满意度越低，U_{ij}越大表示满意度越大，U_{ij}最大值为 1，因此其取值区间为［0，1］。

其次，确定序参量的总贡献值。众所周知，旅游流系统属于旅游发展系统，区域经济系统属于经济系统，两者各有自己的运行规律，但两者不是截然无关的，而是相互影响、相互作用。因此，可以采用集成方法确定子系统内各个序参量的有序程度的总贡献值，具体计算方法可采用几何平均法或线性加权和法。其计算公式为：

$$U_i = \sum_{j=1}^{p} \omega_{ij} u_{ij} \quad \sum_{i=1}^{n} \omega_{ij} = 1 \tag{2}$$

式中，系统第 i 年的综合评价值用 U_i 表示，第 j 个指标对系统的影响用 U_{ij}表示；指标权重用 ω_{ij}表示。

确定权重时，采用熵值赋权法，具体依据实际数据和各指标之间的关联程度确定。这样所得到的数据较为客观，可以有效避免人为干预。处理原始数据时，鉴于不同指标量纲差异很大，需要做无量纲化处理。其计算公式为：

$$X_{ij} = \frac{x_{ij} - x_{jmin}}{x_{jmax} - x_{jmin}} \tag{3}$$

为了避免求熵值时数据的无意义，特对数据实行非负化处理：

$$X'_{ij} = \frac{x_{ij} - x_{jmin}}{x_{jmax} - x_{jmin}} + 0.01 \tag{4}$$

对各指标进行比重变换：

$$S_{ij} = \frac{X'_{ij}}{\sum_{i=1}^{n} X'_{ij}} \tag{5}$$

计算第 j 项指标的熵值：

$$h_j = -\frac{1}{\ln n} \sum_{i=1}^{n} S_{ij} \ln S_{ij} \tag{6}$$

计算第 j 项指标的差异度：

$$\alpha_j = 1 h_j \tag{7}$$

计算第 j 项指标的权重：

$$\omega_j = \frac{\alpha_j}{\sum_{j=1}^{p} \alpha_j} \tag{8}$$

二、耦合度模型

依据耦合原理，设定旅游流系统与区域经济系统的耦合度模型，其具体公式为：

$$C=[(U_1\times U_2)/(U_1+U_2)^2]^{1/2} \tag{9}$$

C 值区间在［0，1］。耦合度 C=1 时，说明处于良性共振耦合状态，系统之间或系统内部要素有序运行；耦合度 C=0 时，说明两个系统无关，处于无序态势。由于旅游发展离不开区域经济的支持，区域经济也离不开旅游发展，两个系统实际会发生交集，导致耦合值不断增大。因此，本书选用此模型分析两个系统的协调程度。

三、耦合协调度模型与等级评定标准

基于上述原因，在借鉴前人研究的基础上，构建客观反映旅游流系统与区域经济系统之间耦合协调度模型，即：

$$D=(C\times T)^{1/2} \tag{10}$$

$$T=\alpha U_1+\beta U_2$$

式中，D 表示耦合协调度；C 表示系统之间的耦合度；U_1、U_2 表示不同系统的综合评价指数；α、β 为待定系数（参考前人研究，本书中 α 取值为 0.6，β 取值为 0.4）。

参考马耀峰、廖重斌等学者研究成果，耦合协调度的区间划分及其等级评定标准见表 3-1。

表 3-1　旅游流系统与区域经济系统耦合协调度等级评定标准

耦合协调度 D	协调等级	耦合协调度 D	协调等级
0.000-0.0999	极度失调	0.5000-0.5999	勉强协调
0.1000-0.1999	严重失调	0.6000-0.6999	初级协调
0.2000-0.2999	中度失调	0.7000-0.7999	中级协调
0.3000-0.3999	轻度失调	0.8000-0.8999	良好协调
0.4000-0.4999	濒临失调	0.9000-1.000	优质协调

四、评价指标体系

虽然旅游流系统与区域经济系统耦合协调关系较为复杂，但在选取指标时本着简化和准确的原则，本书选取了7个指标构建评价体系。其中，旅游流系统评价体系包括旅游接待人次（万人次）X_1、旅游收入（亿元）X_2；区域经济系统评价体系包含国内生产总值（亿元）Y_1、固定资产投资总额（亿元）Y_2、邮电业务总量（亿元）Y_3、进出口总额（万美元）Y_4、城镇化率（%）Y_5。

结合公式（4）至公式（8）可计算得到旅游流系统与区域经济系统评价指标体系中的指标权重 ω_j，结合权重，根据公式（2）、公式（3）、公式（9）和公式（10）可计算得到旅游流系统与区域经济系统评价指标体系的耦合度、耦合协调度，并可判断协调等级。

第二节　河西走廊旅游流与区域经济耦合协调分析

一、武威市旅游流与区域经济耦合协调分析

1. 武威市旅游流系统与区域经济系统指标指数

统计数据显示，2013年武威市国内生产总值为381.18亿元，2017年为439.58亿元；其他指标（固定资产投资、邮电业务、进出口总额、城镇化率）均良性发展。旅游方面，旅游接待人次从2013年的510.69万人次增加到2017年的1184.8万人次，旅游收入从2013年的24.93亿元增加到2017年的63.3亿元，旅游收入增长率从2013年的37.1%下降到2017年的26.66%。见表3－2。

表 3－2　　武威市旅游流系统与区域经济系统各指标数据

年份	国内生产总值（亿元）	固定资产投资（亿元）	邮电业务总量（亿元）	进出口总额（万美元）	城镇化率（%）	旅游接待人次（万人次）	旅游接待人次增长率（%）	旅游收入（亿元）	旅游收入增长率（%）
2013	381.18	684.8	11.04	2340.6	32.34	510.69	35.6	24.93	37.1
2014	405.97	666.37	12.34	3968	34.01	631.2	23.6	31.75	27.35
2015	416.19	620.1	13.47	63520	35.92	786.47	24.57	39.89	25.47
2016	461.73	935.4	15.96	21326	37.72	970	22.91	50	24.5
2017	439.58	323.67	18.72	12110	39.72	1184.8	22.15	63.3	26.66

2. 武威市旅游流系统与区域经济系统指标体系及权重

依据模型，可计算出旅游流系统（旅游接待人次及旅游收入）、区域经济系统指标所占权重（见表 3－3）。其中，旅游接待人次权重为 0.4972，旅游收入权重为 0.5028，国内生产总值权重为 0.1569，固定资产投资总额权重为 0.1309，邮电业务总量权重为 0.2013，进出口总额权重为 0.3422，城镇化率权重为 0.1687。

表 3－3　　武威市旅游流系统与区域经济系统指标体系及权重

项目	评价指标	权重
旅游流系统	旅游接待人次（万人）X_1	0.4972
	旅游收入（亿元）X_2	0.5028
区域经济系统	国内生产总值（亿元）Y_1	0.1569
	固定资产投资总额（亿元）Y_2	0.1309
	邮电业务总量（亿元）Y_3	0.2013
	进出口总额（万美元）Y_4	0.3422
	城镇化率（%）Y_5	0.1687

3. 武威市旅游流系统与区域经济系统综合发展评价指数及耦合协调度等级划分

从表 3－4 可以看出，2013－2017 年，武威市旅游流系统与区域经济系统协调程度是一个演化过程，最初为极度失调状态，后为濒临失调状态，最后演化为初级协调状态。整体看，耦合度呈现逐年增长趋势，可见两个系统的耦合度和耦合协调度都趋于良好发展态势。两个系统综合发展指数及耦合协调演变态势见图 3－1。

表 3－4　武威市旅游流系统与区域经济系统综合发展评价指数及耦合协调度等级划分

年份	U_1 评价值	U_2 评价值	耦合度 C	耦合协调度 D	协调等级
2013	0	0.0772	0	0	极度失调
2014	0.1783	0.203	0.4989	0.3064	轻度失调
2015	0.3994	0.6194	0.4882	0.4878	濒临失调
2016	0.6673	0.6459	0.4999	0.5739	勉强协调
2017	1	0.5384	0.477	0.6236	初级协调

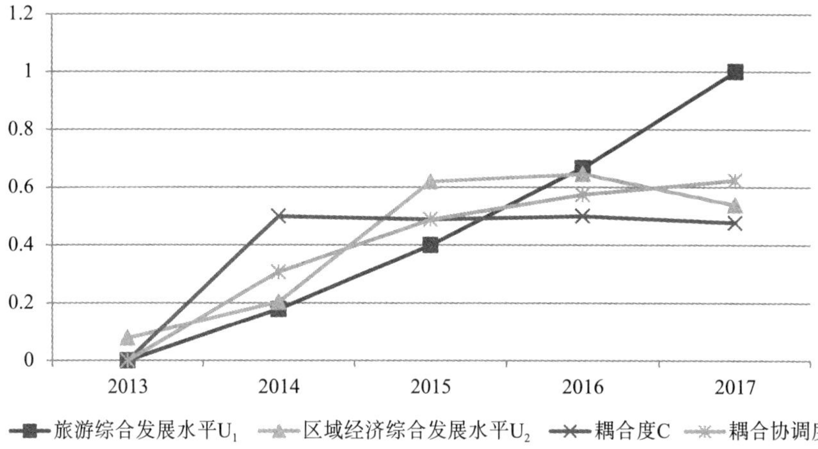

图 3－1　武威市旅游流系统与区域经济系统综合发展指数及耦合协调演变

具体看发展水平，2013－2015 年，武威市旅游流发展水平指数曲线位于区域经济发展水平指数曲线之下，说明发展水平不如后者；到 2016 年情况发生改变，由于旅游得到发展，旅游流指数提高，致使旅游流发展水平指数曲线超越区域经济发展水平指数曲线，并且呈现出快速上升走势，将区域经济发展水平指数曲线抛在下面。再看耦合情况，2013－2017 年，耦合度曲线稳定在 0.9 附近，耦合协调度平稳上升达到初级协调程度。

4. 两个系统耦合协调度时序分析

耦合协调度类别有旅游发展滞后模式（$U_1 < U_2$）、经济发展滞后模式（$U_1 > U_2$）和同步发展模式（$U_1 = U_2$）。观察表 3－4 与图 3－1 可发现，两个系统耦合协调度在 0 - 0.6236 之间，具有显著演化特点，从最初的极度失调发展到后来的轻度失调，最终成为初级协调走势，处于不断好转的态势。2013 - 2015 年数据显示，$U_1 < U_2$，区域经济发展态势相对较好，但后期滞后于旅游发展态势，说明武威市旅游经济发展正处于提升阶段。

二、张掖市旅游流与区域经济耦合协调分析

1. 张掖市旅游流系统与区域经济系统指标指数

统计数据显示，2013 年张掖市国内生产总值为 336.86 亿元，2017 年为 404.14 亿元；其他指标（固定资产投资、邮电业务、进出口总额、城镇化率）均良性发展。旅游方面，旅游接待人次从 2013 年的 662.7 万人次增加到 2017 年的 2599 万人次，旅游收入从 2013 年的 36.8 亿元增加到 2017 年的 157.3 亿元，旅游收入增长率从 2013 年的 35.8% 增加到 2017 年的 37.7%。见表 3 - 5。

表 3 - 5　　张掖市旅游流系统与区域经济系统各指标数据

年份	国内生产总值（亿元）	固定资产投资（亿元）	邮电业务总量（亿元）	进出口总额（万美元）	城镇化率（%）	旅游接待人次（万人次）	旅游接待人次增长率（%）	旅游收入（亿元）	旅游收入增长率（%）
2013	336.86	227	7.3456	2323	38.71	662.7	27	36.8	35.8
2014	353.43	275.69	7.6248	2327	40.33	1100	46.2	58.95	50.7
2015	373.53	312.81	8.4716	15631	42.19	1505.75	36.88	76	47.69
2016	399.94	349.72	8.1874	15296	43.93	2030.46	35	114.16	31
2017	404.14	245.59	8.2783	23488	45.76	2599	28	157.3	37.7

2. 张掖市旅游流系统与区域经济系统指标体系及权重

依据模型，可计算出旅游流系统（旅游接待人次及旅游收入）、区域经济系统指标所占权重（见表 3 - 6）。其中，旅游接待人次权重为 0.4685，旅游收入权重为 0.5315，国内生产总值权重为 0.1757，固定资产投资总额权重为 0.2069，邮电业务总量权重为 0.1657，进出口总额权重为 0.2754，城镇化率权重为 0.1763。

表 3-6　张掖市旅游流系统与区域经济系统指标体系及权重

项目	评价指标	权重
旅游流系统	旅游接待人次（万人）X_1	0.4685
	旅游收入（亿元）X_2	0.5315
区域经济系统	国内生产总值（亿元）Y_1	0.1757
	固定资产投资总额（亿元）Y_2	0.2069
	邮电业务总量（亿元）Y_3	0.1657
	进出口总额（万美元）Y_4	0.2754
	城镇化率（%）Y_5	0.1763

3. 张掖市旅游流系统与区域经济系统综合发展评价指数及耦合协调度等级划分

表 3-7 数据显示，2013-2017 年，张掖市旅游流系统和区域经济系统协调指数不断增大，耦合状态最初阶段为极度失调，后演化为濒临失调状态，最终发展为初级协调态势。

表 3-7　张掖市旅游流系统与区域经济系统综合发展评价指数及耦合协调度等级划分

年份	U_1 评价值	U_2 评价值	耦合度 C	耦合协调度 D	协调等级
2013	0	0	0	0	极度失调
2014	0.2035	0.207	0.5	0.3201	轻度失调
2015	0.3769	0.6663	0.4804	0.4865	濒临失调
2016	0.6722	0.7949	0.4982	0.5995	勉强协调
2017	1	0.796	0.4968	0.6754	初级协调

图 3-2 为两个系统耦合协调演变折线图。纵向数据看，2013-2014 年，区域经济滞后，2016 年，张掖市旅游整体发展水平稍低于区域经济发展水平，U_1 曲线低于 U_2 曲线。2017 年，U_1 曲线快速上升，高于 U_2 曲线，说明旅游流出现快速增长态势。整体看，两个系统之间存在显著耦合协调渐进发展关系。

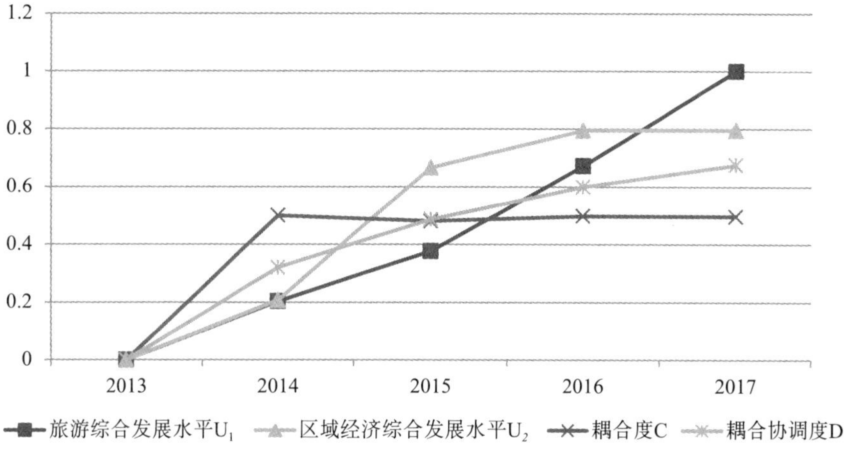

图 3-2　张掖市旅游流系统和区域经济系统综合发展水平及耦合协调演变

4. 两系统耦合协调度时序分析

表 3-7 与图 3-2 数据显示，在区域各自发展不同阶段，两个系统耦合关系等级不同。具体特点有二：一是两个系统耦合协调度不断增加，依次经历几个阶段（极度失调—轻度失调—濒临失调—勉强失调—初级协调），态势较好。二是旅游发展水平与经济发展水平指数不断变化。最初阶段（2013-2015 年）旅游发展滞后模式（$U_1 < U_2$），后来呈现为区域经济发展滞后模式，不过没有出现旅游发展与区域经济发展同步发展模式（$U_1 = U_2$）。

三、金昌市旅游流与区域经济耦合协调分析

1. 金昌市旅游流系统与区域经济系统指标指数

统计数据显示，2013 年金昌市国内生产总值为 252.04 亿元，2017 年为 224.29 亿元；其他指标（固定资产投资、邮电业务、进出口总额、城镇化率）均良性发展。旅游方面，旅游接待人次从 2013 年的 181.91 万人次增加到 2017 年的 411.3 万人次，旅游收入从 2013 年 9.2 亿元增加到 2017 年的 22.5 亿元，旅游收入增长率从 2013 年的 34.49% 下滑到 2017 年的 26.06%。见表3-8。

表 3-8　　金昌市旅游流系统与区域经济系统各指标数据

年份	国内生产总值（亿元）	固定资产投资（亿元）	邮电业务总量（亿元）	进出口总额（万美元）	城镇化率（%）	旅游接待人次（万人次）	旅游接待人次增长率（%）	旅游收入（亿元）	旅游收入增长率（%）
2013	252.04	201.71	4.92	377542	65.68	181.91	37.83	9.2	34.49
2014	245.64	247.16	4.31	195850	66.92	227.48	25.09	11.91	29.46
2015	224.52	248.59	0.3163	700384	67.96	278.82	22.63	14.49	25.07
2016	207.82	229.11	0.4085	768424	69.09	336.3	20.6	17.8	23.06
2017	224.29	93.07	0.5791	890141	70.09	411.3	22.32	22.5	26.06

2. 金昌市旅游流系统与区域经济系统指标体系及权重

依据模型，可计算出旅游流系统（旅游接待人次及旅游收入）、区域经济系统指标所占权重（见表 3-9）。其中，旅游接待人次权重为 0.4986，旅游收入权重为 0.5014，国内生产总值权重为 0.1645，固定资产投资总额权重为 0.1210，邮电业务总量权重为 0.3897，进出口总额权重为 0.1615，城镇化率权重为 0.1633。

表 3-9　　金昌市旅游流系统与区域经济系统评价指标及权重

项目	评价指标	权重
旅游流系统	旅游接待人次（万人）X_1	0.4986
	旅游收入（亿元）X_2	0.5014
区域经济系统	国内生产总值（亿元）Y_1	0.1645
	固定资产投资总额（亿元）Y_2	0.1210
	邮电业务总量（亿元）Y_3	0.3897
	进出口总额（万美元）Y_4	0.1615
	城镇化率（%）Y_5	0.1633

3. 旅游流系统与区域经济系统综合发展评价指数及耦合协调度等级划分

表 3-10 数据显示，2013-2017 年，金昌市旅游流系统和区域经济系统耦合协调发生阶段性演化过程，最初属于严重失调状态，后演化为濒临失调状态，再演化为初级协调状态，两个系统之间的耦合度指数呈现逐年增长趋势，可见两个系统的耦合度和耦合协调度都趋于良好发展态势。

表 3-10　金昌市旅游流系统与区域经济系统综合发展评价指数及耦合协调度等级划分

年份	U_1 评价值	U_2 评价值	耦合度 C	耦合协调度 D	协调等级
2013	0	0.681	0	0	极度失调
2014	0.2012	0.6446	0.4258	0.4015	濒临失调
2015	0.4101	0.3849	0.4997	0.4471	濒临失调
2016	0.6598	0.3731	0.4804	0.5117	勉强协调
2017	1	0.4083	0.4537	0.5885	勉强协调

折线图 3-3 直观显示了金昌市旅游流系统和区域经济系统综合发展水平及耦合协调演变。曲线走向显示，2013-2014 年，金昌市旅游整体发展水平不高，而同期的区域经济发展水平较高，U_1 曲线低于 U_2 曲线，说明城市经济尚未发生重大转型。2015 年经济发生转型，旅游业得到发展，旅游经济发展水平提升，U_1 曲线高于 U_2 曲线；2015-2017 年，金昌市旅游发展水平稍高于区域经济发展水平，旅游发展水平呈现快速上升趋势，区域经济发展相对较缓慢。2013-2017 年，U_2 曲线与 U_1 曲线均呈现平稳上升趋势，并且区域经济综合发展水平最终稳定在 0.4 附近。

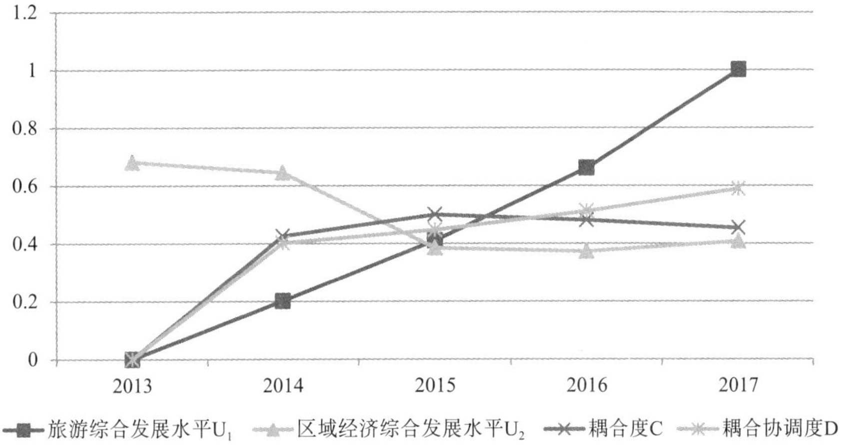

图 3-3　金昌市旅游流系统与区域经济系统综合发展水平及耦合协调演变

4. 两个系统耦合协调度时序分析

由表 3-10 与图 3-3 可以看出，金昌市旅游流系统与区域经济系统发展耦合态势特点如下：一是 2013－2014 年耦合度指数迅速提高，此后保持平稳态势；二是耦合等级不断优化，从最初的极度失调演化到濒临失调，最后为勉强协调模式，经历了 3 个阶段，耦合协调度达到了 0.5885；三是 2013－2015 年属于旅游发展滞后模式（$U_1 < U_2$），2015－2017 年属于区域经济发展滞后模式（$U_1 > U_2$）。但 $U_1 = U_2$ 的情况没有出现，说明旅游流系统与区域经济系统尚未同步发展。

四、酒泉市旅游流与区域经济耦合协调分析

1. 酒泉市旅游流系统与区域经济系统指标指数

统计数据显示，2013 年酒泉市国内生产总值为 642.7 亿元，2017 年为 580.3 亿元；其他指标（固定资产投资、邮电业务、进出口总额、城镇化率）均良性发展。旅游方面，旅游接待人次从 2013 年的 1100.72 万人次增加到 2017 年的 2649.5 万人次，旅游收入从 2013 的 95.95 亿元增加到 2017 年的 244.9 亿元，旅游收入增长率从 2013 年的 35.4% 下滑到 2017 年的 28.4%。见表 3－11。

表 3－11　酒泉市旅游流与区域经济系统各指标数据

年份	国内生产总值（亿元）	固定资产投资（亿元）	邮电业务总量（亿元）	进出口总额（万美元）	城镇化率（%）	旅游接待人次（万人次）	旅游接待人次增长率（%）	旅游收入（亿元）	旅游收入增长率（%）
2013	642.7	829.7	10.88	10710.5	53.64	1100.72	36.7	95.95	35.4
2014	620.2	1003.7	9.89	7621.1	55.23	1384.2	26	120.5	26
2015	544.8	1104.7	12.8	46813.54	56.87	1730.6	25	151.9	26.1
2016	577.9	1215.7	11.2	48115	58.67	2144.4	23.9	190.7	25.5
2017	580.3	598.8	11.6	51735	60.27	2649.5	23.6	244.9	28.4

2. 酒泉市旅游流与区域经济两系统指标体系及权重

依据模型，可计算出旅游流系统（旅游接待人次及旅游收入）、区域经济系统指标所占权重（见表 3－12）。其中，旅游接待人次权重为 0.48863，旅游收入权重为 0.5114，国内生产总值权重为 0.1946，固定资产投资总额

权重为0.1667，邮电业务总量权重为0.1819，进出口总额权重为0.2562，城镇化率权重为0.2006。

表3-12　酒泉市旅游流系统与区域经济系统评价指标及权重

项目	评价指标	权重
旅游流系统	旅游接待人次（万人）X_1	0.4886
	旅游收入（亿元）X_2	0.5114
区域经济系统	国内生产总值（亿元）Y_1	0.1946
	固定资产投资总额（亿元）Y_2	0.1667
	邮电业务总量（亿元）Y_3	0.1819
	进出口总额（万美元）Y_4	0.2562
	城镇化率（%）Y_5	0.2006

3. 酒泉市旅游流系统与区域经济系统综合发展评价指数及耦合协调度等级划分

从表3-13可以看出，2013-2017年，酒泉市旅游流系统与区域经济系统协调程度发生演化的过程，最初阶段属于严重失调模式，后为濒临失调模式，最后演化为初级协调模式，说明耦合度呈现逐年增长趋势，可见两个系统的耦合度和耦合协调度都趋于良好发展态势。

表3-13 酒泉市旅游流系统与区域经济系统综合发展评价指数及耦合协调度等级划分

年份	U_1评价值	U_2评价值	耦合度C	耦合协调度D	协调等级
2013	0	0.3368	0	0	极度失调
2014	0.1737	0.3074	0.4803	0.3303	轻度失调
2015	0.3908	0.644	0.4848	0.4884	濒临失调
2016	0.6546	0.7018	0.4997	0.5801	勉强协调
2017	1	0.6342	0.4873	0.645	初级协调

图3-4直观地反映了两个系统综合发展水平及耦合协调演变。曲线走势显示，第一阶段（2013-2016年），旅游发展水平较低，经济发展水平相对较高，因此U_1曲线低于U_2曲线。2017年进入第二阶段，区域经济发展水平下降，呈现“n”字形，而旅游发展水平提升，U_1曲线爬升，居于U_2曲线位置之上。整体看，2013-2017年U_2与U_1曲线均呈上升趋势，为渐进式耦合协调模式。

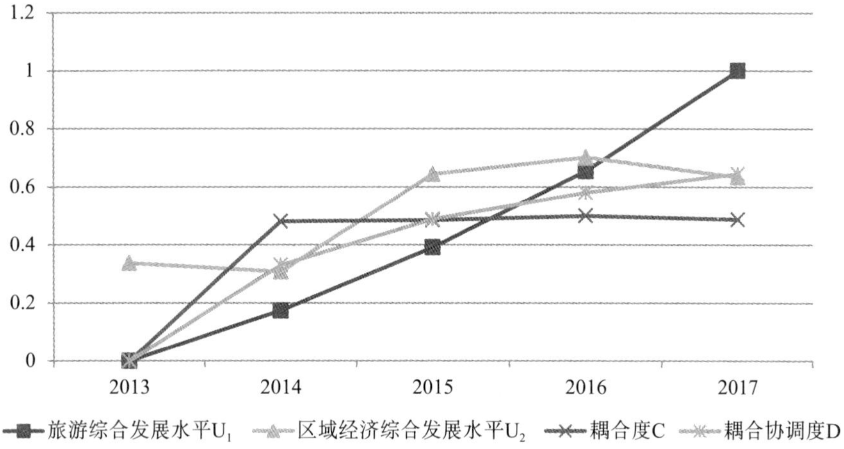

图 3－4　酒泉市旅游流系统与区域经济系统综合评价及耦合协调演变

4. 两个系统耦合协调度时序分析

由表 3－13 与图 3－4 可以看出，两个系统耦合协调特征如下：一是不断演化，第一阶段为极度失调运行模式，第二阶段为轻度失调运行模式，第三阶段为濒临失调运行模式，第四阶段为勉强协调运行模式，第五阶段为初级协调运行模式，共经历 5 个不同阶段，最终的耦合协调指数达到了 0.645。二是两个系统发展关系也有阶段性，第一阶段（2013－2016 年），旅游发展态势不佳，$U_1 < U_2$，属于旅游发展滞后模式；第二阶段（2017 年以后），$U_1 > U_2$，进入区域经济发展滞后模式。

五、嘉峪关市旅游流与区域经济耦合协调分析

1. 嘉峪关市旅游流系统与区域经济系统指标指数

统计数据显示，2013 年嘉峪关市国内生产总值为 226.2 亿元，2017 年为 147.51 亿元；其他指标（固定资产投资、邮电业务、进出口总额、城镇化率）均良性发展。旅游方面，旅游接待人次从 2013 年的 366.78 万人次增加到 2017 年的 857.14 万人次，旅游收入从 2013 年的 23.4 亿元增加到 2017 年的 57.21 亿元，旅游收入增长率从 2013 年的 44.58% 下滑到 2017 年的 26.2%。见表 3－14。

表 3-14　嘉峪关市旅游流系统与区域经济系统各指标数据

年份	国内生产总值（亿元）	固定资产投资（亿元）	邮电业务总量（亿元）	进出口总额（万美元）	城镇化率（%）	旅游接待人次（万人次）	旅游接待人次增长率（%）	旅游收入（亿元）	旅游收入增长率（%）
2013	226.3	122.6	4.3623	82770	93.38	366.78	14.6	23.4	44.58
2014	243.1	125.24	5.86	32762	93.41	450.48	26.04	29	28.51
2015	190	144.16	0.3895	117363	93.42	571.44	27.5	35.98	29.81
2016	153.41	160.43	0.4222	176500	93.44	702	23.2	45.3	25.9
2017	210.99	147.51	0.447	17.94	93.45	857.14	22.1	57.21	26.2

2. 嘉峪关市旅游流系统与区域经济系统指标体系及权重

依据模型，可计算出旅游流系统（旅游接待人次及旅游收入）、区域经济系统指标所占权重。其中，旅游接待人次权重为0.4918，旅游收入权重为0.5082，国内生产总值权重为0.1231，固定资产投资总额权重为0.1981，邮电业务总量权重为0.3902，进出口总额权重为0.1642，城镇化率权重为0.1244。见表3-15。

表 3-15　嘉峪关市旅游流系统与区域经济系统评价指标系及权重

项目	评价指标	权重
旅游流系统	旅游接待人次（万人）X_1	0.4918
	旅游收入（亿元）X_2	0.5082
区域经济系统	国内生产总值（亿元）Y_1	0.1231
	固定资产投资总额（亿元）Y_2	0.1981
	邮电业务总量（亿元）Y_3	0.3902
	进出口总额（万美元）Y_4	0.1642
	城镇化率（%）Y_5	0.1244

3. 嘉峪关市旅游流系统与区域经济系统综合发展评价指数及耦合协调度等级划分

表3-16数据显示了2013-2017年嘉峪关市两个系统的协调演化态势。可以看出，最初属于严重失调模式，后演化为濒临失调模式，再演化为初级协调模式，发展趋势较好，耦合度指数呈现逐年增长的趋势。

表 3－16　嘉峪关市旅游流系统与区域经济系统综合发展评价指数及耦合协调度等级划分

年份	U_1 评价值	U_2 评价值	耦合度 C	耦合协调度 D	协调等级
2013	0	0. 4604	0	0	极度失调
2014	0. 1681	0. 6109	0. 4114	0. 3769	轻度失调
2015	0. 3943	0. 3434	0. 4988	0. 4319	濒临失调
2016	0. 6654	0. 4713	0. 4927	0. 5381	勉强协调
2017	1	0. 3379	0. 4345	0. 5652	勉强协调

折线图 3－5 显示了两个系统综合发展水平及耦合协调演变态势。具体特点如下：2013－2015 年，旅游整体发展水平稍低；2015 年区域经济发展水平降低，低于旅游发展水平，U_1 曲线低于 U_2 曲线，可见嘉峪关市旅游得到了加速发展。2015－2017 年，区域经济发展水平降低，U_2 曲线低于 U_1 曲线。整体看，嘉峪关市旅游流系统与区域经济系统耦合协调发展关系呈现循序渐进良性发展态势。

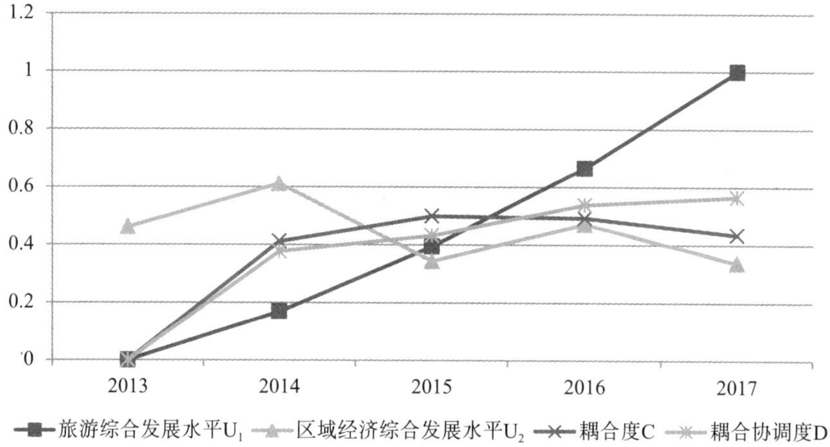

图 3－5　嘉峪关市旅游流系统与区域经济综合发展水平及耦合协调演变

4. 两个系统耦合协调度时序分析

由表 3－16 与图 3－5 可以看出，嘉峪关市区域经济发展水平与旅游发展水平各有差异，经历了不同关系阶段。第一阶段（2013－2014 年），区域经济超前发展（$U_1 < U_2$），；第二阶段（2014 年以后），区域经济发展滞后（$U_1 > U_2$）。同时，两个系统耦合协调度增加，最后达到了 0. 5652，协调等级从最初的“极度失调”演化为最后的“勉强协调”，相互促进效应比较显著。

六、河西走廊旅游流与区域经济耦合协调分析

1. 河西走廊旅游流系统与区域经济系统指标体系及权重

依据各市州相关指标数据，计算出河西走廊旅游流系统（旅游接待人次及旅游收入）、区域经济系统指标数据，利用模型可计算出各自所占权重。见表3-17。其中，旅游接待人次权重为0.4823，旅游收入权重为0.5177，国内生产总值权重为0.1736，固定资产投资总额权重为0.1719，邮电业务总量权重为0.2391，进出口总额权重为0.1983，城镇化率权重为0.2171。

表3-17　河西走廊旅游流系统与区域经济系统评价指标及权重

项目	评价指标	权重
旅游流系统	旅游接待人次（万人）X_1	0.4823
	旅游收入（亿元）X_2	0.5177
区域经济系统	国内生产总值（亿元）Y_1	0.1736
	固定资产投资总额（亿元）Y_2	0.1719
	邮电业务总量（亿元）Y_3	0.2391
	进出口总额（万美元）Y_4	0.1983
	城镇化率（%）Y_5	0.2171

2. 河西走廊旅游流系统与区域经济系统综合发展评价指数及耦合协调度等级划分

表3-18显示，2013-2017年，河西走廊旅游流系统与区域经济系统协调程度经历了从严重失调到濒临失调再到初级协调的过程，两者的耦合度呈现逐年增长趋势，可见两个系统的耦合度和耦合协调度都趋于良好发展态势。为了更直观地描述河西走廊旅游流系统与区域经济系统之间的综合发展水平及耦合协调演变发展程度，画出折线图见图3-6。

表3-18　河西走廊旅游流系统与区域经济系统综合发展评价指数及耦合协调度等级划分

年份	U_1 评价值	U_2 评价值	耦合度C	耦合协调度D	协调等级
2013	0	0.4279	0	0	极度失调

续表

年份	U_1 评价值	U_2 评价值	耦合度 C	耦合协调度 D	协调等级
2014	0.1861	0.5705	0.4307	0.3826	轻度失调
2015	0.3893	0.4024	0.4999	0.4441	濒临失调
2016	0.6643	0.6461	0.5	0.5731	勉强协调
2017	1	0.7809	0.4962	0.6728	初级协调

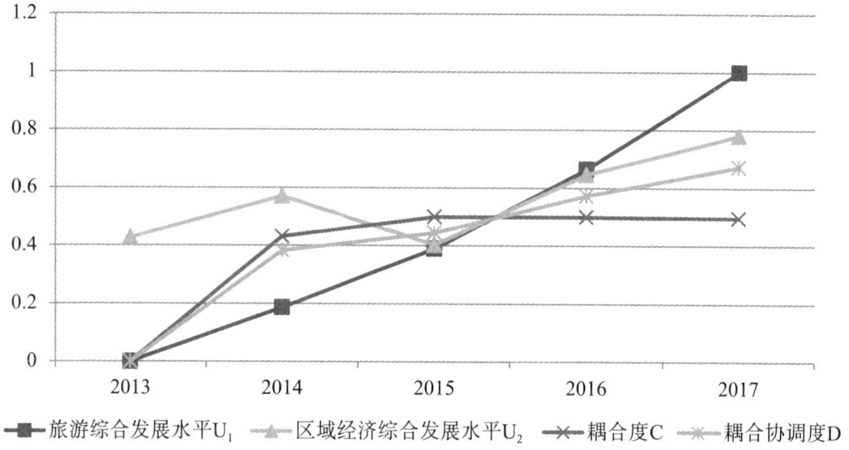

图 3-6　河西走廊旅游流系统与区域经济系统综合发展水平及耦合协调演变

图 3-6 显示了纵向变化特点，具体如下：第一阶段（2013-2015 年），河西走廊旅游整体发展水平稍低，U_1 曲线位于 U_2 曲线之下；第二阶段（2015-2016 年），U_1 曲线呈现上升态势，旅游综合发展水平基本与区域经济发展水平保持一致；第三阶段（2015 年以后），两条曲线关系发生转折，U_1 曲线呈现快速增长态势，旅游综合发展水平高于区域经济综合发展水平。

3. 两个系统耦合协调度时序分析

表 3-18 与图 3-6 可以看出，河西走廊区域经济与旅游发展水平差异及其演化特点：一是耦合协调度指数增加，最后达到了 0.6728，致使耦合协调等级转型升级，从最初的极度失调模式逐步演化为最后的初级协调模式，经历了 5 个阶段；二是两个系统之间的关系有三种模式：第一种模式（$U_1 < U_2$），属于典型的旅游发展滞后模式；第二种模式（$U_1 = U_2$），旅游发展与区域经济发展同步；第三种模式（$U_1 > U_2$），属于经济发展滞后模式。可见，河西走廊区域经济发展与旅游发展是相互促进的。

第四章 各市州旅游发展对策建议

本书依据因地制宜和特色差异性原则，按照区划展开逐个分析，对各地旅游发展问题进行诊断，提出化解策略，以增强对策建议的针对性和应用性。

第一节 兰州市旅游发展对策建议

一、兰州市旅游发展条件

1. 有利条件

一是历史悠久。早在5000年前，就有人类在兰州居住生活与繁衍生息。西汉昭帝始元元年（公元前86年），兰州始置金城县，后又设置金城郡，其意为“固若金汤”或“金城汤池”，喻其非常坚固。隋开皇三年（公元583年），改置兰州总管府，始称兰州。1941年7月设兰州市。漫长的历史发展使兰州具有深厚的文化积淀，为发展历史旅游奠定了基础。

二是省会城市。兰州作为省会城市，优势是人口多，吸纳聚集了创新型人才；外来流动人口多，高校学生规模大，具备较大的潜在客源市场。目前行政区划包括城关区、七里河区、西固区、安宁区、红古区、永登县、皋兰县、榆中县、兰州新区、兰州高新区和兰州经济技术开发区。各区县旅游资源独具特色，为发展城市旅游以及打造旅游城市提供了基础条件。

三是地理优势。兰州地理位置非常重要，是丝绸之路重要交通枢纽与商业文化交流重镇。省内视域下，兰州处于中心城市地位，连接各市州；省域视域下，兰州对外交通便捷，位于中国地理中心，是西陇海兰新经济带支点，是新亚欧大陆桥中国段五大中心城市之一，是西北铁路干线交汇城市。兰州独特的地理位置优势为客流聚集创造了条件。

四是地域资源特色优势。自然景观方面，黄河、丹霞、五泉山、白塔山、白云观、兴隆山驰名中外；文化方面，黄河母亲像、黄河铁桥人人皆知，八路军驻兰州办事处在革命年代地位重要，回族、藏族、东乡族等民俗风情浓郁，兰州牛肉面、羊皮筏子、兰州刻葫芦、黄河水车、东乡手抓、软儿梨、冬果梨、百合等全国知名。

2. 不利条件

一是经济不发达。兰州一段时期内由于工业化加快，经济发展水平较高，后伴随市场化改革，经济实力在全国城市中排名逐渐下降，目前基本属于二线或三线城市。

二是旅游知名度不大。兰州知名度很大，但旅游知名度不高，主要原因在于缺少高级别景区景点，对游客吸引力不大。

三是生态环境不佳。由于干旱缺水、工业发展加快、三面环山等因素，兰州生态环境欠佳，植被覆盖率、城市绿化面积等指标不高。

二、兰州市旅游发展存在的问题及对策建议

1. 存在的问题

近年来，兰州不断加大旅游发展力度，优化结构，竞争力有所提升。马蜂窝旅游网和中国旅游研究院大数据分析结果表明，兰州为甘肃热门旅游目的地之首，但这并非说明兰州旅游发展质量很好，实际上存在诸多问题。

问题之一：资源旅游化开发利用不足。资源方面，兰州无论在红色文

化、历史文化、民俗文化、自然景观方面都有可圈可点之处。但说到旅游，则对资源利用不够，说头多，看头少，玩头少。以黄河文化为例，兰州一直在打造黄河风情线，但游客到了兰州以后很难看到极具历史感、创意性和震撼力的黄河文化旅游吸引物，黄河铁桥、黄河母亲像等载体过小，游客满意度不是很高。至于历史文化，也是以原始状态散落呈现在游客面前，使游客眼前一亮的景观少之又少。

问题之二：旅游资源整合利用不足。目前，从兰州出发前去青海湖、张掖丹霞—敦煌莫高窟、沙湖的线路成为热点，但兰州旅游在其中的地位不突出。兰州市内目前景点景区数量不少，典型的有黄河铁桥、科技馆、仁寿山、徐家山、八路军驻兰州办事处、五泉山公园、北塔山公园、榆中县青城古镇等，但由于交通因素、级别因素，难以形成一条完整的串联线路，整合效应很弱。

问题之三：宣传造势不足。一是缺少有效的宣传策略，精细化、精准化不足；二是宣传口号多变、难以突出兰州旅游精华所在。曾经推出的口号有“中国西北游，出发在兰州”“中国西北游，相约在兰州”，目前更换为“千里之游，始于兰州”，均未得到居民、专家甚至游客的高度好评；至于形象定位，有“黄河之都”“丝路名城”“水车之都”“金城兰州”等，有的和地脉、文脉以及吸引物不匹配，有的缺少载体，难以获得市场的认可。

问题之四：创业环境不佳，人才队伍建设不足。受腐败之风侵蚀，一些人缺少踏实干事的作风，对旅游招商引资、项目落实等造成一定影响；一些人缺少服务理念和服务意识，缺少应有的热情和耐心，服务质量不高，使兰州旅游在游客中的口碑不佳。

2. 对策建议

对策之一：优化基础设施。完善道路系统建设，要改变以往“年年到处建设到处挖，多年始终修路路在赌”的尴尬局面；加强车流疏导，不再让堵车成为出行出游老大难；做好城市排水系统建设，防止出现“一有大雨、满街水流、车辆被冲、行人难走”的现象发生。

对策之二：做好服务质量监管。兰州旅游曾经出现过五泉山拍照宰客、骑马项目欺客等事件，给游客心中留下了非常不好的印象。今后，要加强服务监管，加强对不利于旅游质量提升的市场行为的监管，该罚的罚，该禁止的禁止，该关闭的关闭，打造优质口碑。

对策之三：做好资源旅游化利用。一是要积极行动，不要观望、徘徊；二是要善于学习，要走出去获取经验和可借鉴之法为我所用；三是要在务实中透出高端大气，在规模、质量、档次上吸引人；四是有所创新，不修修补补，不因循守旧，要敢于突破传统思维，做别人所未做之事。

对策之四：做好旅游发展的宏观战略研究。主要包括：对现实问题、发展定位、未来走向及突破点要有清晰认识，不可模模糊糊，或者经常变换；对微观问题要加强调研，及时化解矛盾，不可拖拖拉拉；对领导、专家和居民的意见及建议要给予关注。

第二节　白银市旅游发展对策建议

一、白银市旅游发展条件

1. 有利条件

一是临近兰州优势。白银距离兰州 1 小时车程，具有较大的交通区位优势，在打造“大兰州都市圈”背景下，可利用兰州极大的客源市场规模和潜力发展乡村旅游、红色旅游等业态。

二是文化特色优势。自然地理方面，景泰县黄河石林、胡杨林有一定特色；城市工业文化方面，白银作为中国“铜城”，“城市矿山”旅游利用价值较高；红色文化方面，会宁县为中国工农红军三大主力胜利会师地，红色旅游在全国亦有很高知名度；由于环境和经济条件因素，会宁居民对教育极其重视，涌现出一批杰出人才，被称为“状元故里和博士之乡”。这些都可作为旅游资源加以利用。

三是转型政策优势。白银在历史上就久享矿产资源富集区之美誉，早在明朝洪武年间，就开始建厂采矿，冶炼金银，尤其以白银为最，故白银也被称为“白银厂”，简称白银。目前，作为全国知名资源枯竭型城市，白银确立了城市转型发展战略。其中向旅游业转型发展是重要内容，要将旅游业打造成为白银的新“名片”和“幸福产业”。这为白银发展新型旅游夯实了基础。

2. 不利条件

一是形象遮蔽劣势。甘肃地域视角看，白银被敦煌、甘南、天水等知名度高的旅游地遮蔽，另外，自身旅游形象又被工业城市形象所遮蔽，在市场上的认知度不高。

二是知名度低劣势。说起白银，大部分人不知其有何旅游项目，但说到景泰县和会宁县，却又人人皆知。归根结底，是整合营销不足造成的。

二、白银市旅游发展存在的问题及对策建议

1. 存在的问题

问题之一：宣传不足。说到乡村旅游，大家首先想到的是康县，因为该县环境优美，设施完善，规划得当，举措有力，作为美丽乡村建设示范县实至名归。美丽乡村建设的“康县模式”受到社会各阶层人士的认可。白银的乡村旅游发展态势其实也不差，其中，平川区陶器生产历史悠久，国家特色小镇项目得到立项，陶瓷小镇旅游项目很有新意；“六朵金花”——“花村·顾家善”“乡坊·强湾村”“桃园·罗家湾”“水村·大川渡”“大坪·农业园”“石村·萱帽塔”各有特色，环境优雅，规划整齐，也是甘肃乡村旅游的典范。说到民俗文化旅游，大家想到的不一定是白银，但这里的剪纸、刺绣、手工编织、雕刻等也颇具艺术魅力，其中，会宁县沟驿乡还被国家文化和旅游部命名为“中国民间艺术（民间剪纸）之乡”。在省内外加大宣传是发展旅游的必要工作。

问题之二：资源利用不够。以历史文化为例。张绣、岳钟琪等历史人物在白银征战或者生活过，目前旅游开发局限于故事介绍，缺少项目支撑，名人效应没有被扩大；虽然是典型工业城市，但工业矿山和公园遗址的利用不

够，旅游接待量不高。

问题之三：产业链条不长。以黄河石林景区为例，仅局限于观赏石林、乘坐“驴的”等项目，没有将娱乐、美食等环节做大做强，游客难以在这里过夜旅游，旅游消费经济自然难以得到带动。

2. 对策建议

对策之一：加强项目推介。加大营销经费投入力度，创新营销宣传和推介模式，突出整体特色，以乡村旅游、非遗旅游、工业旅游、影视旅游、自驾旅游、体育旅游等业态吸引游客。

对策之二：做好新业态开发。积极挖掘本地黄河、峡谷、胡杨林、长城、田园、特色非遗等资源，突出产业融合发展，丰富业态类别，形成独有的业态体系。

对策之三：做好形象定位。不但要突出会宁红色旅游、景泰县黄河石林旅游以及工业旅游，还要整体塑造，组团包装，形成白银新形象，以崭新形象突出旅游主题，对外界客源市场形成感召力。

对策之四：加强区域合作。区域内部，与景泰县、会宁县加强合作，城市和乡村融合发展；区域外部，和定西、兰州加强合作，打造线路，改变单打独斗局面，协作发展。

第三节　定西市旅游发展对策建议

一、定西市旅游发展条件

1. 有利条件

一是人文深厚。新石器时代著名的马家窑、齐家、寺洼等文化遗址说明很早就有人在定西居住。秦昭襄王二十八年（公元前 279 年），设陇西郡，郡治在狄道（今临洮），又称“陇西”（陇水之西之意），管理今日定西全境。宋时首次出现定西城一词，被认为是定西名称的最早来源。后不断发展，加之地理位置重要、来往客流较大、李氏家族的特殊贡献，以及红色文化，使定西人文历史相当深厚。

二是知名度大。历史上，定西山大沟深，自然环境恶劣，经济落后，清代左宗棠在收复新疆驻扎定西期间，曾云“定西之苦，甲于天下”，这使定西以贫困而天下知名。实际上，定西马铃薯和药材在国内知名度很高，被称为中国药都；此外，陇西县为中国黄芪之乡、李氏故里，渭源县为中国党参之乡，临洮县为中国花卉之乡、中国民间艺术之乡，通渭县是中国书画艺术之乡、中国田径之乡、中国红豆草之乡，岷县为中国当归之乡、中国洮砚之乡，漳县为中国蚕豆之乡。

三是资源丰富。温泉、湿地、草原、山地等自然景观与历史人文景观相结合，书画艺术、药材种植、节会活动与历史遗址相结合，使资源较为丰富，便于打造多样化旅游业态。

四是地理和交通优势。交通方面，可联通宝兰高铁、陇海铁路、兰渝铁路三条铁路；区位方面，可连接天水、西安和兰州，便于形成大客流。

2. 不利条件

一是人才劣势。长期的经济滞后使本地人才数量不足、质量和结构不优，旅游发展所需人才则更加稀缺，急需培养旅游专业人才。

二是思路劣势。定西发展旅游的优势不言而喻，发展药材、马铃薯产业的条件也很优越，并且后者更具优势，短期内可见投资效益，因此政府管理者提出将中医药产业打造成为新兴产业中的重要支柱产业的思路，规划将“洋芋工程”提升为“产业开发”，将“中国马铃薯之乡”提升为“中国薯都”，同时打造“中国药都”“中国西部草都”。这可能使旅游产业发展受到挤压。其实，只要对策得当，两者可以互相补充、互相借力。

三是形象劣势。长期的贫困，加之左宗棠一句“定西之苦，甲于天下”的名言，使定西以不发达形象知名天下，这与现实发展实际不符（如陇西县早已是甘肃省经济发展示范县），也扭曲了本地旅游形象。如何塑造和营销定西新形象，是新时期发展旅游的主要内容。

二、定西市旅游发展存在的问题及对策建议

1. 存在的问题

问题之一：自然观光休闲型景区发展较好，人文历史资源转换不够。目前知名的景点景区主要是国家4A级旅游景区漳县贵清山、遮阳山和渭河源大景区，大量的历史文化和社会人文资源尚未得到充分利用，多为口头故事。规划中的陇中春节民俗文化之旅、华夏儿女红色圣地之旅、国际非遗洮岷花儿之旅、李氏宗亲寻根祭祖之旅、中国薯都农耕体验之旅、黄土风情梯田写生之旅还停留在概念阶段，项目实施落地尚需时日。

问题之二：规划前景喜人，项目落实滞后。例如，李氏文化旅游实施了很多年，但始终没有成为高级别景区。说到新业态，可以挖掘的点很多，如避暑旅游、乡村旅游、医药康养旅游等，但没有一个落地生根。

问题之三：资源类别多，但精品少。各县都在高喊发展旅游，各有规划，各有特色，但精细化开发不足，规模不大，质量不高，难以获得品牌效应和协同效应。

2. 对策建议

对策之一：加强合作。和周边县域以及各市州对接洽谈，就市场共享、客源互送等具体问题达成协议，协同发展。同时，突出差异，有所区别，凸显亮点。如临洮县和陇西县可以联合打造历史文化旅游，但两个县又各有侧重，陇西突出唐朝时期文化，临洮县突出李氏文化；可以和西安楼观台、平凉崆峒山等联合打造老子文化旅游。

对策之二：解决景区及项目小弱差问题。依据甘肃大景区打造建设工程，借鉴外地经验，在项目及景区建设方面突出规模化，改变小弱差局面，尤其要做好现有景区提升工作，以业态完善创新为重点和龙头，带动产业突破发展。

对策之三：融合发展。以非遗文化旅游利用为例，将民俗风情、现代商贸活动与国家产业园区建设相结合，与“中国药都”“中国薯都”“中国西部草都”、陇中现代物流中心、世界李氏文化中心和甘肃省东南部区域性中

心城市建设相结合，与大型旅游项目相结合，与景区相结合，着力宣传花儿会、戏曲、药材、“陇原三绝”、洮砚、荞圈圈、干甜醅等，提升产业实力。

第四节　天水市旅游发展对策建议

一、天水市旅游发展条件

1. 有利条件

一是气候优势。天水气候温和湿润，降雨量适中，非常适合居住，气候舒适度较高。

二是知名度优势。天水为大地湾遗址所在地，也被认为是人文始祖伏羲和女娲诞生之地，被称为“羲皇故里、龙城天水”、中华文明肇始之地（伏羲制作八卦开启了人类文明，被称为“一画开天”），每年有无数海内外华人前来天水寻根问祖；天水麦积山石窟是国内四大石窟之一；天水是三国文化厚重之地、诸葛亮丢失街亭之地，天水也是秦文化发祥地。

三是地理交通优势。历史上，天水是西出关中、前往中原以及河西走廊之重镇；目前，是连接兰州、西安的重要节点城市，便于客流西进东出。

四是人口优势。天水包括甘谷县、武山县、清水县、张家川县、秦安县、徽县、两当县、礼县、漳县等区县，人口总数在300万人以上，为甘肃第二大人口城市，具有潜在的本地游市场规模优势。

2. 不利条件

一是资源雷同劣势。例如，石窟文化，麦积山石窟天下知名，但与河西走廊石窟群大同小异。

二是经济发展水平劣势。尽管天水具有资源、气候、交通等优势，但整体经济不发达，个别县域如张家川回族自治县发展滞后，制约了旅游业的发展。

二、天水市旅游发展存在的问题及对策建议

1. 存在的问题

问题之一：体系建设不完善。目前虽在景点景区建设上有了很大进展，但在购物、住宿、内部交通、娱乐休闲等方面存在不足，无法从整体上凸显旅游产业的竞争力。

问题之二：区域发展不均衡。天水市区、两当县、漳县旅游发展态势良好，但其他县旅游产业发展成就不大，制约了全域旅游的发展。

问题之三：地域特色文化“活化”不显著。伏羲文化、大地湾文化、三国文化旅游资源的利用仅局限于观光层面，休闲娱乐项目较少。

2. 对策建议

对策之一：利用现有优势，加强区域合作。积极发挥人口优势、交通优势、气候优势、文化优势，加强与兰州、西安、宝鸡、咸阳、陇南等地区的旅游合作，积极主动融入“一带一路”倡议和相关区域发展布局规划。

对策之二：积极打造新业态，满足市场新需求。在麦积山石窟观光旅游基础上，进一步提升温泉旅游、乡村旅游品质，推出多类别节会活动旅游，促使非物质文化遗产旅游快速发展，丰富旅游业态，吸引游客。

对策之三：加快文化和旅游融合发展。如三国文化和大地湾文化旅游，将静态展示模式转化为多元展示模式，增强参与性，强化刺激性和娱乐性。

第五节　陇南市旅游发展对策建议

一、陇南市旅游发展条件

1. 有利条件

一是生态优势。陇南地处甘肃东南部，是甘肃唯一属于长江水系并拥有亚热带气候的地区，气候较为湿润，降雨量较为充足，植被茂盛，在生态环境方面具有绝佳优势。

二是资源富有特色。在红色文化、民俗文化、历史文化等方面独具特色，并且各县大不相同，互相补充，可形成较强发展合力。

三是临近陇南师专优势。陇南师专设有历史文化与旅游学院，拥有雄厚的科研力量，可为陇南旅游在人才培养、项目服务方面提供便利支持。

四是临近四川优势。从陇南出发可直接抵达九寨沟和成都，便于形成旅游线路。

2. 不利条件

一是内部交通劣势。伴随高铁建设，陇南行路难问题得到极大缓解，从兰州等地到陇南所需时间成本不高，但进入陇南市区和各县域之间的交通不便，游客需要转车、倒车，颇费周折。

二是人才劣势。人才不足使得旅游发展具有一定滞后性。现在虽有改观，但未彻底扭转，人才问题始终是一个大问题。

二、陇南市旅游发展存在的问题及对策建议

1. 存在的问题

问题之一：宣传不足。在甘肃境内，陇南以自然景色优美和生态环境良好著称，但甘肃之外，陇南知名度不高，生态优势不为人所知。这和宣传不

足有关。

问题之二：文化旅游不足。文县天池、武都万象洞、官鹅沟等自然山水型景区较多，秦文化、白马族群文化、三国文化、武术文化等挖掘不够，红色文化也有很大提升空间。

问题之三：通道旅游发展不足。本来具有南下通道优势，但缺少合作举措，尚未出现通道旅游经济现象。

2. 对策建议

对策之一：打造“金三角”。立足地理区位，加强与周边区域的合作，尤其要和陕西汉中、四川广元及成都等城市建立协作关系，形成旅游三角地带，带动整体发展。

对策之二：打造乡村旅游产业链。乡村旅游在陇南康县等地得到极大发展，但农业和旅游融合不足，需要实施“后备箱工程”，将花椒、橄榄油等特色农产品通过旅游环节营销出去，提高农民经济收入，改善农民生活质量。

对策之三：凸显亮点，分工发展。整体塑造“多彩陇南、西北江南”形象，如本地专家建议，礼县突出礼仪文化，文县突出文化旅游，武都突出武术健康旅游，两当县突出革命担当精神，西和县突出女性柔和文化，宕昌县突出昌盛文化，康县突出小康社会建设文化，成县突出成功文化，徽县突出徽章文化，同时重点推出民俗风情旅游，将文县傩舞、陇南高山剧、西和乞巧节等非物质文化遗产纳入旅游项目，使自然山水旅游和人文旅游齐头并进。

第六节　庆阳市旅游发展对策建议

一、庆阳市旅游发展条件

1. 有利条件

一是地域文化优势。北宋政和七年（1117 年），庆州设“庆阳军”节度，“庆阳”一词从此出现。庆阳地处黄土高原，窑洞、剪纸等文化源远流长；习仲勋等老一辈革命家在此开展革命活动，后为红色根据地；庆阳为周文化发祥地，被称为“周祖农耕文化之乡”。

二是政策优势。国家对革命老区和贫困地区发展有特殊的支持政策；甘肃省政府对庆阳市发展能源产业、水果、林业、旅游、医药、物流、健康养老等新型产业给予积极支持。这使得庆阳在发展旅游产业方面有政策上的优势。

三是连接陕西和宁夏优势。庆阳在地理上接近陕西和宁夏，便于和西安、银川等市区县缔结旅游合作关系，具有抱团发展优势。

2. 不利条件

一是经济劣势。作为革命老区和贫困地区，县域经济整体实力不强。

二是思想观念劣势。部分人对旅游业地位认识不到位，认为本地能源资源具有优势，有优先发展或者偏重能源产业的思想观念，使旅游发展缺少基本的思想支持。

二、庆阳市旅游发展存在的问题及对策建议

1. 存在的问题

问题之一：黄土文化挖掘不够。以窑洞为例，大多数人缺少基本认知，认为窑洞和旅游难以挂钩，或者游客不喜欢走进窑洞，其实伴随经济发展，许多窑洞时尚味十足，兼具地方特色和历史文化元素，体验价值极高，需要多加宣传，做好项目开发。

问题之二：医药文化和旅游结合不够。目前尚停留在医学研究和治疗方面，对发展医养旅游认识不足，文化价值得不到发挥。

问题之三：资源整合不够。景点景区分散，如果能串联周祖陵、秦直道、罗川古城等特色景点或者项目，则会大幅提升旅游评价指数，但目前尚无实质性进展。

2. 对策建议

对策之一：做好现有景区提升。以红色旅游为例，要依托“南梁政府”旧址、河连湾陕甘宁省政府旧址、山城堡战役遗址等载体，进一步挖掘红色文化，依托南梁红色旅游大景区，提升红色旅游质量。

对策之二：加强宣传。借鉴《魅力中国城》节目走出去，使游客知晓庆阳为中国香包刺绣之乡、徒手秧歌之乡、民间剪纸之乡、窑洞民居之乡、道情皮影之乡，推出“高天厚土、岐黄故里、红色庆阳”形象，增强游客出游意愿。

对策之三：丰富旅游项目。依托庆城岐黄中医药养生文化名城、西峰岐黄文化产业生态示范园、岐黄文化论坛永久会址、全市中药材生态产业示范基地建设平台，塑造“岐黄故里、养生圣地”旅游形象，打造新业态、新品牌；挖掘黄土文化价值，依托“天下黄土第一原”董志塬等载体，发展庆阳黄土文化旅游；结合刺绣、剪纸、皮影、道情戏和民歌，做好非遗旅游。

第七节　平凉市旅游发展对策建议

一、平凉市旅游发展条件

1. 有利条件

一是道家文化优势。平凉为中国道文化发源地，据说在5000年前，轩辕黄帝曾登临今平凉市崆峒山，问道于广成子，后道家文化不断发展。自然景观方面，国家首批5A级旅游景区崆峒山天下知名。

二是周文化优势。3000多年前，周朝先祖在泾河流域居住生活，他们在此创造了比较先进的农耕文化，因此平凉也被为周祖之地、中国农耕文化发祥地。

三是西王母文化优势。据说平凉是西王母降生地，西王母文化历史悠久，目前开发有王母宫等景区，每年举办的西王母文化活动在海内外有很大影响。

四是名人文化优势。历史上，平凉名人辈出，知名的有针灸学鼻祖、晋代医学家皇甫谧，唐代著名宰相牛僧儒，南宋抗金名将吴玠、吴璘，明代“嘉靖八才子”之一的赵时春等。

五是有“金人”及完颜部落文化优势。平凉居住有金兀术后裔，其部落文化和泾川完颜民俗不但有历史研究价值，而且对游客有很大的吸引力。

2. 不利条件

一是交通劣势。目前尚无高铁直达，火车、汽车速度较慢，旅游耗费时间颇多。

二是观念劣势。在项目开发、旅游研讨、人才培养等方面理念滞后，认识不到位，制约了旅游业的提升发展。

二、平凉市旅游发展存在的问题及对策建议

1. 存在的问题

问题之一：营销不力。无论是传统媒体造势，或者新媒体营销，都存在营销宣传力度不够、投入不足等问题，不利于扩大美誉度和知名度。

问题之二：文旅结合不力。现有文化资源尚未很好地转化为旅游产品，有的甚至未得到基本的展示。

问题之三：缺少精品项目。以老子问道文化为例，目前虽编排了剧目，在每年的崆峒文化旅游节上演出，但震撼力、创新性不足，也不是常态化演出，没有成为精品。

2. 对策建议

对策之一：做好营销。不仅要加大对崆峒山的宣传力度，还要加大对其他资源及景区的宣传力度，如加强对崇信龙泉古寺、泾川王母宫、王母宫石窟、大云寺等古迹的宣传，加强对秦直道、完颜部落文化的宣传，逐渐扩大受众群体规模，激发市场需求。

对策之二：做好文化旅游。以道家文化为例，需要加大旅游研讨力度，不必局限于历史研究；武术文化项目要尽量丰富化、常态化，使游客可以和武术近距离接触。

对策之三：利用地理优势。目前由于交通制约，基本属于边缘化地位，但可以转化思维，向东扩张市场，以凸显平凉作为甘肃东部重要的区域性中心城市地位。

第八节　甘南州旅游发展对策建议

一、甘南州旅游发展条件

1. 有利条件

一是藏文化特色优势。甘南地处甘肃南部，历史上为曾为吐蕃、羌族等政权所辖之地，目前下辖合作市和临潭县、夏河县、舟曲县、玛曲县、碌曲县、迭部县、卓尼县一市七县，民族建筑、饮食、服饰、宗教很有特色，藏文化积淀深厚。

二是藏区发展政策优势。为发展民族地区，国家对藏族发展给予多项政策支持，专门出台了支持旅游业发展的政策。这使得甘南旅游有了政策优势。

三是地理区位优势。甘南被费孝通先生称为“青藏高原的窗口”和“藏族现代化的跳板”，可联通西藏、四川，和拉萨、西宁、九寨沟相通，合作发展旅游条件优越。

2. 不利条件

一是海拔劣势。虽然文化特色鲜明，但属于高海拔地区，个别地方空气稀薄、寒冷，天气多变，对游客旅游体验有一定制约。

二是社会稳定因素制约劣势。曾经发生藏区暴力犯罪事件，政府加大维稳工作力度，使旅游发展投入有所减少。

三是人才劣势。地处民族地区，旅游发展人才队伍不足，高素质创新创业人才奇缺。

四是交通劣势。受高原环境制约，经济发展滞后，导致个别地方道路不通不畅，游客难以欣赏到优美的自然景观。

二、甘南州旅游发展存在的问题及对策建议

1. 存在的问题

问题之一：生态有所破坏。草原旅游发展背景下，大量客流进入，植被遭到破坏，个别地方地皮裸露，需要考虑生态环境承载力。

问题之二：饮食和娱乐要素滞后。景点景区建设投入多，厕所革命走在前列，全域无垃圾行动收效很大，但游客不喜欢本地餐饮，娱乐项目少，消费链条难以拉长。

问题之三：旅游体验不足。除骑马、喝茶、跳舞之外，大多数项目为静态参观，游客互动和参与的项目偏少，无新意，藏区文化体验项目较少。

2. 对策建议

对策之一：保护生态环境。强化生态红线意识，确保草原生态不被旅游项目开发破坏，形成旅游和生态建设耦合机制。

对策之二：提升民俗风情旅游品质。大力“活化”各类民俗，举办形式多样的活动，使乡村节庆、商贸活动等民俗文化内涵进一步提升。如可利用藏传佛教中的养生健体内容打造禅修项目，拓展客源市场。

对策之三：继续营销甘南。以现有美誉（“让生命感受自由”的世界50个户外天堂”之一、“人一生要去的50个地方”“中国最具民族特色旅游目的地”“中国最美旅游胜地”）为卖点，加大经费投入，改变营销方式，有效拓展市场。

第九节　临夏州旅游发展对策建议

一、临夏州旅游发展条件

1. 有利条件

一是民族文化特色优势。东乡族、保安族，藏族、回族杂居，民族特色鲜明。

二是民族发展政策优势。和甘南一样，在经济社会发展方面具有特殊的倾斜政策。

三是地理区位优势。作为丝绸之路南路重镇、唐蕃古道必经之地，连通甘南、青海、西藏乃至新疆，地理位置优势显著。临夏州距离兰州 1 小时车程，属于兰州都市圈范畴。

2. 不利条件

一是形象遮蔽劣势。作为民族地区，临夏州整体处于甘南香巴拉旅游形象遮蔽之下；说到内部旅游，则以永靖县旅游态势最好，但对其他县域形成遮蔽。

二是人才劣势。乡村旅游中农民的服务技能不高，服务质量有待提升。

三是交通劣势。个别地方路况差，路难行，有的村寨或者旅游地无法直达。

二、临夏州旅游发展存在的问题及对策建议

1. 存在的问题

问题之一：基础设施滞后。停车场、厕所、通信网络、垃圾桶等设施不完善，交通体系建设不发达，和发展全域旅游要求有很大差距。

问题之二：文化旅游不足。以历史文化为例，有众多历史故事，诸如大禹治水、周穆王驾八骏西游、张骞凿空、隋炀帝杨广西巡、文成公主和金城公主进藏，等等，但很难看到与这些历史故事相融合的旅游项目。

2. 对策建议

对策之一：增强项目体验性。虽然有草莓采摘等项目游客可以参与，但其他项目参与性很低。广河县齐家文化博物馆可以依托陶器、玉器、铜器，利用高科技技术让游客尤其是孩子亲身体验器物制造乐趣，增强“中国彩陶之乡”印象；铁器铸造、木刻、砖雕、彩绘技术也可以转化为参与项目，而不仅仅是停留在拍照留念层面。

对策之二：提升民族文化旅游项目档次。目前项目基本属于零敲碎打，强化精品意识，将傩舞、回族、东乡族、保安族特色文化整合包装，成为景区的亮点。

对策之三：创新营销。不仅要突出穆斯林民俗风情，还要突出其他民族文化；不但要突出历史，还要加大对现实发展成就的宣传力度；不但要突出自然景观，还要宣传非遗旅游。

对策之四：扩大商品开发。依托“西部旱码头”“茶马互市”传统优势，借助成功举办丝绸之路旅游产品展览会契机，宣传旅游商品，建设甘肃省商品集散地、示范地，举办商贸活动，拉动旅游消费。

第十节　武威市旅游发展对策建议

一、武威市旅游发展条件

1. 有利条件

一是历史文化名城优势。汉初，武威为匈奴所据，霍去病大败匈奴，汉朝始设武威郡，以彰显军威武功。后东晋十六国时，河西进入“五凉割据”

时期，武威成为“五凉之都”。鉴于历史影响，武威成为甘肃首批国家历史文化名城。

二是红色文化优势。红军三大主力会师后，中国工农红军西路军（第四方面军一部）渡过黄河，欲从新疆打通国际交通线，但由于国际国内局势变化、敌军实力过于强大、气候严寒等因素导致失败，但留下宝贵精神财富，红色旅游资源独具特色。

三是政策支持优势。新时期，武威对旅游业发展的认识有所改变，产业地位得到提高，投入显著增加，举措趋于有力，旅游发展具备良好的政治和文化生态环境。

2. 不利条件

一是交通劣势。武威距离兰州近 3 小时车程，距离张掖也近 3 小时车程，距离敦煌则需要 9 小时车程。

二是发展劣势。在张掖、甘南、天水、酒泉旅游大发展之时，武威对旅游发展重视度不够，起步滞后。

二、武威市旅游发展存在的问题及对策建议

1. 存在的问题

问题之一：旅游发展水平和称号不符。武威拥有的称号很多，如“西夏陪都”“中国旅游标志之都”“历史文化名城”“西藏纳入中国版图的历史见证地”“中国葡萄酒的故乡”“世界白牦牛唯一产地”“中国人参果之乡”等，但旅游发展项目少，高级别景区少，文化旅游转化不足，和这些称号不符。

问题之二：旅游资源利用程度和游客预期不符。资源很多，如丝路驿站、西夏文化、白塔寺、天梯山石窟、罗什寺塔、文庙、非遗（凉州贤孝、凉州舞狮、攻鼓子等），但利用程度不高，大多数处于原始待开发状态。

问题之三：旅游产品供给和市场需求不符。目前产品多为观光型，休闲度假和专题类产品不足，无法满足游客的需求。

2. 对策建议

对策之一：大造声势。内部，统一思想，为旅游发展营造舆论环境；外部，积极宣传，营销武威，宣传项目，扩大影响力。尤其要借助权威媒体和自媒体，多管齐下，提升热度。

对策之二：保护生态。武威地处祁连山生态保护区，旅游项目实施要防止生态环境受到破坏，尤其是山水风景区和乡村旅游，切不可以牺牲生态环境为代价。

对策之三：强化国际性。作为中国旅游标志之都，国际旅游不可或缺，依托武威保税物流中心、甘肃（武威）国际陆港建设契机，发展商贸旅游。

对策之四：发展特色旅游。武威地处沙漠地带，历史上是边疆要地，凉州词名扬天下，要借助这些资源优势突出特色，发展军事旅游、沙漠旅游、文学旅游等新兴业态，丰富产品类别。

第十一节　张掖市旅游发展对策建议

一、张掖市旅游发展条件

1. 有利条件

一是丹霞地貌特色和知名度优势。张掖丹霞虽然不属于世界自然遗产，但依旧以色彩独特、规模大而全球知名，被评为“中国最美的七大丹霞地貌”之一、“世界十大神奇地理奇观”之一。

二是裕固族特色优势。肃南裕固族自治县居住有甘肃特有民族裕固族，建筑、歌舞、语言、信仰等较为独特，和古代回鹘人有历史渊源，藏传佛教对其影响很大。

三是城市环境优势。历史上的张掖市区“一湖山光，半城塔影，苇溪连片，古刹遍地”，现有张掖国家湿地公园，在西北地区有“塞上江南”之美誉。

四是交通优势。高铁3小时直达兰州，可西去敦煌，连接青海湖、茶卡盐湖、西宁，交通优势显著。

2. 不利条件

一是人才队伍劣势。拥有一流的资源和环境，但产业竞争力不强，和缺少一流的人才有很大关系。

二是区域经济发展不协调劣势。个别县域经济水平低，基础条件差，无法为产业发展提供有力的经济支撑。

二、张掖市旅游发展存在的问题及对策建议

1. 存在的问题

问题之一：历史文化旅游不足。张掖历史悠久，因汉武帝提出“张国臂掖，以通西域”战略而得名，也被称为“金张掖”，但旅游发展对历史文化的利用不足，和历史文化名城地位不符。以黑水国遗址为例，长期以来得不到关注和重视，何谈发展。大佛寺、马蹄寺、木塔寺、土塔寺、西来寺、镇远楼、山西会馆、民勤会馆等人文古迹利用也需提升。

问题之二：旅游管理不足。丹霞景区由于网络炒作，客流云集，但监管不力，多次发生游客进入禁区事件，造成不良影响。今后要在全域内做好监管，形成保护遗产的长效机制。

问题之三：区域内联动发展不足。张掖市区发展较好，但肃南县、山丹县、高台县、民乐县发展缓慢，究其原因在于客流疏导机制建设不足。

2. 对策建议

对策之一：打造新形象。不但要突出丹霞地貌旅游，还要突出丝路旅游，强化“丝路文化大观园”“户外体验大天堂”形象，以业态创新促进形象转型蝶变。

对策之二：做好服务工作，提升服务质量。在景区文化内涵建设、市场监管等方面采取切实可行的举措化解存在的突出问题。

对策之三：发挥辐射带动效应。利用“居中四向”地理优势，加强和嘉峪关、酒泉（尤其敦煌）、兰州、西宁之间的合作，加强与金昌、武威的联系，发挥聚集辐射作用，成为名副其实的旅游枢纽。

第十二节 酒泉市旅游发展对策建议

一、酒泉市旅游发展条件

1. 有利条件

一是知名度优势。酒泉因“城下有泉”“其水若酒”而得名，汉朝霍去病打败匈奴后在此建“酒泉郡”。其中，敦煌市为世界四大文化体系交汇地、敦煌艺术故乡、国家历史文化名城，石窟和壁画天下知名。酒泉市是现代航天摇篮、我国石油工业和核工业的发祥地，在世界上享有盛誉。

二是政策优势。敦煌是国际文化艺术界关注之地，旅游发展具有很高地位。国家层面有敦煌文博会支持政策，甘肃层面有敦煌国际旅游城市建设规划政策优势。

三是地理区位优势。西去新疆，联动青海，东到武威、金昌等地，可建设成为河西走廊的旅游中心。

2. 不利条件

一是承载力劣势。周边为沙漠，城市化发展中生态环保压力很大，尤其是月牙泉地下水位下降，面临干涸枯竭的危险。文化遗产方面，莫高窟作为特殊遗产，无法接待更多游客，需要限制客流量，无形之中加大了接待压力。

二是交通劣势。高铁无法直达，需要在柳园再度转车，相对不便捷。

二、酒泉市旅游发展存在的问题及对策建议

1. 存在的问题

问题之一：一窟独大。莫高窟旅游极其火爆，但周边县域旅游业发展滞后，瓜州古城、榆林石窟等旅游开发不足。

问题之二：淡季很淡。由于气候因素，目前旅游旺季集中在 5 - 10 月，其他时间客流较少。

问题之三：项目单一。目前仅局限于沙漠滑沙、石窟观光、品尝小吃、观看演出等项目，其他业态不足。

2. 对策建议

对策之一：串点连线。扩大对外开放，将敦煌和周边市县连接，与瓜州、玉门、阿克塞、肃北协同发展，使冷点成为温点、温点成为热点。

对策之二：丰富产品。推出系列户外运动、节会赛事等项目，打造系列敦煌创意产品，拓展项目外延，同时最大化展示丝路文化。

对策之三：加大宣传。敦煌在中国，敦煌学在中国，敦煌旅游具有很强的世界性，需要加大对外宣传，扩大敦煌以及酒泉在世界范围内的知名度，以一流资源、一流产品吸引全球客源。

第十三节　嘉峪关市旅游发展对策建议

一、嘉峪关市旅游发展条件

1. 有利条件

一是区位优势。和世界文化遗产莫高窟毗邻；省域看，可和吐鲁番、哈密、乌鲁木齐开展合作。

二是经济基础优势。嘉峪关作为甘肃工业基地，整体经济总量较大，居民收入较高，有利于开发本地消费市场。

三是“方特项目”优势。嘉峪关方特欢乐世界项目的实施极大地改变了依靠长城激活旅游的劣势。

2. 不利条件

一是形象劣势。整体处于敦煌印象覆盖之下，外部游客的认知度较低。

二是宣传劣势。“方特”属于嘉峪关新型旅游项目，外部游客的知晓率不及长城（嘉峪关关城、悬壁长城），其他特色项目如魏晋墓群、黑山石刻、木兰城、滑翔基地等知名度更低。

二、嘉峪关市旅游发展存在的问题及对策建议

1. 存在的问题

问题之一：城市空间利用不足。嘉峪关作为工业城市，人口少，周边可辐射空间很大，但目前利用显然不足。

问题之二：旅游资源利用不足。“方特”侧重丝路文化的挖掘，本地资源如岩画等得不到展示。

2. 对策建议

对策之一：加快旅游一体化发展。加快推进酒泉嘉峪关旅游一体化发展进程，整合资源，突出特质，避免同质竞争，发展全域旅游。

对策之二：推出移民文化旅游。嘉峪关是一座移民城市，应结合历史上的移民故事，将移民文化作为亮点加以利用。

对策之三：思路转型。目前嘉峪关尚不是典型旅游城市，要将其打造为以边塞文化为核心吸引物、具有旅居功能的典型丝路旅游城市，提升城市旅游品质，使城市本身成为吸引物。

第十四节　金昌市旅游发展对策建议

一、金昌市旅游发展条件

1. 有利条件

一是区位优势。金昌地处河西走廊要道，交通便利，便于客流从东西两个方向出入县域。

二是资源优势。工业文化、岩画、长城、西路军资源很有特色，可以形成旅游亮点。

2. 不利条件

一是起步劣势。旅游整体发展处于敦煌市、张掖市与嘉峪关市之后，起点较低。

二是人才劣势。旅游属于新型产业，欠发达地区开展旅游缺少有经验与创新能力的人才，尤其缺少具有较强政治敏感力、有效治理力和执行力的管理干部与企业家。

三是经济基础劣势。作为甘肃老工业基地，金昌为典型的资源型城市，居民经济收入低，不利于本地消费市场的启动与景区建设。

二、金昌市旅游发展存在的问题及对策建议

1. 存在的问题

问题之一：资源闲置。由于认识不足，理念不到位，对红色文化等资源缺少必要的开发利用。

问题之二：真实性问题受到质疑。尤其是“古罗马人后裔”说学术界有很大争议，这显然不利于旅游发展。

2．对策建议

对策之一：加快旅游合作发展。与内蒙古以及周边的武威市、张掖市开展旅游合作，共享客流，形成良好的竞争关系。

对策之二：推出文化旅游新业态。应该结合历史，重点开发西路军文化、长城文化、工业文化与民俗文化，探索现代科技、农业的融合发展，适应市场需求。

对策之三：思路转型。打造花海的同时，注意发挥工业文化遗产的价值，同时避免发生有重大争议性的事件，确保社会安全稳定。

第二部分
县域旅游卷：以永昌县、古浪县及永靖县为例

第五章 绪　论

第一节 研究背景和意义

一、丝路文化旅游魅力无限、举世闻名

丝绸之路，东起长安，经陕西、甘肃、宁夏、青海、新疆，穿中亚、西亚，到达地中海东岸，历史悠久，文化底蕴深厚，影响深远。全球史观分析认为，丝绸之路扩大了人类互动范围，形成了一条全球性的共生圈体系。从旅游视角分析，丝绸之路也具有较高的价值：一是穿越了多类地理环境类型和文化地域，沿线地区自然风光瑰丽奇特，民俗风情各地迥异，文化遗产价值巨大，吸引世界各地游客慕名前来观光浏览；二是具有大尺度地理空间特征，便于开展区域合作；三是历史延续较好，文化记忆保留较好。因此，作为世界知名旅游文化廊道，丝绸之路被誉为“永不衰落的旅游黄金地带”。在“一带一路”倡议和“建设丝绸之路经济带”背景下，丝路旅游更加升温。丝路旅游有助于客流互动、文化互动、国家外交互动，还有助于加强人类文明交流，促进世界和平与发展。但丝路旅游过于宏观，需要基于县域开

展具体推进。以甘肃省为例进行分析。作为丝绸之路黄金路段，文化交流地位重要，文化互动历史悠久，文化积淀深厚，使得甘肃省文化旅游地位突出，意义重大。甘肃省旅游资源数量和类别众多，历史文化、自然文化、红色文化、宗教文化、民俗文化特色鲜明，旅游价值极高；敦煌莫高窟、天水麦积山、平凉崆峒山、嘉峪关长城、酒泉卫星城、武威雷台汉墓和马踏飞燕、甘南拉卜楞寺、临夏炳灵寺、会宁会师楼等举世闻名。近年来，伴随《河西走廊》《丝绸之路》《金城兰州》《祖脉天水》《长征大会师》《擒狼》《长征大会师》等影视作品的强劲宣传，甘肃省旅游产业发展大会的隆重召开和甘肃旅游强省建设战略的实施，《甘肃省“十三五”旅游业发展规划》的编制落实，敦煌文博会、敦煌行·丝绸之路国际旅游节等高规格节会的成功举办，旅游管理体制改革举措的有效推出，全域旅游、乡村旅游的全力推进，“世界丝路旅游首选地、中国户外体验大本营、西部自驾旅游黄金线”目标定位的确立，使得甘肃特色文化旅游异彩纷呈。一是“多彩甘肃”“如意甘肃”“精品丝路”旅游形象具有较大影响力和知名度，获得社会各界的一致认可，入选《纽约时报》发布的“2018 年全球必去的 52 个目的地”榜单，为中国唯一；二是“龙头带动、多点开花、网状辐射、全域发展”空间格局初具雏形，资源配置得到优化；三是旅游接待人次逐年增长，2017 年旅游接待人次达到 2. 39 亿人次，旅游综合收入达到 1580 亿元，两项指标分别比上年增长 25% 和 29%；四是带动了文化发展，受到国内外高度关注。但相比之下，县域文化旅游受到的关注度、重视度不够，县域旅游品牌发展不足，县域旅游差距显现乃至扩大，制约了省域旅游的可持续、跨越式发展。在国家新丝路战略背景下，转变发展思路，以县域文化为基点，细化丝路文化，落实丝路文化旅游项目，提升县域文化旅游产业品质，优化旅游结构，将旅游业发展为战略产业、民生产业是重大而紧迫的战略任务。

二、县域经济发展得到国家高度重视

县域经济区别于国民经济、省域经济、地域（市域）经济、乡村（乡镇）经济。它是一种行政区划型区域经济，以行政县区划为地理空间单元，以县城为中心，以乡镇为纽带、以农村为腹地，具有地域特色且功能完备。从理论上看，县域经济是国民经济和区域经济的特殊组成部分，它是以县域为空间的特殊经济形式。区域经济的发展离不开所在县域的支持和支撑；县域经济不发展，单纯依靠大都市或者城市群，或者发展乡村（乡镇）经济，国民经济结构将难以形成优化格局，城乡发展差距、东西部差距等区域发展差距问题将难以得到有效治理。因此，县域经济应该受到重视。从历史视角分析，我国县域经济发展演变具有阶段性特征。秦朝实行郡县制，县域经济形态开始出现在中国历史上；唐宋盛世以后，县域经济逐渐趋于萧条，模式单一，进入较长的衰落期；1949 年以后为曲折发展时期，20 世纪 50 年代土地改革、20 世纪 80 年代家庭联产承包制和乡镇企业的兴起，县域经济得到发展。1978 年以后，国家将工作重心转移到经济建设上，县域经济受到关注，县域经济较前期获得很大发展。但县域经济发展又受到国家战略影响：在资源稀缺、资本不足、市场集聚效应、规模效益递增和工业化任务下，国家优先发展沿海地区和城市群，使得县域经济的发展受到影响，在行政性区域经济体系中的地位相对较低，并且“总体发展水平不高，区域之间发展不平衡”，但内需不足、城市经济中泡沫经济的出现、城乡差距拉大、乡村人口大量外流等导致乡村衰败，又使得培育和发展县域经济的任务迫在眉睫。新时期，精准扶贫精准脱贫工作顺利开展，以及乡村振兴战略的实施，国家调整发展战略，县域经济发展获得新的机遇。发展壮大县域经济，促进经济结构转型，成为国家重大战略。不过，大多数县域在发展经济中面临诸多困难，存在诸多问题，例如，思想观念落后，危机感、使命感不足，创新意识、市场意识不够强烈；人才不足；缺少投资；基础设施建设滞后，软环境建设缓慢；经济效率低下，经济结构不合理；对外联系不紧密；缺少县域品牌，居民生活质量提升难度较大。如何抓住机遇，发挥优势，扭转劣势，推动县域经济崛起振兴，是政府、企业以及学界必须思考解决的新课题。例如，作为欠发达地区的甘肃，针对县域经济发展迟缓滞后和不平衡、不协调现状，顺应国家倡议和市场发展趋势，近年提出新的区域经济发展思路，在打造大兰州都市圈、城市群的同时，支持县域经济切实发展，2017 年兰州市政府工作报告明确提出要“培育壮大县域经济，增强持续发展后劲”，以县域经济实现富民强县。为促进县域经济发展，兰州大学成立县域经济研究机构，为实践出谋划策。县域经济中，选择发展的产业无非是农业、工业或者第三产业，具有比较优势和顺应时代趋势要求的文化旅游产业自然是重要产业和首选产业。因此，顺应产业发展潮流，对县域文化资源的旅游化开发利用进行研究正当其时，大有可为。

三、县域旅游模式特色鲜明值得发展

旅游作为国民经济和区域经济的具体载体，县域旅游发展具有特殊性。和都市旅游相比，基础设施相对不足；和村寨旅游相比，空间范围更大，面临问题更多；发展模式方面，推动力量、产业表现形态、效益结果不同，具有差异化路径和发展形式。在旅游大开发、休闲大发展、文化大繁荣、时代大变革的背景下，我国众多县域依托境内自然景观、名胜古迹、历史文化和民俗文化发展旅游，产业发展态势迅猛。但在快速扩张的背景下，县域旅游面临多重制约，提质增效压力很大。因此，研究县域旅游发展内涵和机理，探究县域旅游经济发展模式，不但可以为本地旅游发展提供有力支持，也可为其他县域旅游发展提供借鉴，同时有助于丰富旅游学研究。以甘肃永靖县为例，永靖县由临夏回族自治州管辖，地处甘肃中部。全县有 17 个乡(镇)。永靖县旅游资源丰富，特色鲜明，被称为“水电之乡”“傩舞之乡”“恐龙之乡”“彩陶之乡”，主打黄河文化，黄河文化旅游在国家旅游格局中地位凸显。黄河是中华民族的母亲河，黄河发源于青藏高原，流经多个省区，孕育了黄河文化和黄河文明，使中华民族生生不息，发展壮大；黄河沿线地理环境、区位优势、人口结构、交通运输、文化背景、经济基础各不相同，形成不同的地理文化板块或经济圈；黄河沿线地区无不重视黄河文化资源的开发，积极发展旅游产业，组建研究机构，推出系列研究成果，建设景点景区，设立黄河文化基金，举办旅游节会，以培育新的增长点，培育新的战略产业、支柱产业。永靖县作为黄河上游重要的县域，在黄河文化资源利用方面做出了积极探索，黄河文化旅游品牌不断涌现。目前拥有黄河三峡、炳灵峡、刘家峡水电站、刘家峡恐龙国家地质公园、炳灵丹霞地貌国家地质公园等景点景区，在甘肃境内有一定影响力；永靖县距兰州市1小时车程，地处大兰州都市圈黄金位置，区位优势显著，基础设施不断完善，旅游服务质量不断提高。永靖县在2007年跻身“全国县域旅游百强县”，2009年成为甘肃县域旅游产业示范县，刘家峡恐龙国家地质公园进入中国县域旅游品牌500强，成绩有目共睹。但放眼全国，永靖县在黄河文化旅游发展中依旧存在不足。开展系统研究，找出差距，发现问题，提出对策，及时优化，整体提升，细致和深入挖掘黄河文化资源价值及精神内涵，将黄河历史传统文化、黄河精神和新时代改革实践相结合，促进经济社会和文化协调可持续发展，对永靖县以及沿黄地区均有很高的战略价值，对永靖县未来发展和其他县域发展均具有借鉴意义。

第二节　研究思路、内容、方法和特色

一、基本思路

应用文献分析法对主要文献进行归纳评价，掌握学术研究进展和产业发展前沿；基于丝绸之路旅游和县域旅游发展历史和现实，在文献研读、深度访谈、实地调研基础上，论证县域旅游发展机理，发现存在问题的根源，探究规律；基于经验归纳，探求发展的具体路径，提出发展建议；采用个案分析法，分析典型县域发展历史、现状、存在的突出问题，探究外在表现形成机理和机制，然后基于国内外经验借鉴和发展趋势归纳、探求进一步发展的对策。

二、主要内容

县域旅游是旅游发展的基本单元，研究县域旅游有助于丰富学术研究和为旅游产业发展提供指导。应用实地调研、文献分析、问卷调查、深度访

谈、统计分析等方法，通过深入调研，对县域旅游发展进行理论分析，总结基本模式、趋势、成就、效应、经验，诊断存在的突出问题、误区，提出未来发展的新思路、新模式、新机制，并选择夏河县、古浪县、永昌县、永靖县、陇西县进行个案分析，以助力县域旅游经济发展。

具体内容包括以下几个方面：

（1）县域旅游研究进展分析。对研究背景、学术研究进行梳理。

（2）县域旅游态势分析。探讨县域旅游发展多维价值、基本模式、演变过程、走势特征、背后机理，为开发利用做铺垫。

（3）县域旅游条件分析。包括地区经济、旅游资源、地理交通区位、周边环境等，目的是发现优势和限制因素。

（4）县域旅游历程分析。对演变路径进行梳理，目的是找出线索，进行定位。

（5）县域旅游绩效分析。基于田野调查，搜集数据资料，分析总结成果，找到当前旅游发展存在的不足之处。

（6）县域旅游提升对策分析。依据困难和问题所在，提出切实可行的发展策略。

三、基本方法

在方法上注重体现多学科交叉融合的发展趋势，采用历史研究、比较研究、田野调查等基本方法，力求规范分析和数理分析相结合、纵向分析和横向分析相结合和多学科交叉融合。

具体方法主要包括：文献分析，检索经典文献、高级别文献、最新文献，了解学术进展；深度访谈，对专家学者、社区居民、游客、管理人员、服务业人员等进行访谈，补充文献研究不足，反映细致信息；田野调查，了解旅游业发展实际现状；采用影视分析法，通过照片、图片，直观显示旅游业发展态势；应用综合分析法对如何发展旅游业进行研究。

四、特色和创新点

1. 研究主题有特色

作者于2010年在人民出版社出版独著《甘肃文化旅游开发论》，该书在甘肃具有一定影响，本部分内容是前面研究的深化和细化。

2. 研究基础有特色

依托国家社科等项目开展学术研究，有较多前期研究积累。

3. 研究对象有特色

对县域旅游尤其是县域旅游中的精华部分——文化旅游模式进行研究，补充学界研究不足。

4. 研究个案地域有特色

甘肃属于丝绸之路黄金段，县域旅游发展态势迅猛，值得研究，研究成果对其他地区旅游发展有借鉴价值。

5. 研究方法有特色

多学科多元方法交叉使用，集成融合。

6. 资料有特色

大量使用第一手图片、田野调查日记、作者各地演说稿、人物访谈记录等，既有学术性，又有故事性。

7. 内容有特色

宏观与微观相集合，体系架构合理。应用竞争态模型分析县域经济格局以及旅游资源开发利用水平；应用口述史方法探究县域旅游发展的效应。

第三节　研究述评

一、旅游发展模式研究述评

理论方面，学者们对旅游模式的基本理论进行了探讨。一是何为旅游发展模式？所谓旅游发展模式，是指一国或一地区旅游产业发展的特有方式，具有区域性、差异性、相对稳定性等特征。二是旅游发展模式的类型有哪些？基于不同视角，学者们提出不同的类型。如基于实体模式，窦开龙（2015）在国家社科项目《西北地区民族文化旅游产业发展模式研究》中提出旅游街区、演艺、博物馆、节会、购物品、景点景区等模式；基于驱动动力机制，钟睿、姚治国（2010）认为主要有资源依赖型、政府主导型、事件驱动型、投资驱动型、市场驱动型等模式。魏敏（2010）主要比较分析了资源依赖型旅游发展模式的类别与区别。张苏（2010）基于推力—拉力机制分析了影响旅游发展模式的主要因素，包括重大事件、政策、人才、资本、环境、观念等。韦东海、刘又堂（2011）基于旅游产业和区域经济关系，提出EPT模式，即经济发展促进旅游产业（Economy Promoting Tourism）模式，以及TPE模式，即旅游产业拉动区域经济（Tourism Promoting Economy）模式。

实践方面，学者们对旅游发展模式或现象的形成、存在的问题和解决对策进行了分析。一是关注焦作等典型区域或县域旅游发展模式。其中，复旦大学课题组对“焦作模式”进行了系统研究，分析了其存在的问题；余兵（2007）应用比较分析法，分析了“焦作模式”和“栾川模式”的异同，提出了针对我国旅游业发展的启示；范彬彬（2010）基于旅游者行为视角，通过实地调查分析，认为“焦作模式”需要在旅游服务提升、旅游景区建设、旅游产品开发、旅游市场拓展等方面有所提升，以完善现有模式。武传震

(2006）在《论“沂水旅游现象”产生原因及启示》中分析了“沂水旅游现象”产生的原因。二是对某类旅游产品模式进行分析。范彬彬（2009）基于区域旅游现象，在《基于焦作旅游的区域旅游现象比较分析》中对焦作、大连、沂水、婺源等旅游模式进行了比较分析。魏小安（2012）基于研究者自我融入与审视的视角，以杭州为例，分析了城市旅游发展模式的形成、演变脉络、特征、存在的问题和应对思路。鲁炜中（2013）基于人类学视阈，分析了四川北川民族风情旅游经济发展模式，认为应该传承特色民族文化，强化特色产业支撑，建设生态旅游强县，推进城镇化建设水平。在城市化加速和乡村旅游兴起的背景下，张淑萍（2016）选择中原地区，分析了乡村村落旅游模式提档升级问题，认为主要在于乡村观光旅游同质化日益明显，需要转换发展理念，实现产业运作机制革新和产品升级换代。江振娜、谢志忠（2012）研究了农村民俗文化的类别，提出了创意旅游开发模式。白雪（2012）基于旅游体验，总结出了非物质文化遗产保护性旅游开发模式（被动式、相对被动式、主动式），提出了各自的发展对策，包括：立足微观，注重分类利用与多角度展示；立足宏观，从重视“文化空间”到重视“保护空间”。三是大区域旅游发展模式。如窦开龙（2014）在基于调研基础上，对西北地区区域民族文化旅游发展模式进行了总结分析。白秀峰、王力峰（2011）分析了邢台百里太行旅游产业带发展模式的新思路，重点从核心主体、核心价值、创新途径、增值方式、运营保障等方面研究了创新路径。四是旅游合作模式研究。寇蕾、黄斌、戴林琳（2012）认为目前我国乡村旅游存在缺乏统一规划、缺乏特色、模式单一等问题，应该构建区域旅游合作发展模式，重点应在运营模式、产品开发、策划营销及支持系统建设等方面有所突破。

二、甘肃县域旅游发展研究述评

学术界对甘肃县域旅游业做了大量探索。伴随旅游发展，一些旅游发展较好的县域旅游研究成果逐渐增多。相关研究主要集中在以下几个县域：

1. 永昌县

学术界和本地政府及文化界对骊靬历史进行了研究，这也是自贾笑天提倡发展骊靬旅游以来的研究重点。学术界观点包括三类：一是“骊靬人=古罗马后裔说”。从民间风俗、信仰习惯、丧葬考古、生理特征、历史记载等方面进行逻辑推理和论证，提出目前的骊靬人就是消失的“古罗马军团”后裔。二是否定说。基于对立态度和观点，逐一反驳，认为历史上不存在古罗马军团东来永昌县的事实。三是中立说。基于各自观点和证据，认为目前难以定论，需要进一步深入研究。在旅游发展中，如何开发和利用骊靬文化也是热点话题。伴随产业发展、理念改变和骊靬论坛的连续举办，多位学者就乡村旅游、宗教文化遗产、红色旅游、旅游形象等发表了看法。如杭州师范大学祝炜平（2016）认为骊靬旅游的“存奇求疑”有助于促进旅游产业发展，兰州大学汪受宽（2008）认为，不依据历史的旅游开发是在歪曲历史，兰州财经大学窦开龙（2017）在县域旅游论坛演说《“凝视”和“真实”理论下的骊靬文化旅游发展》中则提出无须开展考古和历史论证，历史研究和旅游文化开发属于两个领域，“舞台真实”有多重内涵。

2. 永靖县

黄河文化研究是大背景。部分学者对黄河文化做了研究，因为“两黄”文化（黄帝文化和黄河文化）研究有助于了解和把握中华民族优秀传统文化精髓、根脉和主流。徐光春（2016）认为“黄帝时代”时间跨度将近800年，黄帝文化内涵丰富，核心价值是创新、亲民、崇德、勤俭、尚和。黄河文化核心价值主要包括创造、民本、人文、仁义、和合；中原文化是黄河文化的集中代表和精髓；黄河文化和皇帝文化有区别，后者是特殊符号。一些学者研究了黄河文化价值，李民、史道祥（1994）对黄河文化的兴起与内涵、黄何文化的地位与水平、黄河的利用和治理等做了细致归纳和分析。一些学者对黄河文化的结构特征做了分析，如彭岚嘉、王兴文（2014）认为黄河文化是黄河流域文化特性和文化集合的集聚或总和，内在精神包括自强不息、天人合一、多元融合、以人为本、崇德利用、贵和尚中，以“和”为核心思想，具有超稳定性网状结构。王国荣、王克风（2014）对雕塑长廊具体规划布局及规划主题构思做了实证分析，为黄河风情线建设提供了思路。杨文娟（2013）提出的对策是开发特色旅游产品，加强区域旅游合作，丰富宣传营销手段等。炳灵寺研究方面，在炳灵寺石窟研究方面堪称知名专家的是兰州大学的杜斗城，他多次调研，实地考察，形成了多篇论著，培养了一大批博士和硕士，在领域内影响力较大。其代表作《炳灵寺石窟学术研讨会论文集》（甘肃人民出版社 2003 年出版）、《炳灵寺石窟内容总录》（兰州大学出版社 2006 年出版）等，为后续研究提供了重要参考。除杜斗城外，还有一些专家对其进行了综合性分析，代表性的有张宝玺，著有《炳灵寺石窟》（文物出版社 1982 年出版）；董玉祥，著有《炳灵寺石窟艺术》（甘肃文物出版社 1998 年出版）。近年，学者们开始做精细化研究，在一些细节问题上逐步深入，取得了一些成果，如石窟的断代研究一直是热点。其中的关键在于掌握不同时代的历史发展演变脉络和风格。范宏伟（2014）依据题记、窟龛、雕像的演变与发展，对炳灵寺石窟不同历史时期开凿及造像风格进行了研究。炳灵寺石窟中第 169 窟具有极其重要的历史价值。但学术界对其艺术价值研究较少。基于此，西北民族大学顾晓燕（2009）两次前去调研，完成了硕士学位论文，对 169 窟壁画塑像艺术风格进行了细致研究，从视知觉角度分析了壁画塑像的创作风格，论述了外来文化特别是中原传统文化对 169 窟壁画塑像的影响，为现代中国绘画研究提供了借鉴。在对第 169 窟研究中，一些学者对其立佛造像风格做了新的探索。如原甘肃联合大学的王锡臻、仇宇（2008）认为西秦立佛受西域犍陀罗造像风格影响不完全准确，其立佛造像基本风格承袭了秣菟罗系笈多时期佛立像样式，受到早期传入新疆地区的犍陀罗、萨尔那特式及融合当地特点后形成的龟兹造像样式的影响，但也融合了本地社会时尚及塑造者本人审美情趣，对先前认知做了补充和完善。三十五佛是佛教礼忏重要法门对象，因此自然属于石窟常见题材。炳灵寺石窟藏传佛教壁画有 4 个洞窟中绘制有三十五佛像。因此，王玲秀（2013）对其藏密内涵做了分析，研究了宗喀巴大师、格鲁派对炳灵寺洞窟三十五佛雕刻开库的影响。1967 年，刘家峡水库修建过程中，第 16 窟等被水淹没，其中卧佛被拆，后国家于 2001 年开始对其进行修复。王亨通、刘阿妮（2003）通过对卧佛材质等进行分析，详细披露了修复过程与技术。石窟是研究历史的重要资料，依据石窟资料，分析历史是热点。县域经济发展方面，陈贵（2003）详细梳理了历史上刘家峡地区的历次开发过程，认为应该发挥刘家峡水电站的名牌效应、邻近兰州区位优势、黄河三峡旅游资源优势，发展现代旅游产业。魁海刚（2014）指出空间分布不均衡、质量无保障、产品单一等问题，并提出了相应的解决对策；邓海红、焦世璋（2014）提出了增加投入、改良繁育体系、加大科学技术应用等对策。秦玲芳（2014）提出的对策是加快科技创新、拓展投资方向、强化基础设施建设等。张曙霞、魁海刚（2017）认为总体上经济在快速发展，但渔业水域环境污染、水产苗种和水产品检疫滞后、安全意识淡薄、监管不到位是承载的基本问题，因此要加强水产品质量安全管理，开展标准化生态养殖示范区建设，完善管理体制。高志海（2008）认为刘家峡旅游资源丰富多样，但资源开发和经营管理层次比较低，需要转变观念，优化机制。县域社会文化生态方面，刘燕华（2017）在问卷调查基础上，提出推进基本公共服务均等化的对策建议；王生岗（2012）认为刘家峡库区自然环境脆弱，存在水土流失严重问题，必须加大该地区生态环境的综合治理，实现可持续发展；陈兆裕（1991）详细披露了永靖县档案中心建设过程，分析了其基本特征。

3. 夏河县

肖星、王立安、苗红（2004）基于夏河县分析了民族地区旅游地形象认知的替代效应与旅游形象策划；兰州大学代莹（2007）在其硕士学位论文中分析了夏河县旅游资源开发与可持续发展问题；兰州大学孙丽（2007）在其硕士学位论文中分析了旅游开发背景下夏河县藏族的社会文化变迁；华中师范大学周桓（2008）基于夏河县分析了民族旅游真实性问题；西北民族大学陈淑琳（2011）通过扎实的田野调查，在其硕士学位论文中利用民族学方法理论，分析了民族旅游对夏河文化的影响；兰州大学赵慧明（2013）分析了夏河藏区旅游体验营销问题；兰州大学马志诚（2014）在其硕士学位论文中分析了夏河旅游地产项目可行性；刘振亚（2014）就如何打响夏河“世界藏学府·中国拉卜楞”提出对策建议。

4. 肃南县

山西师范大学王宁（2012）以肃南裕固族民俗旅游资源开发为题撰写了学位论文；刘靖宁（2012）分析了肃南裕固族民俗文化旅游资源开发问题并提出了相应对策；刘小阳（2014）以肃南裕固族为例分析了民族旅游对民族

文化的影响；赵立韦、杨瑚、张亮晶（2016）以肃南裕固族自治县为例，分析了精准扶贫背景下甘肃省旅游扶贫模式；纵翠丽（2017）分析了裕固族民俗旅游纪念品品牌塑造策略。

5. 西和县

乞巧文化方面，赵逵夫（2012）对西河文化做了大量研究，对乞巧文化推广传播有巨大贡献，余永红（2016）对其成就做了细致梳理和总结。储冬爱（2014）对甘肃西和与广州珠村两地乞巧文化做了比较，认为所处地理位置与区域环境不同，导致发展态势各异，前者稳固、礼仪特色突出，后者变迁特性与自由风格显著。除此之外，一些学者对县域文化旅游做了具体分析，西北师范大学高翔（2014）分析了仇池故地历史文化资源的整合与开发；张婷、王文棣（2014）撰文分析了西和县乡村旅游产业发展问题；西安建筑科技大学刘琰琰（2017）对甘肃西和晚霞湖风景旅游区景观做了规划和设计研究。

6. 陇西县

李氏文化并非陇西县独有，但“天下李氏出陇西”，陇西县李氏文化知名度最大，并且定位很高，被认为是甘肃四大文化之一，与敦煌文化、伏羲文化、藏传佛教文化并列，王耀东（2005）撰写论文对其具体细节和历史做了披露。为扩大知名度，陇西县成立了“陇西李氏文化研究会”，出版了多卷历史文化研究专辑，搜集整理了大量论文，积极宣传李氏文化，扩大了文化交流，吸引了外部投资，也为旅游开发提供了信息和资料。旅游开发必要性方面，学者们认为姓氏文化可以作为资源被开发，以促进县域经济社会发展，如原富智（2007）认为应该使“陇西李氏文化成为甘肃旅游文化品牌”；李震岗（2007）提出“以李氏文化推动陇西县域经济又好又快发展”；张文静、陈斌（2013）认为应该“推动李氏文化与经济良性互动”。一些学者就如何开发做了分析，认为除举办“中国·陇西世界李氏文化旅游节”和修复李家龙宫之外，应该采取更多举措创新发展模式，如陈福明（2006）提出了几点加快开发的对策，王若斯、朱尉（2012）以甘肃陇西李氏文化为例分析了传统文化的深度发掘与多元开发路径。

综上所述，相关研究积累了一定成果，为后续研究提供了基本素材，为

“一带一路”倡议下的旅游发展提供了指导，但缺点也很明显：方法单一；成果级别较低；综合性、系统性不足；实证调查和数量分析不够。因此，出于为实践提供指导的需要，开展县域旅游发展模式的系统研究，时不我待。

第六章

县域旅游模式、因素及态势

第一节 基本模式

所谓模式，就是特定的发展方式及路径。直接对县域旅游发展模式做出归纳，有点抽象，容易混淆，但基于某个视角开展分析，却科学可行，事倍功半。本书从驱动力、表现态、空间感和时间段四个方面做出具体总结，以丰富经济学研究。

一、驱动模式——人是第一力，动机来源异

主要有四：一是政府驱动模式。有三个原因：其一，中国经济之所以保持几十年较好增长态势与激励机制有关，县级地方政府偏好投资或公共服务建设，一些旅游项目有机会立项上马；其二，传统发展模式背景下，经济增长了，但环境却恶化了，生态被破坏了，新时期政府提出转型发展新思路新模式，作为新型产业的旅游得到重视；其三，一些地方的主要领导者具备“文化气质”“人文情怀”，喜欢发展文化旅游，认为文化旅游产业是带动县域发展的重要产业、战略产业、朝阳产业，发展旅游大有可为，发展旅游势

在必行，因此决策上拍板，项目上支持，资本上先行，宣传上落实，招商引资上突破，公共服务上提升，政绩上侧重，制度、机制和体制上创新改革，上行下效，强力推进，绩效显著。二是社区驱动模式。民间有智慧，老百姓看得透，看得远，看得准，看得实在，认为发展县域旅游有实惠，认为旅游业搞起来大有前途，于是积极参与，人财物全上，打出一片天地。三是专家驱动模式。专家者，在某方面有深厚造诣、某领域有巨大影响之人。专家富有眼光，专家了解市场，专家把握趋势，高瞻远瞩，提前呼吁，策划规划，利用自己的地位、影响带动一方旅游发展。四是资本家驱动模式。依靠国有、民间或者国外资本的巨大利益诉求，策划项目，选择县域，投资推动。

二、业态模式——景区非唯一，花样添魅力

主要有四：一是歌舞演艺模式。张艺谋利用山水实景进行演出的“印象系列”模式（印象·刘三姐、印象·丽江、印象·西湖、印象·海南岛、印象·大红袍、印象·普陀、印象·武隆等）激活了中国旅游，广西、浙江、河南都是受益者，于是乎，县域旅游也大胆借鉴，纷纷复制，依据本土历史文化和自然景观，编排节目，创新娱乐项目，刺激消费者，带来结构的优化和效应的提升。二是景区景点模式。去景区是游客必然选择，无景区游客不知去何处消费，无景区旅游目的地竞争力较弱。于是乎，策划景区景点，积极依托自然景观、历史文化、村落城市，打造建设景区景点，形成集群效应，是发展关键。三是节会模式。利用节会期间客流密集、消费量巨大优势，策划节会，坚持办会，创新节会，以节日模式拉到旅游。四是商品模式。开发小商品，销售农产品，增加了就业，繁荣了市场，一举多得。

三、空间模式——点线面结合，演变有轨迹

主要有三：一是极点模式。将大部分甚至全部的资源聚焦于一点，选择好的空间或地域，全力以赴，建好景点，做强景区，形成特色卖点，成为旅游发展的杠杆。二是线路模式。伴随景点景区的成熟和交通体系的建立，串

联卖点，连接成线，通力合作，积聚能量，扩大辐射。三是圈带模式。多点发力，多处着手，多线辐射，各显神通，规模取胜，抓点、抓线模式发生深刻转型，旅游供给侧结构性改革随之深化。

四、效应模式——影响在多维，各地大不同

主要有四：一是经济至上模式。对财富数量增长过度关注，依靠项目发财致富，依靠产业增加收入，带动居民腰包鼓起来，政府税收多起来，驱动人民生活美起来。二是文化发展模式。重视文化发展，依靠旅游传承文化，通过旅游保护遗产，一些濒危遗产恢复活力，一些珍稀文化为人所知。三是社会优化模式。注重社会结构优化，旅游发展使得各方有了交流，各方获得各自利益，促进了社会和谐稳定。四是生态和谐模式。不再提倡单纯赚取所谓的“金山银山”，主张“绿水青山就是金山银山”，环境好才是生活好，好的环境吸引游客，好的项目优化环境，旅游和环境有了互动。

五、阶段模式——产业亦生命，成长有周期

主要有四：一是懵懂模式。不熟悉外界态势，不知道如何对待旅游产业，对外开放度低，对外部世界的认知度不高，对内部资源的整合度较低，未来方向和目标定位不明确。二是起步模式。看到别人尝到甜头，自己也心有所定，心有所动，姗姗起步。三是追赶模式。不甘心落伍，不愿意吃亏，虚心学习，大胆突破。四是成熟模式。起步早，业态成熟，经验多，但活力不足，产品、形象都有点老气，内外部矛盾有所积累，甚至会暴发某种冲突，需要顺应新潮流，提出新做法，激发新活力，转型发展，获得新亮点。

第二节 影响因素

一、战略因素——谋定而后动

战略最初是用于军事和战争，是指具有长远价值、关乎全局的策划，后应用于经济社会和文化发展领域。县域旅游发展和战略有关。宏观看，首先，国家战略会对县域旅游有所定位，确定其基本价值、政策走势、发展方向。其次，区域战略会对区域产业体系、产业结构有所规划。最后，县域发展战略会对经济布局、旅游业地位、旅游空间结构等做出具体分析和谋划。微观看，战略的目标、方针、重点、举措也对县域文化旅游有很大的影响。

二、资本因素——无米难为炊

这里不用资源而用资本这个范畴进行分析。首先，物质资本方面，包括土地、水、生物、气候、地貌地形等物质性资源。尽管文化是旅游的灵魂，但某县域若物质资源比较稀缺或者不具备显著优势，旅游资源开发利用将会面临巨大难度。其次，人力资源的重要性不言而喻，人力资本理论认为，和物质资本相比，人力资本对经济增长的效应格外显著，经济竞争的最根本根源在于人才竞争，一些县域不缺少旅游资源，但人才数量不足、质量不高、结构不优，人文环境欠佳，人才流失严重，人才资源未得到很好利用，旅游资源照样无法得到最优利用，甚至产生“养在深闺无人识”的尴尬局面。因此，需要切实重视人力资源尤其是人才资源的开发利用，加大人力资本投资，培育壮大人才队伍，以事业留人、感情留人、待遇留人，吸引各方人才，优化配置人才资源。最后，社会资本也是很重要的因素，一些县域社会结构、对外开放性、稳定性方面的条件不足，发展旅游业受到制约，因此构建新型社会，形成开放包容的社会风气，优化资源管理与配置，使社会资源良性互动，激发每个经济主体活力与参与性，对旅游目的地发展极其重要。

三、区位因素——有位才有为

区位是地理学与区域经济学中的关键术语，指的是所处的位置。区位理论认为，影响产业布局或者选址的因素包括原材料、环境、人才、资本、能源、交通等，区位布局模式包括原料指向模式、市场指向模式、动力指向模式、劳动力指向模式、技术指向模式、资本指向模式、交通指向模式、政策指向模式、生态环境指向模式。县域旅游产业布局发展也需要考虑区位因素。具体看，交通区位会对县域旅游产生影响，某地位置比较偏僻，对外交通不畅通，势必会造成客流难入局面；经济区位方面，某地如果属于经济核心区域，势必区域经济实力不俗，有条件开发文化资源，反之，若居民贫困，政府财政实力不强，旅游发展势必面临诸多不便；政治区位方面，某地若处于政治敏感区、不安全区，甚至处于战争爆发区、灾害频繁区，则直接影响旅游发展；生态环境方面，环境优美之地，往往客流密集，优先成为旅游先发展的地区。

四、市场因素——游客是上帝

市场最初指的是买卖发生的场所，后来指交换关系。这里的市场指的是客源市场，也就是旅游产品消费者群体及个体。旅游目的地开发利用旅游资源的目的，首先是获得经济利润，如果客源市场规模大，客户群体收入高，消费能力强，出游意愿足，则旅游产品会带来收益和回报；反之，如果客源规模小，客户消费愿望和能力不强，则旅游目的地产业不会兴旺。此外，市场的细化特征、结构特征、时空演变也对县域旅游模式产生巨大的影响。

五、制度因素——规则定乾坤

制度是经济学中的术语，通俗地讲就是游戏规则。制度在县域旅游发展中的影响力不可忽视。在众多的经济学流派中，制度经济学从最初的边缘学派逐步发展为主流学派甚至“显学”，从最初受到批判发展到越来越受到青睐。在中国崛起的大背景下，“制度经济学”学派和制度分析范式对解释中国模式和中国崛起有一定说服力。其内容和核心观点是经济发展还需要关注非经济因素，需要基于法律、文化等角度进行深刻分析，通过规则以及具体的制度（包括法规法律、条约条文、政策规范等）革新方式释放要素的内在活力，激发社会创新力，从而驱动国家进步。因此，县域旅游发展中，要考虑正式制度和非正式制度，通过适当的制度改革或变迁（如人事制度、考核制度、安全管理制度、招商引资制度、责任追究制度等），降低交易成本，解放生产力，发展生产力，优化生产关系，对资源利用效果形成积极影响。

第三节　发展态势

一、县县有说头，处处找玩头

时代大变革，国家大发展，经济大繁荣，国民收入大增长，人民生活方式大变迁，出外旅游、休闲度假成为必然趋势。与此背景相适应，旅游发展受到关注，旅游产业地位提高，不仅大都市开发利用旅游资源，而且各个县域也都积极谋划，大谈旅游。全国范围内，不关心旅游资源开发、不规划旅游业发展的县域几乎难觅。

二、一波多三折，无不有起伏

发展旅游，听起来可以激动人心，说起来可以热血澎湃，但做起来却千难万难，甚至难上加难，难中又难。何况，县域不同于大都市或者城市群，发展旅游的经验不足，借鉴不足，加之县情不同，困难不同，问题不同，实际举措和效果也就千差万别，遇到挫折、出现失误乃平常之事。道路是曲折的，但前途是光明的，实践者也不必因失败而畏首畏尾，失败的前面就是胜利，保持淡定，保持自信，坚持不懈，努力探索，发展旅游的成功之日必将到来。

三、强县有大作，小县涌杰作

人有高矮之别，力有强弱之分，旅游发展也是如此，有的县域由于资源特色、机遇政策优势，旅游发展顺水顺风，成为强者，高级别景点密集，国内外游客不断。而有的县域资源特色不足、财力不足、思路不到位、举措不当，旅游发展起色不大。即便如此，各县域均有自己精心打造的景区景点，均有吸引本地人着迷看好的一块天地。区域、省域、全国旅游业就这样被慢慢搞活搞火，全域旅游、全民旅游“大时代”就这样慢慢到来。

四、革命为后人，红色经典多

1840 年是中国历史的分水岭，由于国外侵略势力冲击，国内积贫积弱，国家坎坷，人民多难，仁人志士从此探索中华民族崛起之路。革命之初，不考虑旅游，不流行休闲，但时代变化，今日中国，在革命先烈奋斗下，社会和平安定，人民安居乐业，出外旅游享受生活。为记住历史，发展经济，保持革命记忆，红色旅游应运而生，红色精神得到传承，革命领袖生活居住地、先烈征战牺牲地，成为热点景区，延安、遵义、井冈山、西柏坡、会宁、高台、环县、古浪、迭部、两当等成为红色旅游地，一时游客云集。

五、民族显身手，特色塑品牌

我国是多民族国家，56个民族56朵花。民族之间，甚至一个民族内部，语言不同、服饰各异、历史有别、信仰有别，因此民族的就是特色的，民族的就是世界的。民族旅游自然成为旅游亮点，西藏拉萨、青海西宁、云南丽江、广西桂林、新疆喀什成为热点地区。去民族地区，观民族风俗，成为时尚和潮流。而县域旅游中，利用民族地区独特自然景观、人文风俗和历史遗产，打造民族品牌，塑造民族形象，也是必然选择。

六、遗产不放过，努力做开发

遗产包括自然遗产和文化遗产，是大自然对人类的馈赠，是祖先在长期的生产生活中积累下来的巨大财富。在很长一段时期内，由于西方文化流行，国人观念认识不到位，受发展阶段制约，一些传统的文化遗产没有受到重视，反而被看作是“过时”“老土”“传统”“不合时宜”的。伴随国家崛起，旅游业兴起，人民思想观念改变，传统文化受到关注，人们对遗产的认知和认识发生深刻变化，对其价值和地位有了新的定位，遗产保护开发和利用成为趋势，遗产旅游受到青睐，各地出现开发遗产的热潮。尤其是非物质文化遗产，更是得到各界重视，申报遗产名录，活化保护利用，成效也越来越明显。

七、时尚大结合，文化不沉重

为何旅游？无非就是释放自我压力，寻找生活乐趣。因此，旅游者多喜欢宁静安逸的旅游目的地，喜欢刺激、新鲜的事物，喜欢流行时尚的事物，而不是接受他人说教，增加内心负担。因此，应结合骑行、自驾、水幕电影、探险、虚拟演出、真人演艺、康养、医疗、美食、越野、滑雪、书画写生、田园观光、特色民宿等，挖掘人文内涵，提升品牌效应。可以说，常规化项目加上时尚内容，方可迎合游客心理。

八、内外有联合，效应看规模

市场经济不但主张竞争，也主张合作。合作也是实现利益最大化的手段。在互相拆台、互不联系阶段过后，旅游开发商或产品供给者开始走出自我，寻找伙伴，建立联盟，合作制胜。区域旅游利益体之间呈现出合作关系、抱团关系、共生关系。

九、特色大挖掘，雷人亮点显

特色就是竞争力，特色就是生命力。有特色则游客较多，无特色则游客稀少。在一个讲究特色的时代，主打特色、打造特色、凸显特色成为县域旅游竞争的主要手段。各旅游目的地都在想方设法塑造特色形象，推出特色项目，开展特色营销，提供特色服务，“雷人举动”“雷人口号”“雷人产品”不时出现，促进了旅游业的整体发展，也满足了游客特色需求。

十、资本不稀缺，引资非神话

钱不是万能的，但没有钱是万万不可的。旅游业并非不花钱就可以玩转的产业，也并非单纯依靠资源就可以获得持续发展，它是必须依靠资本进行驱动的产业，有时候甚至是烧钱的大产业。在未来，大型资本进入旅游行业是必然趋势。一个文化旅游大项目，没有十几亿元的投入，要想落地生根、成为产品，往往是黄粱一梦。于是，如何获得资本，如何投入资本，成为决策者、开发商和管理者的头等大事。我国旅游消费市场潜力极其巨大，旅游投资回报可观。招商引资是关键，各个县域纷纷召开旅游产业专项会议，联系客商，宣传项目，往往会有所斩获。

十一、创新为驱动，创意为动力

文化产业就是内容产业，没有了思想，没有了内容，没有了新颖独特，项目和产品则无法立足于市场。“创新是经济增长的发动机”，寻求创新之路，探究创新原理，成为利益相关者的关注热点。

十二、资源是基本，文化乃灵魂

中华民族屹立于世界几千年久久不衰的原因之一，是因为我们有文化传承，有文明积淀。在这样的传统和大环境之下，中国人似乎都有文化偏好，都喜欢说文化、表现文化、品味文化、玩赏文化，于是在旅游领域不断推出文化项目，挖掘文化资源内涵，展示文化特色，格外与众不同。文化是旅游的灵魂，离开了文化味，没有了文化魂，旅游也就没有了吸引力。

十三、先发能领先，后来可居上

旅游开发中，先发展者自然先入为主，占尽先机，享受了领先者的实惠，名利双收，后发展者也可以凭借后发优势，参考借鉴别人的经验，少走弯路，奋起直追，后发有为，有的甚至可以后来居上。

十四、需求需了解，市场决生死

“看人下菜碟”是中国人对势利眼的讽刺挖苦之语，语言虽然恶毒，但哲理值得思考。顾客是上帝。旅游开发需要考虑各方爱好，考虑个人喜好和偏好，旅游规划要到位，实在，具体，实用。

十五、质量是关键，服务加管理

在供过于求、垄断竞争的时代，服务质量优劣似乎不是特别重要，你买也行，不买也行，唯我一家，你奈我何？但在竞争时代，供给要和需求匹配，市场的力量无形而巨大。谁不关注质量，谁就会倒霉。因此，在扩张规模的同时，提升质量，优化管理，加强服务，打造精品、名品、绝品，推动县域文化旅游业步入高质量发展阶段是各方共识。

第七章

县域旅游市场特征分析

——基于旅游目的地竞争态视角

第一节　研究设计与旅游目的地选择

一、研究方法选择

采用竞争态模型，对旅游目的地市场格局进行分析。市场竞争态模型表达式为竞争态=市场占有率/市场增长率。根据此模型，旅游客源市场可被划分为明星市场（高占有率+高增长率）、金牛市场（高占有率+低增长率）、幼童市场（低占有率+高增长率）和瘦狗市场（低占有率+低增长率）。

二、研究县域选择

依据代表性、典型性原则，选择了26个县域。其中：甘肃永靖县以黄河文化旅游著名，知名景点景区有刘家峡、炳灵寺、恐龙地质公园等；永昌县以“古罗马”文化旅游著名，知名景点景区有金山寺等；古浪县以红色文化著名，知名景点景区有西路军古浪战役纪念馆；西和县以乞巧文化节会旅游出名；陇西县以李氏文化旅游知名；康县以乡村旅游和美丽乡村建设获得很大知名度；泾川县以历史文化和西王母宗教旅游知名；会宁县属于三大主力红军会师之地、中国高考状元县，以红色文化旅游知名；肃南裕固族自治县属于甘肃民族地区，以裕固族文化旅游知名，有“马蹄寺”等景区；天祝藏族自治县以藏民族文化旅游知名，著名景区景点有“小三峡”等。甘肃省外的县域包括：福建泰宁县，县城被称为“汉唐古镇，两宋名城”，以全国“百个红色经典旅游景区”红军街、科举文化、丹霞、泰宁古城文化旅游知名；河南栾川县，首批中国旅游强县、“世界十大乡村度假胜地”，以生态文化旅游的“栾川模式”在全国知名；陕西礼泉县以袁家村民族文化旅游知名；广西阳朔县以民俗文化旅游知名；新疆特克斯县以“八卦文化”知名；昭苏县以天马文化知名；布尔津县以生态文化和喀纳斯旅游知名；四川汶川县以黑色文化和藏羌民族文化知名；九寨沟县以生态文化旅游知名；湖南凤凰县以民族文化和古城文化知名；浙江淳安县，拥有国家5A级旅游景区千岛湖，为浙江全域示范县；安徽黟县以“徽商”、“徽文化”遗产和西递、宏村古村落文化知名；云南玉龙纳西族自治县以纳西族文化旅游知名；青海贵德县以黄河文化、国家地质公园和丹霞地貌特色知名。通过对26个县域旅游发展的对比分析，揭示国内县域旅游发展的现状和态势。

第二节　旅游目的地市场格局演化

一、基本态势

查阅和检索各地《国民经济和社会发展统计公报》，获得2016年统计数据。信息显示：26个县域的旅游接待人次总数为13832.82万人次，综合旅游收入为1851亿元，旅游接待人次均值为532万人次，旅游收入均值为71.2亿元；各地旅游接待人次和旅游收入总数差异很大（见表7－1），其中，阳朔县旅游接待人次高达1439.8万人次，旅游收入达到了117.8亿元，而古浪县旅游接待人次仅为40万人次，旅游收入为2.3亿元，差距巨大；增长率方面，旅游接待人次增长率均值为22.74%，旅游收入增长率均值为23.8%，古浪县、夏河县、肃南县等新型旅游目的地占据优势，阳朔县、栾川县等传统旅游强县不再具有优势。

表7－1　　各县2016年旅游接待人次和旅游收入

序号	县域名称	旅游接待人次（万人次）	旅游接待人次增长率（%）	旅游收入（亿元）	旅游收入增长率（%）
1	古浪县	40.9	30.7	2.3	26.5
2	永靖县	391.0	21.8	17.4	24.1
3	永昌县	181.7	20.2	8.8	22.7
4	夏河县	217.0	58.3	9.1	56.5
5	陇西县	78.6	33.0	3.3	2.9
6	康县	189.9	24.4	10.3	27.8
7	泾川县	240.0	10.0	3.7	12.0
8	华池县	163.5	47.2	6.2	58.2
9	和政县	271.9	20.1	11.5	21.8
10	会宁县	217.1	20.0	11.7	21.0
11	肃南裕固族自治县	427.4	46.3	15.5	52.8
12	天祝藏族自治县	86.5	24.5	4.8	25.5
13	栾川县	1228	9.8	62.54	20.3
14	泰宁县	390.0	10.4	32.8	12.1
15	礼泉县	810.0	4.3	60.5	7.1
16	阳朔县	1439.8	10.3	117.8	17.6
17	特克斯县	98.39	34.5	7.14	26
18	昭苏县	137.63	28.6	4.2	41.9
19	布尔津县	240.5	30.25	18.6	30.4
20	汶川县	809.9	10.6	37.5	5.6
21	九寨沟县	720	12.5	90.1	5.4
22	凤凰县	1250	16.0	115	26.4

续表

序号	县域名称	旅游接待人次（万人次）	旅游接待人次增长率（%）	旅游收入（亿元）	旅游收入增长率（%）
23	淳安县	1266.5	12.9	119.8	14.3
24	黟县	1441	10.1	109	10.2
25	玉龙纳西族自治县	1152.6	24.7	118.6	27.5
26	贵德县	343	20	10.4	22.4
均值		532	22.74	38.79	23.8

二、竞争态格局演化

基于旅游接待人次和旅游收入两项指标，总结分析竞争态格局。旅游接待人次占有率均值为3.846157%，旅游接待人次增长率均值为22.74%；旅游收入占有率均值为3.846154%，旅游收入增长率均值为23.8%。计算结果表明：

旅游接待人次视域下，四类市场分别是：

（1）明星市场：玉龙纳西族自治县。原因是：丽江古城自1997年被列入世界文化遗产名录以来，一直受到游客青睐；景点景区不断增加，目前有玉龙雪山、虎跳峡等景区；气候特殊，舒适度高，适合游客休闲度假，因此客流增长率和占有率双高。

（2）金牛市场：凤凰县、淳安县、黟县、栾川县、阳朔县。旅游产业发展起步早，市场占有率高，但由于市场规模基数较大，客流增长率不高。

（3）幼童市场：古浪县、夏河县、陇西县、康县、华池县、天祝藏族自治县、和政县、肃南裕固族自治县、特克斯县、昭苏县、布尔津县，均为新型旅游目的地，旅游产业起步晚，占有率较低，但增长率较高，发展态势很好。

（4）瘦狗市场：永靖县、永昌县、泾川县、会宁县、贵德县、九寨沟县、泰宁县、汶川县、礼泉县，占有率和增长率都不是很高。

旅游收入视域下，个别县域归属与旅游接待人次视域下归属有所区别，具体是：

（1）明星市场：玉龙纳西族自治县、凤凰县。

（2）金牛市场：黟县、栾川县、阳朔县、九寨沟县、淳安县。

（3）幼童市场：古浪县、永靖县、夏河县、康县、华池县、肃南裕固族自治县、天祝藏族自治县、特克斯县、昭苏县、布尔津县。

（4）瘦狗市场：贵德县、永昌县、陇西县、泾川县、和政县、会宁县、泰宁县、礼泉县、汶川县。

各县竞争态一览表见表7－2，市场类别一览表见表7－3。

表7－2　各县竞争态一览表

序号	县域名称	旅游接待人次占有率（%）	旅游接待人次增长率（%）	竞争态	旅游收入占有率（%）	旅游收入增长率（%）	竞争态
1	古浪县	0.1702408	30.7	幼童市场（低占高增）	0.124254473	26.5	幼童市场（低占高增）
2	永靖县	1.6274849	21.8	瘦狗市场（低占低增）	0.940012101	24.1	幼童市场（低占高增）
3	永昌县	0.7563018	20.2	瘦狗市场（低占低增）	0.475408419	22.7	瘦狗市场（低占低增）
4	夏河县	0.9032333	58.3	幼童市场（低占高增）	0.491615524	56.5	幼童市场（低占高增）
5	陇西县	0.3271619	33.0	幼童市场（低占高增）	0.178278157	2.9	瘦狗市场（低占低增）
6	康县	0.7904332	24.4	幼童市场（低占高增）	0.556443945	27.8	幼童市场（低占高增）
7	泾川县	0.9989677	10.0	瘦狗市场（低占低增）	0.199887631	12.0	瘦狗市场（低占低增）
8	华池县	0.6805468	47.2	幼童市场（低占高增）	0.334946841	58.2	幼童市场（低占高增）
9	和政县	1.1317472	20.1	幼童市场（低占高增）	0.621272366	21.8	瘦狗市场（低占低增）
10	会宁县	0.9036496	20.0	瘦狗市场（低占低增）	0.632077103	21.0	瘦狗市场（低占低增）
11	肃南裕固族自治县	1.778995	46.3	幼童市场（低占高增）	0.837367102	52.8	幼童市场（低占高增）

续表

序号	县域名称	旅游接待人次占有率（%）	旅游接待人次增长率（%）	竞争态	旅游收入占有率（%）	旅游收入增长率（%）	竞争态
12	天祝藏族自治县	0.3600446	24.5	幼童市场（低占高增）	0.259313683	25.5	幼童市场（低占高增）
13	栾川县	7.5342146	9.8	金牛市场（高占低增）	8.891434	20.3	金牛市场（高占低增）
14	泰宁县	1.6233226	10.4	瘦狗市场（低占低增）	1.771976835	12.1	瘦狗市场（低占低增）
15	礼泉县	3.3715161	4.3	瘦狗市场（低占低增）	3.268432881	7.1	瘦狗市场（低占低增）
16	阳朔县	5.9929739	10.3	金牛市场（高占低增）	6.363989973	17.6	金牛市场（高占低增）
17	特克斯县	0.4095351	34.5	幼童市场（低占高增）	0.385729104	26	幼童市场（低占高增）
18	昭苏县	0.5728664	28.6	幼童市场（低占高增）	0.226899473	41.9	幼童市场（低占高增）
19	布尔津县	1.0010489	30.25	幼童市场（低占高增）	1.004840522	30.4	幼童市场（低占高增）
20	汶川县	3.3710999	10.6	瘦狗市场（低占低增）	2.025888149	5.6	瘦狗市场（低占低增）
21	九寨沟县	2.9969032	12.5	瘦狗市场（低占低增）	4.867533927	5.4	金牛市场（高占低增）
22	凤凰县	5.2029569	16.0	金牛市场（高占低增）	6.212723658	26.4	明星市场（高占高增）
23	淳安县	5.271636	12.9	金牛市场（高占低增）	6.472037341	14.3	金牛市场（高占低增）
24	黟县	5.9979688	10.1	金牛市场（高占低增）	5.888581554	10.2	金牛市场（高占低增）
25	玉龙纳西族自治县	4.7975425	24.7	明星市场（高占高增）	6.40720892	27.5	明星市场（高占高增）
26	贵德县	1.4276914	20	瘦狗市场（低占低增）	0.561846313	22.4	瘦狗市场（低占低增）

表 7－3　　市场类别一览表

市场类别	明星市场	金牛市场	幼童市场	瘦狗市场
旅游接待人次视域下的县域	玉龙纳西族自治县	凤凰县、淳安县、黟县、栾川县、阳朔县	古浪县、夏河县、陇西县、康县、华池县、天祝藏族自治县、和政县、肃南裕固族自治县、特克斯县、昭苏县、布尔津县	永靖县、永昌县、泾川县、会宁县、贵德县、九寨沟县、泰宁县、汶川县、礼泉县
旅游收入视域下的县域	玉龙纳西族自治县、凤凰县	黟县、栾川县、阳朔县、九寨沟县、淳安县	古浪县、永靖县、夏河县、康县、华池县、肃南裕固族自治县、天祝藏族自治县、特克斯县、昭苏县、布尔津县	贵德县、永昌县、陇西县、泾川县、和政县、会宁县、泰宁县、礼泉县、汶川县

三、简要结论与思考

综上所述，整体看，县域旅游发展在旅游资源宣传与开发利用、客源市场规模扩张等方面有很大成绩，外界评价较好。但各县域之间差距较大：西南地区起步早，培育出一批知名旅游大县，西北地区属于后发展地区，县域旅游规模、效应和知名度稍弱；陇西县由于旅游起步晚，发展滞后，在多个方面的均值较低；古浪县、陇西县、夏河县有诸多类似之处，虽然旅游发展有起色，但在基础设施建设、产品开发方面存在劣势，短期内难以改变，旅游接待人次不佳，整体处于幼童市场；永靖县和永昌县旅游发展起步早，旅游发展条件较好，成就较大，但市场增长率变缓，属于“瘦狗市场”。因此，后发展县域需要及时转变观念，找出差距，顺应时代发展，积极赶超，努力创新，加快产业转型升级，获得高质量发展。

第八章 县域旅游发展的经验、问题、误区及对策

第一节　经验总结

在国内，栾川县、九寨沟县、阳朔县等县域旅游发展成就不凡，经验丰富，为后发展地区提供了借鉴。和先发展地区不同，甘肃作为后发展省区、文化旅游大省，县域旅游模式各异，积累的经验也值得总结，以期为其他旅游目的地发展提供参考。

一、榆中县——狠抓品牌塑形象，美誉度高优势强

榆中县，隶属兰州市管辖，和定西县、临洮县、皋兰县、白银县、靖远县、会宁县毗邻。是甘肃旅游发展较好的县域。榆中县之所以取得领先地位，根本原因在于品牌战略。其一，打造兴隆山品牌。利用兴隆山优美环境、历史积淀、位置优势、“陇上名胜”及“陇右第一名山”美誉优势打造旅游景区，重点推出兴隆山成吉思汗文物陈列馆，获得巨大成功，于2002年成为国家4A级旅游景区。目前，积极塑造“闲养度假胜地”形象，挖掘

生态文化、道教文化、历史文化和民俗文化，以兴隆山品牌助推发展全域旅游。其二，打造玉泉山品牌。开发利用民俗文化，形成国家3A级旅游景区，以特色吸引各方游客，扩大影响力。其三，打造青城古镇品牌。利用历史文化，在古镇旅游方面有所建树。总之，榆中县善于塑造品牌，在品牌理念、经营模式等方面有拿手好戏。

二、宕昌县——高位定位气魄大，首位产业第一县

宕昌县，隶属于陇南，近年县域旅游如火如荼。其成功原因在于对旅游业的准确认识和大胆定位。具体表现有三：其一，地位上大胆提升。在大部分县域将旅游业确定为支柱产业或者重要产业的背景下，高起点规划，高层次定位，大手笔谋划，将旅游业确定为三大经济支柱产业（旅游、中药材和劳务）的首位产业，在资本、政策方面显著倾斜。其二，对格局进行准确定位。在梳理全县资源的基础上，明确特色，主打绿色山水、红色文化、民族风情，以哈达铺、官鹅沟、三国古栈道支撑旅游大格局。其三，对趋势进行科学判断。积极优化结构，发展“全域旅游”，力求实现旅游景点的转型升级，使旅游竞争力大幅提升，先后荣获“中国最美养生休闲旅游名县、中国最美休闲度假旅游名县、中国最具魅力文化旅游名县、中国最美山水文化旅游名县”美誉。总之，宕昌县对旅游业高起点定位的理念、决心、魄力、举措都值得外界借鉴。

三、古浪县——该出手时就出手，机不可失势必随

古浪县，归武威市管辖。作为国家级贫困县，发展旅游的步子一直未停止，受资源少、人才不足、理念局限、资本制约，导致古浪县旅游发展长期滞后。但在21世纪初，古浪县旅游获得大发展，在甘肃乃至全国颇有影响。古浪县旅游发展成功的关键在于，时任旅游局副局长郑天书等领导认识到位，对国家政策敏感度强，果断出手，及时抓住了红色旅游大发展的机遇，结合国家政策，利用西路军历史资源，打造了红色旅游景区。如何获得机

遇，如何利用机遇，古浪县的做法为其他县域指明了方向。

四、永靖县——靠水吃水古来事，竞争优势是黄河

永靖县，隶属于临夏州管辖。俗话说，靠山吃山，靠水吃水，一方水土养育一方人。作为黄河岸边的县域，发展黄河旅游的优势可谓得天独厚。永靖县在刘家峡修建基础上，开展旅游接待；在炳灵寺对外开放的基础上，加大开发力度。近年来更是将黄河文化旅游推向深层，从“蓝色黄河”的形象塑造，到太极岛的打造保护，从国际旅游节的举办，到走出去联合建立黄河文化旅游联盟，每一个举措都反响强烈。永靖县将自身优势转化为竞争优势的做法值得其他县域学习。

五、两当县——伟人革命留伟业，后来居上唱大歌

在中国，红色旅游先发地是延安、西柏坡、井冈山，在甘肃，红色旅游先发地是会宁县、高台县。会宁县是红军三大主力会师之地，在中国革命史上占有一席之地；高台县是西路军最后一战之地，以悲壮载入史册。但两当县却后来居上，在红色旅游发展中大显身手。这里是习仲勋当年革命之地，留下的红色故事天下皆知。1932 年，在中国共产党和习仲勋等人领导下，这里发动了甘肃最早的一次武装起义，起义部队后来被改编为中国工农红军陕甘游击队第五支队。两当县于 2013 年编制了《两当红色旅游发展总体规划》，建成两当兵变纪念馆、两当兵变旧址、两当兵变遗址、太阳寺、东山红色革命纪念园，其中两当兵变旧址被纳入国家发改委、中宣部、国家旅游局等 14 部委联合发布的《全国红色旅游经典景区名录》，两当兵变纪念馆为国家 4A 级旅游景区、第四批全国爱国主义教育基地。这五大景点连接成线，初步具备“一核”（起义发生地和张家大院）、“一带”（县城重要街道）、“两园”（西山爱国主义教育公园和东山红色文化展示公园）格局，吸引游客不断前来，既传承了历史，又塑造了“红色两当”形象，优化了县域环境，还获得了实实在在的社会效益和经济效益。

六、舟曲县——灾难无情人有情，黑色旅游留记忆

舟曲县，隶属于甘南藏族自治州。作为民族地区，在中国民族旅游发展格局中，舟曲不以民族文化和民族风情展示见长，这里有过沉痛的记忆——一场特大泥石流导致多人遇难，一方有难，八方支援。灾后，甘肃和舟曲借鉴汶川模式，修建泥石流纪念馆，以图片、文字、数据、实物、影像、雕塑、浮雕、影视资料、电子沙盘等模式，展现了悲壮史实，游客数不断增多。目前，甘南州特大山洪泥石流地质灾害纪念公园被收入《全国红色旅游经典景区名录》。一个后发展县域，敢于学习借鉴，敢于创新，发展县域旅游的做法值得肯定。

七、西和县——专家呼吁有效应，政府响应找卖点

西和县，隶属于陇南。这里山清水秀，有独特的乞巧文化。但长期以来，乞巧文化仅为本地人所知，外界影响不大。在全国各地发展旅游的背景下，西和县何去何从，引起了著名学者、西北师范大学教授赵逵夫的思考。他对家乡发展格外关注。经过研究，他发出倡议，呼吁开发乞巧文化。一石激起千层浪，经他宣传推动，本地政府意识到位，社区积极支持，学术界有所关注，媒体纷纷宣传，乞巧文化被确定为国家级非物质文化遗产，西和县被誉为“中国乞巧文化之乡”。目前，西和规划建设国际乞巧文化生态博览园。西河县依靠学者挖掘和申报非遗取得成功的模式格外特殊。

八、临洮县——华夏文明新传承，景区内外来体验

临洮县，位于甘肃定西。传说中的貂蝉故里、马家窑遗址所在地，又被誉为“中国民间艺术之乡”“中华诗词之乡”“彩陶之乡”“文化县”。在甘肃建设华夏文明传承创新区大背景下，临洮县有所担当，投资落实战国秦长城保护、马家窑遗址保护、哥舒翰纪功碑修复、城隍庙改造、文庙修葺和博

物馆馆藏文物修复等项目，举办文化旅游节会，拍摄《临洮故事》《洮河纪事》等影视作品，编排歌剧《貂蝉》，影响力和旅游效益极大提升。在甘肃县域旅游发展模式中，临洮县以传承华夏文明引人注目。

九、武山县——体制改革有突破，谁说甘肃无创新

武山县，隶属于天水市。作为山水旅游发展见长之地，武山县近年积极创建国家全域旅游示范区。武山县在体制机制上大胆创新，提出了运营体制改革方案，决定成立旅游巡回法庭、公安旅游分局、工商旅游分局、旅游统计数据中心，以体制改革优化旅游资源配置。在各地体制机制建设说多做少、调子高步子空的背景下，这种开创性探索和实干精神难能可贵。

十、和政县——小镇旅游受青睐，协同战略不一般

和政县，隶属于临夏州管辖。近年，和政县对旅游业发展进行了新的定位和思考，决定在县域旅游经济增长极方面有所建树，以城镇建设实现旅游强县战略。新战略下，松鸣镇被确定为特色小镇，开发国际滑雪场、户外健身训练基地、松鸣岩景区、地质公园、民俗体验基地等项目，旅游开发、“花儿”文化遗产保护、城镇建设协调发展成就有目共睹。

十一、夏河县——一大节会隆重办，周边县域大串联

夏河县，隶属于甘南管辖。作为藏民族聚居区，夏河县在民族文化方面有很大成就。其关键之处在于，连续十几年坚持不懈举办香巴拉旅游文化艺术节，大力宣传，精心组织，细致策划，周密安排，同时和周边县域合作，串联了草原、寺院、村寨、街区，规模大，效应好，对合作县、临潭县等都有带动作用。在许多地区区域合作名存实亡的背景下，夏河县的做法和经验值得总结。

十二、泾川县——王母降生有传说，海峡两岸心连心

泾川县，隶属于平凉市，西王母降生发祥地、全国最早最大的西王母祖庙所在地。开发利用的举措包括：利用《山海经·大荒西经》描述的远古部落穴居记载，开发窑洞民居，挖掘黄土民俗文化；联合企业界、文化界，举办多届西王母文化学术研讨会、华夏母亲节，确立了泾川华夏女性文化传承保护地地位；打造王母宫景区，于 2010 年成为国家 4A 级旅游景区，“中华西王母祖祠”“国际西王母文化研究基地”“海峡两岸交流基地”；维修王母宫大殿；泾川“最古老西王母”被世界纪录协会认证列入世界纪录。

十三、康县——美丽乡村有魅力，山水画廊客陶醉

康县，隶属于陇南，为国家贫困县和甘肃 58 个特困片区之一。近年，康县转变思路，利用环境发展旅游，青山绿水成了金山银山，美丽乡村建设带动了旅游产业，田园风光、乡村历史、生态风情成为卖点，农民收入增加，游客乐趣提高，客流数量暴涨，农村面貌大变化。数据显示，2017 年接待游客数量达到了 212.4 万人次，旅游综合收入达 11.01 亿元，同比增长 34.3%。旅游扶贫的美丽乡村康县模式在甘肃属于亮点。

十四、成县——遗产利用堪大胆，文化韵味吐芳香

成县，归陇南市管辖。本地自然风光秀美，有“陇上江南”之美誉，但县域旅游发展却以文化见长，尤其是遗产利用走在甘肃前列。成县西 13 公里处保存有摩崖石刻群，1980 年被列为省级文物保护单位。政府对此极为重视，积极规划，合理开发旅游资源，邀请专家团队编制了发展规划，通过项目实施，成为国家 4A 级旅游景区。这些举措既保护了遭到破坏的遗产，又拉动了县域经济，遗产保护和旅游互动模式非常成功。

第二节 问题诊断

一、旅游地位——吹得高，搞得低

整体看，国内外旅游业地位在不断提高，现已发展成为战略产业、支柱产业、先导产业，有的地方甚至将其作为首位产业。同时旅游宣传力度不断强化，旅游招商引资工作重要性得到提高，但实践效果不尽如人意，许多县域名不副实，和居民期望存在差距，和官方期待有所距离，和游客期盼有所差别，无论是景点景区建设，还是服务、商品，都难以让人满意。

二、产业实力——规划强，实践弱

各个县域都在编制旅游规划，从发展规划、总体规划、控制性规划到乡村旅游专项规划，从上到下，积极支持，提供资料，参与论证，但实施效果不佳，有的停留在纸面上，有的雷声大雨点小，有的和实际不相符，甚至不得不修编规划，规划的作用有限。

三、旅游形象——偏爱同，好大美

各地都想塑造特色形象，都想在客源市场独树一帜，但整体看，“魅力”“大美”两个词汇重复率太高，如“大美青海”的口号推出后，各地借用套用，甘肃许多县域莫不如此，如“大美甘肃文县周家坝——候鸟的乐园”、庄浪“生态梯田·大美关山”“大美榆中、希望之城”“大美环县”，结果是各地雷同，失去了个性。

四、旅游研究——多缺位，坐实难

学术研究应该为实践提供支持，但现实情况是学术研究和产业开发联系不紧密，有的背道而驰，有的互相矛盾。具体原因是：政府有自己的考虑，学者有自己的主张，有个性的学者往往对政府观点、做法不太认同；政府对学术研究的重要性认识不足；地方研究型人才稀缺，研究成果无法推出；学者大多忙于学术研究，与实践联系不足。

五、旅游合作——会上热，会后散

区域合作开发旅游的重要性不言而喻，但具体效果不好。大多数县域认识不到位，各干各的，害怕客源被别人拉走，害怕自己生意被抢走；很多地方会议声势浩大，记者拍照写稿，媒体出动宣传，旅行社参与踩线，但落实不足，创新较少，可持续性不强，会议结束往往也意味着旅游合作正式结束。

六、旅游产品——小虾跑，大龙少

所有县域都在开发景点景区，都在实施旅游项目，有“县县点火、处处冒烟”态势，探索发展之路的精神值得肯定，但打造出来的高级别景区少之又少，拿得出手的产品寥寥无几，结果是旅游项目大面积铺开但质量不优，市场认可者不多。

七、旅游资源——名头多，转换少

提起旅游资源，所有县域都有自己的说法，都有自己的特色，都有自己的地域文化，但文化是文化，资源是资源，产品是产品，文化资源产品转化率很低，有的原始粗放，有的毫无新意，有创意者不多。

第三节　误区分析

一、我们是穷县，没钱搞旅游

有的县域没有高级别景区，没有好的宣传举措，有的甚至没有编制规划，人员培训、出外考察、项目投资则更差。究其原因，在于观念问题，借口是我们经济不发达，我们是穷县，我们没有资本，我们财政不足。殊不知真正缺少的是人才和观念；很多地方经济也不发达，但思路清晰，措施到位，热衷于发展旅游，旅游产业逐渐兴起，搞得红红火火，搞得热热闹闹。其实，旅游项目建设不一定非要自己掏钱，招商引资是最好的出路，有了好的项目，有了好的环境，有了好的政策，开发商自然会主动前来。

二、我们没资源，发展旅游难

旅游资源是开发旅游的基础，有好的资源，开发难度会降低，投入成本会减少，开发效果会更好，但资源本身具有很宽泛的内涵，气候、天气、政策都是资源，何况中国旅游发展阶段已经超越旅游资源依赖和资源驱动阶段，关键在于如何利用各类资源。有的时候，旅游资源甚至可以复制、移植、创造。其实，最关键的还是人才资源，事在人为。

三、我们很偏僻，游客不会来

地处繁华地带自然人气就旺，但偏僻之地也有自己的优势。由于偏僻，人们保持初心，善良，热情，真实，实在，游客可以获得最好的服务；由于偏僻，大规模开发尚未展开，原始生态得以保留，游客可以获得新体验。但一些地方往往认为自己位置偏僻，认识不到自身的潜力和价值。可谓身在福中不知福。

四、我们地方小，客流难吸引

一些人认为只有大都市、大城镇才可以留住客人，才可以吸引客人，其实小地方有小地方的好处，小巧玲珑，小鸟依人，船小好掉头，等等，都是小带来的好处。只要从小处入手，关注细节，开发特色项目，就可以把小做大。

五、我们要大干，小闹没意思

一些人喜欢大规模、大项目、大运作、大动静，动不动就要上马几亿元的项目，动不动就宣称要建设几个大型景点景区，动不动就宣称要有大思维、大手笔、大举措来建设大产业，口号喊得震天响，宏伟蓝图、雄心壮志固然值得认可，但可行性值得商榷。其实，大干特干固然重要，但实干苦干巧干更有价值。俗话说，万丈高楼平地起，大，也是慢慢形成的，只有从小开始，积累能量，才可以由小变大，从量变到质变。一口吃个胖子，往往有点不现实，有时还会由于冒进导致项目失误或失败。

六、我们要宣传，不吹客不知

许多地方对旅游宣传非常看重，认为营销时代不营销就意味着落伍，就意味着没有跟上潮流。其实，“金杯银杯不如口碑”，口碑是最好的宣传，关键是要踏实做好开发工作，把景点景区建设好，把基础设施建设好，把服务做好。“酒香不怕巷子深”，“家有梧桐树，引得凤凰来”。实事求是，做实工作，夯实基础，真抓实干，比不合实际的营销和宣传更有效果。

七、我们要工业，旅游效应弱

现实中，发展工业的好处很多，可以大幅度增加财政，可以吸纳劳动力就业，但现在是后工业社会，工业社会向信息社会、休闲社会转变的趋势非常明显，我们没有理由不发展旅游。然而有的县域依旧偏爱工业项目，喜欢建设大工业园区。对国家发展和政策转变不了解，对产业态势走向不明了，对旅游业的生态效益有所小看。

八、我们要稳定，旅游可以缓

社会稳定、长治久安是国民之福。在社会变革和转型时期，社会矛盾趋于复杂，维护社会稳定关系国计民生。在特殊阶段和特殊地区，大力开展维稳是应有任务，但一些人却以此为借口，拒绝发展旅游，或者认为旅游业可以发展也可以不发展，稳定才是关键。应及时转变不正确的维稳思路和模式，克服非理性化、短期化做法，基于旅游视角缓解和化解社会矛盾，形成维稳新模式、新路径，这值得尝试，值得探索。

九、我们要景点，产业链不知

许多县域青睐于上项目、建景区，认为如果拥有几个国家4A级旅游景区就可以吸引游客，就可以搞活县域旅游。殊不知，单纯景区建设未必可以带来大的发展，人多不消费，人多不停留，照样白搭。国外有个景区，在一个很小的村镇上，规模不大，就是一个很小的监狱，许多好奇者前来观看，村镇趁机修建了咖啡厅、图书馆、加油站、饭店，开展接待；来来往往的人很多，村镇居民收入大幅度增加，完全依靠这个监狱活着。因此，如何延长产业链、消费链、价值链，让游客多停留，才可以带来好的经济效益，才可以成为真正的旅游目的地。

十、我们没专家，外地和尚好

一些县域在规划编制中，喜欢眼光对外，喜欢邀请外地的规划团队或者公司编制规划，“外地的和尚会念经”，说的直接点，就是本土无专家、无人才。其实，发达地区旅游业发展促进了学术研究的繁荣发展，这是事实，不可否认，但规划编制离不开本地人的参与，就是外地很有名的大牌专家也需要走访调研，了解民情，这样的项目才接地气，否则就是好高骛远，就是走过场。不是本地无人才，关键是看你识得不识得人才、会用不会用人才。

第四节　对策建议

一、基本思路、原则和战略

1. 思路

以新时期中国特色社会主义思想为指导，坚持科学发展，以文化资源为依托，以创新创意创造为动力，转变观念，解放思想，改革旅游管理体制，以项目化运作、投资驱动、创新拉动模式，活化文化资源，形成旅游和遗产保护传承开发利用融合机制，把旅游打造为县域发展的战略产业、带动产业、民生产业，实现富民强县，助力中国崛起。

2. 原则

一是因地因时因人制宜原则。站在什么山上唱什么歌。要结合实际情况，具体对待，实事求是，不一刀切，不可机械套用照搬其他地方模式。

二是效益至上原则。新时期，人们旅游的根本目的是追求更加美好的生活，因此一切都要以美好为落脚点，经济收入要好，生态环境要好，社会风气要好，文化传承要好，切不可搞花架子。

三是问题导向原则。存在什么问题，就直面什么问题，就集中解决什么问题。问题解决了，发展就有了。问题不解决，再好的设想也还是空想。

四是有所为有所不为原则。该干什么，不该干什么，哪些首先要干，哪些后来再干，要自己清楚，不可漫无目的，不可没有规划，也不可全面铺开，四面出击，什么都干。干好拿手的，补上不好的，才是最好的。

3. 战略

一是品牌战略。全力塑造品牌、创新品牌，以品牌制胜，而不是零敲碎打，在激烈的市场竞争中要以品牌、美誉、口碑获得市场认可。

二是市场战略。面向市场搞开发，关注市场需求，考虑市场变化，把握市场趋势，顺应市场走向，市场需要什么，我们就推出什么，市场有啥偏好，我们就按需而动。

三是协作战略。“一个好汉三个帮”。需要改变理念，要走出去，寻求抱团发展伙伴，搭建合作联盟。和高校合作，利用高校人才密集优势，实施“拿来主义”，弥补自己的智慧不足；和外地开发商合作，弥补自己的资本不足；和高级别景区合作，弥补自己的客源和知名度不足。

二、基本对策

1. 培人

经济学认为，土地、劳动、资本、科技是最主要的生产要素。但一切要素配置都要依赖于人。以人为本，人才是第一资源。离开了人，县域旅游将成为无本之木、无源之水。因此，需要树立“以人为本”的观念，看重人才，看重居民，看重游客，看重服务者、管理者素养的提高。具体实践中，要加强对现有旅游从业人员的培训，整体提高其服务技能；要对现有管理人员尤其是决策型领导干部进行系统培训，提高其思想认识、理念和理论水平，使其具备超前思维、创新意识、全局观念，避免决策滞后、决策失误；要对现有文化遗产传承人才进行培训，扩大其影响力；做好外部人才利用，该引进的引进，该聘用的聘用。人才队伍和人才资源高地形成了，旅游产业高地也就形成了。当然，旅游人才的培养、引进和科学使用离不开决策者的智慧，必须认识到人才队伍的价值和重要性，要舍得投入，敢于创新，否则人才资源的闲置、不足、结构不优等问题将难以得到有效解决，县域旅游也将由于无人才支撑而失去后劲，从而难有突破。

2. 宣传

在欠发达地区，人们往往忽视对自我的营销，往往认为自己没有什么成就。信息经济学认为资源配置和优化过程中价格等信息具有极其重要的作用，“信息不对称”（交易双方中一方的信息不为另一方掌握）影响市场配置资源的效率。不过，和传统的信息不对称不同的是，以往存在的问题是买者无法掌握足够多的卖者信息，往往吃亏上当，而旅游开发中存在的问题则多是市场上信息五花八门，买者或消费者选择空间增多，卖者若不具有信息优势就难以被消费者认知或青睐。有研究表明：熟悉旅游目的地的信息对旅游目的地游客满意度具有显著的正向影响力。因此，通过旅游营销使得买者拥有较多的信息，有助于消除市场交易中存在的“信息不对称现象”，防止出现“逆向选择”问题。信息社会背景下的营销势在必行：大干苦干也要善干，实干不如巧干，要学会营销自己，也需要利用各类机会和平台宣传自己的资源，宣传自己的特色，宣传自己的产品。何况，不发达地区也有自己的“发达之处”“长处”“绝处”“精彩之处”“卓越之处”“叫人惊叹之处”。营销推广的时候要胆子大，底气足，嗓门高，手段多（如“大篷车模式”“教育基地模式”“媒体广告模式”“社区营销模式”等）。县域旅游中，扩大信息对外披露量，完善信息披露制度和机制，提高信息资源配置利用的效率，做到“干在实处、说在妙处”，提高旅游目的地或景区知名度和影响力的确是个大学问、大课题。

3. 强基

基础不牢，地动山摇。基础设施搞好了，客流自然会来。道路不通，信息不畅，住宿的地方没有，吃饭的场所不够，游客的评价不会很好。一些县域或开发商对基础设施非常重视，景区可进入性好，内部环境优雅，信息畅通无阻，游客纷至沓来。新时期，县域旅游中最关键的基础设施问题是停车问题、厕所问题、休闲场所设施问题、环境问题，把握自驾旅游、大众旅游发展机遇，建设自驾车领地、停车场，开发智慧旅游，开展生态整治，提供宾馆、演艺馆、博物馆、购物街等接待设施和休闲场所，优化、美化和净化旅游环境。

4. 善变

要结合局势变化，及时甚至提前改变战略、策略，以万变应付万变。理念要变，不可保守；形象要变，不可老气横秋；产品要变，不可只有观光的山水和建筑。僵化不变的后果就是游客会改变旅游目的地，选择去其他地区旅游消费。因为别人善变、大变，比你变得精彩，比你有感召力和吸引力，游客去后会有更好的体验性、新鲜感、刺激度和享受指数。说到底，追求新奇特就是人类的天性。

5. 多融

要融合发展、跨界发展、协同发展。和其他产业比较，旅游业最大的特点是可以与众多产业和经济社会文化现象联系在一起，产业关联度高。全域旅游背景下，旅游开发也必须和遗产保护、农业、体育、科技、商业、政治、外交、网络、科技、教育、城镇化建设、人口流动、乡村振兴、创新创业、扶贫脱贫等融合发展，形成优化融合机制，使原本互不相干的领域交叉融通，深度融合，从而拓宽空间，扩展渠道，形成新兴产品、新型业态，获得双赢乃至多赢。

6. 塑形

感知形象具有对外传播性，会对游客选择旅游目的地产生重要影响。尽管网络信息技术不断发展，游客掌握的旅游信息不断增多，但游客不具备“火眼金睛”，不可能对旅游服务品质一眼看穿，大多数游客第一眼看到的旅游目的地形象会直接影响他对旅游业的评价，心理学上叫作“先入为主”。因此，需要立足县域人脉、地脉、文脉、史脉，基于游客视角，挖掘自然景观，突出文化要素，强化景区管理，展示发展水平，发现游客期待点，塑造具有个性、符合县域实情、感召力强的旅游形象，提出好的旅游宣传口号，积极对外推介，打动游客的心；切不可不符合实际地模仿、照搬、套用外地形象，或者千面一律，失去旅游形象对客源市场该有的巨大吸引力。凸显服务特色，塑造政府公职人员形象，塑造社区居民形象，显示出该有的热情，表现出该有的周到耐心，积少成多，树立积极感知形象，消除欺客宰客、漫骂游客、强制消费、低质服务、黄赌毒、脏乱差、名不副实等现象对旅游形象的影响，消除消极感知形象，以形象制胜。特别需要指出的是，风险社会和信息社会背景下，县域旅游形象塑造营销要完善预警机制，要特别关注突发事件造成的网络负面舆情影响，一旦出现突发事件，要果断启动预案，防止形象受到损害，及时化解危机，维护和提升旅游形象美好性。

7. 优质

在旅游接待量不断增加和需求不断扩张背景下，提升旅游服务质量压力随之增大。县域旅游发展需从提升旅游服务和软环境竞争力视角下，基于设施完善性、旅游安全性、休闲舒适性、出游便捷性、项目刺激性、游玩愉悦性、服务特色性、文化体验性、接待规范性等方面构建指标体系，开展深入调研和综合测评，诊断问题，并以此为依据，狠下功夫，找准短点、短板，发现购物、娱乐、景点、交通、秩序服务等方面的影响要素和制约瓶颈，改变服务理念，改变服务态度，优化服务举措，提升服务质量，凸显服务特色，挖掘人文内涵，多方面考虑，为顾客着想，针对不同出游者人口社会学特征和消费需求，抓准目标客户，特殊需求特殊对待，特殊要求特殊对待，特殊问题特殊处理，既有原则性又有灵活性，绝不拖延，绝不敷衍，保障服务质量得到提升，服务质量上去了，游客的评价指数自然就高了，“口碑”就来了，良性循环机制就形成了。

第九章

永靖县黄河文化旅游模式

第一节　创业艰难有硕果——历程回顾

一、初创阶段——一峡一寺中华知，观光考察客如流

永靖县的旅游发展和刘家峡修建以及炳灵寺的开发有关系。为保障社会主义建设的电力能源供给，国家决定在甘肃永靖县修建刘家峡水电站。由于地处黄河上游，河水流经高原峡谷地带，沿途景色秀美，水电站极具旅游价值，带动了永靖县旅游的发展。永靖县由此被称为“中国水电之乡”。

居民访谈记录

访谈对象：L（男，作者本村长辈，70多岁）

我们就是当年修建刘家峡水库的那一批人，当年大家干劲很大。胡锦涛在那里工作过，当时他是专业技术人员，非常敬业，群众基础很好。现在刘家峡发展旅游了，我很想再去看看，不知道现在变得怎么样了。

此阶段，炳灵寺石窟的旅游利用开发开始起步。炳灵寺位于刘家峡库区上游，在古代地处古丝绸之路南去吐蕃必经之地，属于商业贸易和文化交流

以及宗教传播要地。炳灵寺为藏语，本意为“十万佛”。唐代称为灵岩寺，明正德十二年（公元 1517）该石窟也被称为“唐述窟”“龙兴寺”“灵岩寺”。一般认为，其修建开凿于十六国西秦时期，依据是：第 169 窟佛龛之侧有造像题记，字数大约 500 字，结尾处明确题写：“建弘元年（公元 420 年）岁在玄枵三月廿四日造”，距今有 1600 多年的历史。也有学者认为，晋代时期炳灵寺就已经开凿，根据是《法苑珠林》曰：“有石门滨于河上，镌文曰：晋泰始年之所立也。”晋泰始年就是公元 256 年。石窟分别为上寺、洞沟、下寺三处，集中分布在大寺沟两岸。唐代，由于吐蕃政权日益强大，加之“安史之乱”等因素的影响，吐蕃对陇右、河西及西域占领区进行治理和管辖，炳灵寺地区佛教寺院与洞窟风格发生变化。元明清时期，统治阶层为了维护统治秩序，积极扶持和支持藏传佛教，使其得到推广传播，炳灵寺佛教建筑艺术得到发展。清代后期，国家衰落，政府对藏传佛教和西藏地方政权加强了监管，炳灵寺宗教文化传播和艺术逐渐趋于衰败。20 世纪 60 年代，因修建刘家峡水库，石窟保护工作受到影响。但也就是在这样的背景下，1961 年，炳灵寺被国务院确定为第一批全国重点文物保护单位。20 世纪 70 年代以后，伴随国家政治局势变化，石窟保护工作受到重视，石雕像、浮雕佛塔和壁画艺术价值被世人认可。炳灵寺石窟由于内容丰富、题材多样、艺术精湛，被誉为“中国石窟的百科全书”。图 9－1 所示为炳灵寺石窟佛像。

图 9－1　炳灵寺石窟佛像

“前人栽树，后人乘凉”。刘家峡水电站的修建和炳灵寺的发掘，为改革开放以后县域文化旅游产业化发展奠定了基础。1984 年，刘家峡旅游公司成立，国家和地方政府投资增多，支持政策逐渐出台，拉开了大规模旅游发展的序幕。

专家访谈记录

访谈对象：丁得天（兰州大学博士、敦煌研究院科研人员）

问：炳灵寺石窟和莫高窟比较，文化地位和旅游价值主要在哪里？

答：两者都很重要，都是古丝绸之路上知名的文化遗产，在中国尤其是西北文化研究中地位显著，但两者又有区别。莫高窟修建不断代，炳灵寺则出现了断代现象。主要原因有两个，一是陷入战乱，被少数民族政权占领，后来伊斯兰教又在这里传播。但炳灵寺石窟的地位很高，有莫高窟不具备的地方。原来学术界有一类认知，认为石窟的修建年代最早在北魏或者之前，但具体是何时没有证据，大家都是依据风格等猜测、想象。但炳灵寺石窟第 169 窟被发现，大家一下意识到原来的观点和看法与事实不符。为何这样说呢？第 169 窟佛龛之侧有“建弘元年岁在玄枵三月廿四日造”题记（见图 9-2），也就是明确记载：公元 420 年，这里就修建了石窟、佛像。这是中国石窟纪年题记最早者。当时的政权叫作“西秦”，都城在今天的西宁附近。这个价值了不得呀。同时，世人也第一次了解了当时的汉字。第 169 窟不是人工凿开的，而是天然形成的，高约 15 米，宽 26.75，深 19 米，工匠因地制宜，修墙造像。后来，西秦灭亡，北凉灭亡，石窟修建的“凉州模式”转换成为了北魏“平城模式”，出现了山西云冈石窟、河南龙门三洞、巩义石窟等。所以说，这个佛龛题记确立了石窟修建的准确年代，也为研究炳灵寺石窟和山西、河南等地石窟的时空发展演变提供了有力的材料支持。

炳灵寺的另外一个价值就是唐代佛教在这里传播，宗教兴盛。武则天时期，这里就是宗教圣地。她到处修建寺院、佛像，甘肃许多县都有。

图 9－2　炳灵寺第 169 窟佛龛题记（图片来自范宏伟论文，作者有剪辑）

二、发展阶段——景点建设有序推出，旅游发展效果明显

旅游合作方面，永靖县和兰州市、青海省等合作发展机制逐步形成。其中，2010 年为拓展青海客源市场，永靖县旅游局举行旅游推介座谈会，邀请 20 多家旅行社和媒体参加，对三峡旅游产品进行宣传，并制定的客流引进奖励机制。2013 年，永靖县参加银川举办的西北风情旅游联合会，和其他 22 个会员城市建立了合作关系，形成旅游发展新合力。2016 年，永靖县联合日本 RKB 电视台对黄河水电博览园、炳灵湖、炳灵寺石窟等进行宣传拍摄。2017 年，沿黄主要旅游区在陕西达成合作意愿，互相交流，展示各自旅游成绩和亮点，搭建了合作机制。其中，从沿黄河 9 省区 13 个不同地段采集的水样亮相首届中国黄河旅游大会，最终融入韩城市国家文史公园司马湖，受到媒体关注。各地经验和做法为永靖县黄河文化旅游提供了借鉴。

作者访谈记录

访谈对象：陈忠义（永靖县旅游局局长）

问：这次举办的中国黄河旅游大会比较成功，对外影响较好。可否说说？

答：感受很大。这次活动很好地宣传了我们永靖县旅游，产生了很好的宣传效果，内外部的评价也很高。

问：具体说说大会前后的细节和过程，说说媒体上没有报道也无法报道的“内部消息”。

答：这个活动由黄河协作区秘书处具体负责，他们向沿线地区以及城市发出邀请。我们收到邀请后，比较重视，向县上提出了申请，县上研究后，批准派2个人参会。我们做了扎实的准备工作。活动中给我们留下深刻印象的事情有很多，大的方面有几个：一是议程设计好，参加的13个地方都取了所在地的黄河水，最后汇集在韩城市国家文史公园。这个创意很新奇，很新颖。二是参加的项目有特色。例如，青海玉树带来了民族服装表演，演出效果很好。三是韩城的旅游项目有特色。例如，他们的文化挖掘营销做得比较好，很到位。他们围绕三顿饭做了一台演出，利用民俗做了这个节目，演出时间大约一个半小时。这个演出不在国家文史公园，专门修建了小剧院。我们刘家峡也有表演项目，但是投影，他们是舞台剧演出，有区别。我们一直想开展这样的演出项目，但没有钱，没有找到结合点，以后我们也要开展这样的演出。

招商引资方面，策划大项目，积极出台政策，多方联系投资客商，围绕文化旅游签订了一些项目。例如，2016年，黄河三峡养老产业园项目、刘家峡红色文化生态旅游博览园建设项目、黄河三峡欢乐世界建设项目、刘家峡惠安生态农庄建设项目等成功签约，其中，黄河三峡养老产业园项目总投资30亿元；刘家峡红色文化生态旅游博览园总投资20亿元；黄河三峡欢乐世界建设项目总投资20亿元，建设的水上游乐中心、游乐城、主题公园等景点景区一旦打造成功，将成为新的卖点，吸引旅游者前来消费。

文化遗产保护方面，在石窟文化、民俗文化保护方面做了大量工作。其中，1999年，甘肃炳灵寺文物保护研究所规划修建了卧佛寺，使大卧佛成为整体；2014年，甘肃炳灵寺文物保护研究所搜集整理了岩洞内发现的佛经纸张残片；2014年，炳灵寺石窟作为遗址点，成功列入中国、哈萨克斯坦和吉尔吉斯斯坦三国联合申遗的“丝绸之路：长安—天山廊道的路网”中的《世界遗产名录》。中国傩文化国内知名，永靖县被授予“中国傩文化之乡”称号，《甘肃永靖傩舞戏》《河湟鼓舞》等书籍和音像制品出版；傩文化还走出甘肃，于2016年编排了反映一千多年前西域胡人经丝绸之路进入华夏大地的傩舞戏《三胡人》，并应邀参加湖南省新化县举办的“中国湖南新化傩文化国际学术研讨会”，获得好评，被《中国少数民族戏剧通史》载录。为了集中展示傩文化，永靖县在杨塔乡杨塔村修建了傩文化展览室，通过文字、图片、实物、场景、视频等形式，向参观者展示了“傩舞戏”的发展历程，结束了永靖县长期以来“看傩进庙”“有遗无馆”的旅游发展窘境。最近，有消息报道称，炳灵寺内发现一些文书，这对开展当地历史文化研究很有价值，也有助于扩展旅游领域，提升石窟旅游价值。

专家访谈记录

访谈对象：丁得天（兰州大学博士、敦煌研究院科研人员）

“炳灵寺原来归属于甘肃省文物考古研究所，现在归属于敦煌研究院，这是个了不起的变化。炳灵寺一下子与敦煌有了关系，在知名度、文化归属感上不一样了。敦煌研究院依靠的是专家，敦煌的旅游开发和保护也靠专家，现在炳灵寺也一样了，专家要介入，思路、理念、方法、效果都不一样了。我们就是要抱团取暖，在文化遗产保护和旅游发展方面进一步合作。”

作者学术考察笔记

第一次学术调查期间，永靖县张副县长特邀西安某文化企业负责人前来洽谈，就永靖县傩舞如何搬上舞台进行磋商。该负责人表示，甘肃的敦煌和嘉峪关他们都有合作意向，拟打造全新版《大梦敦煌》和《金戈铁马》，并以虚拟形式展示，这将节约大量的经费。座谈期间，大家信心十足，充满期待。我也祝愿傩舞早日出现在游客面前，一展其神秘面容。

专家访谈记录

访谈对象：贾小军（河西学院教授、复旦大学博士后、甘肃“飞天学者”）

问：谈谈你几次去刘家峡进行科考的情况。

答：前前后后去过几次，专门开展丝绸之路遗址遗迹和李氏文化研究。最近一次是2017年8月，我先去了水库，然后又去了当年修建浮桥的地方考察交通沿革。在历史上，原来刘家峡去炳灵寺没有桥，只有船可以过去，后来修建了浮桥，因此这里在黄河上游的地位非常重要。

问：还去过其他地方吗？

答：去了炳灵寺。但这次感觉有点意外，原来的时候，游客很多，这次感觉有点稀少。不知道原因。但整体感觉很好。尤其是导游，解说得非常好，她是永靖县本地人，熟悉本地历史和民俗，热情大方，还能唱歌，演唱了“花儿”。尽管炳灵寺和莫高窟无法相比，但这里有很好的自然景观和历史，黄河水面很宽，在西北来说，比较少见，有很大的开发空间。

此外，永靖县“Ⅷ－35 生铁冶铸技艺”（王氏生铁铸造技艺）和“Ⅷ－241 古建筑修复技艺”（白塔木雕技艺）也成功入选第四批国家级非物质文化遗产代表性项目名录。

景点景区建设方面，先后推出“刘家峡恐龙国家地质公园”、黄河水电博览园、炳灵石林、太极岛等景点，并对传统景点景区进行改造提升。见图9－3至图9－10。

图9－3　黄河水电博览园园内环境

图9－4　黄河水电博览园主体标志性建筑

图 9-5　刘家峡修建场景模拟

图 9-6　黄河水电博览园内部场景

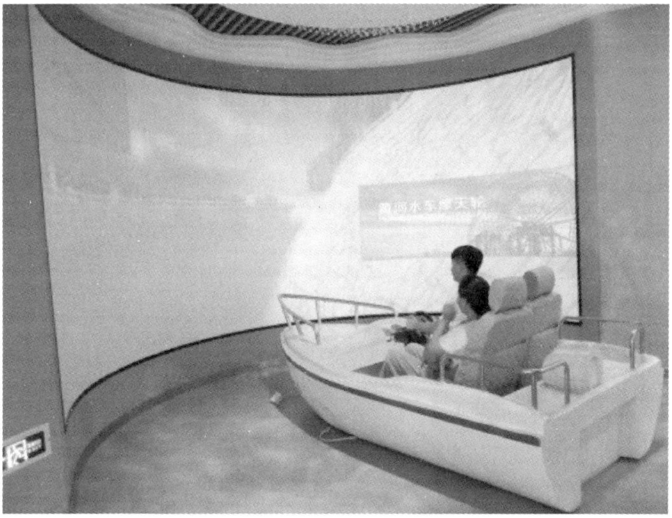

图 9－7　黄河水电博览园内体验项目

图 9－8　黄河水电博览园内雕塑

图 9-9　黄河水电博览园内民俗展示

图 9-10　黄河水电博览园大厅内黄河图景

作者学术考察笔记

2017 年夏季，我前后两次前往永靖县考察，对其黄河文化旅游有了深入的了解，其中黄河水电博览园给我留下了深刻的印象。

在县政协李主席的带领下，一行人进入景区。第一感觉是环境幽雅，干净，山上绿树遍布，排列有序，给人舒适之感。主体建筑大门设计新颖别致，极像古代钱币模型，可谓匠心独具。内部展馆规模较大，设计合理。集中展示了古代黄河水患、历代治水成就，也展示了永靖县刘家峡水电站的建设过程。表现手法多样，有绘画、雕塑、实物等，给人强烈刺激。

最后，观看了虚拟电影，集中展示了黄河流经地区特色景观，一路“走”来，既了解了黄河沿岸的地理历史，也增加了旅游刺激度，感觉不错。太空蔬菜展示见图 9－11，太空葫芦展示见图 9－12。

图 9－11　太空蔬菜展示

图 9－12　太空葫芦展示

游客访谈记录

访谈对象：L（兰州财经大学文化产业管理专业本科生）

问：你去了刘家峡哪些景点？感受如何？

答：我们是五一期间去的刘家峡。第一个感觉火爆。刘家峡地方虽然不大，但是景点内外游客络绎不绝，尤其是炳灵寺石窟，虽然很远，没有直达车，但是去的人很多，外国游客也很多。我们是在汽车站附近包的车，两个多小时就到了。我们去了以后酒店都满了，差点没地方住。第二个感觉是环境很好，我们去了世纪公园，这个景点是免费的，郁金香花正好开了，所以人很多。此外，体验了一把摘草莓的乐趣，还去了太极岛，一路上有很多农家乐。

旅游节会方面，多次举办各类节庆活动。主要有第七届敦煌行·丝绸之路国际旅游节、中秋红枣节、临夏·永靖黄河三峡休闲旅游节、亚洲国际超级模特大赛西北选拔赛、黄河三峡草莓采摘节、吧咪山登山节、蓝色黄河·梦幻三湾炳灵湖油葵花海户外狂欢节、"欣瑞杯"黄河三峡啤酒节、黄河三峡花儿节、"黄河三峡杯"休闲垂钓比赛、赏荷节、"黄河杯"游泳大赛、美食节、滑冰节等。这些节会既提高了旅游知名度，也增长了旅游收入，尤其是第七届敦煌行·丝绸之路国际旅游节，节会效应非常显著，主要项目包括政务会见、推介之夜（省委、省政府招待晚宴）、"魅力黄河·多彩临夏"游览黄河夜景、开幕式暨丝绸之路国际旅行商大会、观看水上旅游项目、丝绸之路旅游产品展览会开展仪式、永靖黄河三峡炳灵寺石窟考察踩线、"精品丝路"旅游推介联谊会、丝绸之路甘肃黄金段旅游考察踩线，内容丰富，充分展示了本地区旅游资源、旅游产品和旅游特产，短短几天交易额达几千万元。

作者访谈记录

访谈对象：孔令俊（永靖县旅游局工作人员）

问：你们县上举办的节会活动很多，可否具体说一说？

答：我们永靖县举办的旅游活动确实很多。我先说一些重要的吧。春季的时候，我们在新区举办了迎新春活动。接下来就是采摘节、三湾炳灵湖油葵花海户外狂欢节、丝绸之路国际旅游节、黄河音乐节等。节会的增多，增加了客源，也扩大了名气。

问：听说丝路国际旅游节举办得很好。外界如何评价？

答：评价的确很高。州委书记杨元忠用了“六个满意”（国家旅游局满意，省委、省政府满意，世界旅游组织满意，亚太旅游协会满意，州委、州政府满意、广大游客和永靖的老百姓满意）对节会活动给予了高度评价，这是对我们工作的最大褒奖。以前丝路国际旅游节是在地州市举办，在一个县上举办从来没有过，但是我们县不但破天荒地接受了这个艰巨的任务，而且活动比较圆满。我们这里环境好，景点景区建设好，气候好，服务好，外界评价自然不低。

问：你们的采摘活动现状如何？

答：其实采摘是我们刘家峡的一个特色活动。周边县基本不具备这样的条件，也无法和我们竞争。我们的采摘活动主要有草莓采摘、苹果采摘、大枣采摘。最近有的乡村还策划举办花椒采摘。通过采摘活动吸引游客，同时把我们的特色农产品销售出去。这也是旅游＋农业的发展模式。现在不是讲究融合发展嘛。

作者访谈记录

访谈对象：陈忠义（永靖县旅游局局长）

问：请您再谈谈丝绸之路国际旅游节的具体信息。

答：会议非常成功。我具体说一些媒体没有报道的信息吧。甘肃给外界的印象就是戈壁沙漠很多的地方。来到永靖县以后，大家都没有想到会有这样好的风景和环境，没有想到这里是陇上江南，有江南水乡一样的资源。这个和我们的宣传有关系，由于受经费制约，这些年我们关注的是短线客源市场，对沿海地区、发达地区这些长线客源市场关注不够，导致外界对永靖县的知晓率不高。实际上，来的客人都说这里太美了。

问：当时申报的时候，竞争激烈不？

答：原来这个节会的举办地都是大中城市。这次也有几个城市申报了，竞争比较激烈，但最后我们成功了。节会的目的就是要打造绚丽甘肃、多彩甘肃，基于这个角度，我们比较合适。

旅游营销方面，善于利用机会和资源开展旅游营销。如 2016 年在兰州举办推介会，永靖本土词作者山河、曲作者孔德云联袂创作，由陈思思演唱的《美丽的黄河等你来》受到各界关注；开展公共关系营销，邀请全国知名作家、文学爱好者60多人进行采风活动，举办黄河三峡行活动座谈会，提升了旅游知名度；设计旅游形象符号，用于旅游推广，2017年1月15日至3月15日面向国内外征集旅游吉祥物和形象标志，最终确定旅游吉祥物为小鲤鱼“跳跳”（甘肃艺百文化科技有限公司设计），“太极龙”（重庆钱勇设计）为形象标志。见图9－13和图9－14。永靖县还特别重视利用官方网站开展营销，在县政府网站上宣传本地历史和文化，网站设计精美，内容新颖别致。

图9－13　黄河三峡旅游吉祥物小鲤鱼“跳跳”

图9－14　黄河三峡形象标志“太极龙”

旅游规划方面，先后邀请或通过招标形式就景区景点旅游、乡村旅游等开发编制了若干规划，为文化旅游产业发展提过了依据。其中，重点规划包括《黄河三峡大旅游区总体规划》《黄河三峡大旅游区修建性详规》《炳灵石林旅游区规划》《太极岛休闲旅游度假区规划》等。

特色旅游方面，抱龙山凤凰岭滑雪、农家乐、低空飞行、水上娱乐、太极岛休闲垂钓、园区草莓采摘等客源火爆。见图 9－15 至图 9－17。近年，又在黄河沿岸栽植 11 个品种 532 万株的郁金香，面积达到 160 亩，被央视《新闻联播》等媒体报道，吸引周边省区游客前来，促进了县域旅游综合收入的增长。

图 9－15　枣园农家乐

图 9－16　三源镇修建中的农家乐

图 9-17　采摘草莓

作者访谈记录

访谈对象：李昌赟（三源镇党委书记）

问：从你的微信上我看到了你对永靖县旅游事业的热爱，你还亲自滑翔，对外做宣传。说说这个项目的开展情况。

答：这就是我的工作，我也爱好运动。这个项目我们在做准备工作，要推出来，形成特色产品。我们县在这里建设了一个滑翔飞行基地，规划建设度假营地 93.98 亩，主要包括无动力滑翔翼起飞场地和航空飞行度假营地（飞行器降落场地）。这个项目非常刺激、时尚，体验性很强，只要不是下雨、大风天气，活动就可开展。我的口号是"人生就像滑翔，滑出去就好"。

问：还有什么特色项目？

答：我们这里是木雕之乡，可以观看木雕技术；有省级现代农业园，有水果和蔬菜采摘；推广种植花椒，要打造十里花椒经济带，到时候"花椒红，红花椒，花椒染红了家家的门"，举办花椒采摘活动。此外，我们这里还有沿湖花海景观项目，种植了向日葵等作物。前面是黄河，岸边是花海，幽静，宁静，给人一种美的享受。

旅游培训方面，先后多次邀请知名专家对管理人员、服务业人员进行培训，有效提升了服务质量。例如，2012 年，举办黄河三峡旅游船员培训班；多次邀请兰州文理学院高亚芳教授对乡村旅游从业人员进行培训；为举办好第七届敦煌行·丝绸之路国际旅游节，对旅游从业人员进行了强化集中培训，相继举办“首届导游大赛”和“旅游服务质量提升培训班”，培训导游 100 多名，培训旅游从业人员 1000 多人次。

城市旅游环境建设方面，县城建设以黄河上游现代化旅游名城、黄河上游“明珠城市”、兰州市卫星城市、陇上新型旅游城镇为目标，每年在城市建设上投入上亿元，积极修复太极岛湿地，建设新城、滨河路景观带、文化休闲公园，高档次酒店拔地而起，街道整洁美观，宜居、宜游、宜业滨河美丽小城形象得到塑造，城市发展战略转型成功，实现了城市建设与旅游业的融合发展。县城掠影见图 9 – 18 至图 9 – 22。

图 9 – 18　县城一角

图 9－19　县城水上公园

图 9－20　开元大酒店

图 9－21　滨河花海

图 9－22　世界公园美景

三、加速阶段——全域旅游要发展，提质增效创名县

在国家大力发展全域旅游背景下，转变观念，加大投入力度，响应国家号召，顺应市场趋势，县财政预算每年列入 1000 万元的旅游发展资金，改善基础设施，打造全域旅游，全面提升旅游竞争力。目前，积极推出山水风

光游、名胜古迹游、乡村田园游、水上运动游和特色节会游，重点打造健康养老、休闲农业、乡村旅游、体育健身、文化娱乐等特色旅游产品和项目，以实现丝绸之路·唐蕃古道旅游名县建设的目标。

作者访谈记录

访谈对象：陈忠义（永靖县旅游局局长）

我们最近召开了一次旅游发展座谈会，大家提出了很多好的建议。整体看，我们在甘肃县域旅游中处于较好的发展水平，可以说走在前列，但从全国看，和中部、东部地区县城相比还有很大的差距。我们认为，发展的差距不是某个环节的差距而是系统性的差距，各个环节都有差距，包括经济基础、技术、基础设施、思想观念，是方方面面的落后，只有综合发展才能取得突破。我们目前把旅游业作为首位产业，在全域旅游方面也取得了一点进展，还是比较好的。在旅游和体育融合方面，我们举办了登山节等赛事；在旅游和农业融合方面，我们有特色农业旅游，凸显融合发展的态势，势头很好。

第二节　望闻问切知病症——问题分析

永靖县黄河文化旅游发展虽然取得了不俗成绩，但无须讳言，开发中也存在一些问题。主要表现在四个方面。

一、旅游形象设计策划不到位

所谓旅游形象，实际是旅游者对旅游目的地的一种心理感知和评价。旅游形象建设对旅游目的地发展至关重要，因为旅游竞争已经发生了重大变化，旅游形象成为重要的竞争力。设计和塑造新颖的旅游形象是旅游目的地发展的重大任务，也是难题之一。一个好的形象，可以化腐朽为神奇，可以在众多竞争对手中脱颖而出，能够有效引导旅游者。永靖县在旅游形象建设方面尽管取得了一定成绩，提出了“蓝色黄河，魅力永靖”的形象定位，设计了形象符号和标识物，同时开展了系列推广活动。但形象建设依旧存在一些问题：一是形象没有体现完整特征。蓝色黄河是永靖县的特色景观之一，“蓝”是黄河的特点之一，和其他地区的浑浊黄河水形成对照，但在永靖县境内，黄河和洮河交汇，形成黄色和蓝色交汇的特殊景观，在国内独一无二。因此，单纯强调蓝色，没有反映出整体的景观面貌。此外，由于特殊地形地貌和地势原因，黄河在永靖县内出现倒流现象，和“滚滚黄河东逝水”形成强烈反差。永靖县境内的黄河特征在于两色交汇、倒流。二是形象出现虚设现象。一段时期内，“魅力+旅游目的地名称”设计模式开始流行，其无可厚非，就是强调本地具有旅游吸引力，但基于学术角度考虑，其效果还有很大的提升空间。作为旅游者和学者，首先要了解旅游目的地的魅力到底何在？有的旅游目的地就直截了当，一语告知，如美国纽约的形象定位是“万象之都”或“联合国之都”，反映其包容、领先、变换和发达特色；巴黎是“浪漫之都”或“艺术之都”，反映其时尚特色和艺术气质；意大利威尼斯形象定位为“水城”，反映其水上城市的魅力和风韵。国内看，许多旅游目的地也是如此，浙江旅游定位为“诗画山水，人文浙江”，体现了江南的山水文化底蕴；新疆旅游定位为“西域”，内蒙古旅游定位为“草原天堂”；山东旅游定位为“好客山东”，反映儒家文化底蕴和人民热情淳朴。甘肃省内，也有一些县域在形象设计方面有所进展，如河西走廊的永昌县定位为“神秘永昌、和平永昌”，“和平”和“神秘”是其魅力所在；陇西县定位为“李氏故里、中国药都”，魅力所在就是李氏文化和药文化，非常清晰可见。相比之下，“魅力永靖”反而有点模糊，不如去掉“魅力”二字，找到能够反映永靖县魅力的词语（如“时尚”），直接代替。三是缺少有吸引力的宣传口号。形象定位明确后，需要设计一句起画龙点睛作用的宣传语以激发旅游者或潜在旅游者的出游意愿。宣传语要通俗易懂，简单扼要，富有诱惑力和感召力，能反映出本地旅游的价值所在。如成都的宣传语是“来了就不想走的城市”；云南的宣传语是“彩云之南”，反映其自然地理和气候特性；上海的宣传语是“精彩每一天”；苏州的宣传语是“人间天堂”，给旅游者带来强烈的心理冲击力。反观永靖，目前尚缺少一个恰如其分的宣传语。

二、旅游文化价值未得到很好体现

文化是旅游的灵魂。只有深度挖掘本地文化资源价值和内涵，旅游品质才能得到提升。永靖县在黄河旅游文化资源的开发利用方面取得了很大的成就，但也存在不足，需要加以关注。

为响应市场新趋势，永靖县推出了太空蔬菜展示项目，但基于学术视角，本书认为其对关键亮点的展示不足。太空蔬菜和普通蔬菜区别很大，它是种子搭载在航天卫星进入太空内部结构发生激变后经过专家培育形成的。其特点是营养丰富，维生素含量是普通蔬菜的2倍以上，同时口感很好，不需要化肥农药。因此，太空蔬菜的最大亮点在于“太空”。对于大多数人来说，几乎没有机会登上太空，也没有机会去太空种植蔬菜，正是如此，大众对太空的向往之情愈加强烈，对太空蔬菜的关注度也很高。作为旅游项目，太空蔬菜展示必须在“太空”两个字上下功夫，体现蔬菜的太空性。可惜，本项目仅局限于蔬菜的展示，仅标注了蔬菜名称，没有详细说明具体培育过程、特性。作为旅游者，也想体验一下此类蔬菜的口感、手感，想触摸、品尝，但本项目却无法满足游客需求，不可触摸，不能购买，不可带走，不可品尝，仅限于观看，致使旅游项目成为观光项目，体验性大打折扣。而有些地方太空蔬菜的旅游开发做得很好，如黑龙江大兴农场航天神舟蔬菜种植基地就展示太空茄子、黄瓜、辣椒，还允许游客购买、采摘，非常火爆，产品供不应求，市场效应极好。

乡村旅游在不断发展，但本地乡村历史和民俗文化的挖掘显得不够。目前旅游开发主要推出的是乡村旅游之农家乐、渔家乐，主要项目包括垂钓、采摘、烧烤等，对乡村民俗挖掘和展示不够。以太极村为例，内部道路畅通，院落崭新，各类配套设施齐全，但旅游者前来的动机并不只是吃饭、唱歌、采摘，也想通过游览对昔日和当今民俗有所了解，可惜难以一睹其风采。

专家访谈记录

访谈对象：吴煜群（兰州文理学院教师）

问：您对永靖县乡村旅游有所研究，您认为其发展现状如何？

答：说不上研究。但去过几次。整体感受有三点：

第一，大家对乡村旅游的发展比较重视。管理层方面，永靖县旅游局局长、副局长都非常支持，对我们的研究和规划以及培训也很重视。在甘肃旅游局培训中心，有位负责人是永靖县人，对发展农家乐大力支持，举办了培训班，州、县、乡、村四级都派人参加，并且人很多，大家热情都很高，尤其是农家乐经营户，都希望通过培训提高自己，希望依靠旅游业发展获得更好的生活。

第二，两极分化现象比较明显。大的接待点游客较多，但小的接待点发展态势不好。其他地区有田园综合体，但这里还局限于农家乐，合作社较少，特色民居、民俗客栈较少。

第三，旅游＋农业发展不好。上次去看了一个太空蔬菜基地，但还停留在观光层面，和旅游的关联性不是很大。我还问他们收入如何，他们说不太好，还处于探索和起步阶段。整体看，问题不少，但态势很好，前景很好。

历史文化的展示也需要有所提升。在永靖县，集中展示黄河旅游文化的景点主要是黄河水电博物馆，但多侧重黄河文化和历史，对本地段内的黄河文化展示有所不足，手段相对单一，内容也不是特别丰富。

对黄河水文化的开发不足。永靖县第十三次人民代表大会把旅游发展目标定位为“中国西部休闲水乡”，推出了夜游黄河、黄河漂流、水上飞机、水上摩托、水上飞伞、水上自行车等项目，但受季节、游客数量等因素影响，这些旅游项目目前尚不属于常态化项目，震撼性、娱乐性和刺激性不足，吸引力不强。因此，如何深入挖掘特色文化旅游资源是未来发展需要破解之题。

三、缺少拿得出手的旅游商品

旅游商品也被称为旅游购物品，是旅游者在旅游活动过程中购买的旅游特有商品。旅游商品主要包括工艺美术品、文物及仿制品、风味土特产、旅游纪念品、旅游日用品、轻工业产品及其他旅游商品。知名旅游目的地无不拥有本地特色的旅游商品，通过购物环节增加收入，提高本地旅游美誉度。旅游商品必须在纪念性、艺术性、实用性、收藏性等方面体现自身价值和附加值。永靖县在特色旅游商品开发方面存在差距：一是缺少特色旅游商品。景点景区销售的商品缺少特色，没有凸显出永靖县本地历史文化底蕴，和其他地区商品大同小异。二是旅游商品附加值低。目前推出的主要有红枣、百合、草莓、药材等土特产品，粗放式销售，包装质量不高，设计不精美，附加值低，旅游者即使购买，也无法用于馈赠，实用性不高；有的商品则携带性较差，游客虽然爱不释手，真心喜欢，但体积较大，难以随身携带，导致游客打消购买念头。三是缺少集中购买场所。虽然举办了国际性的旅游商品大赛，获得了很高的赞誉，但本地旅游商品销售场所过于高档化，缺少配套的休闲设施，不便于游客在购物的同时休闲游览，致使旅游商品难以销售。

作者访谈记录

访谈对象：陈忠义（永靖县旅游局局长）

敦煌行·丝绸之路国际旅游节期间，我们联合推介的主要是丝绸之路旅游产品，一带一路沿线国家和城市参与其中，以后还要加强联系，打造全世界叫得响的一个品牌。但旅游商品方面，我们是弱项。我们的研发、生产、营销都很滞后。这是下一步我们要努力的一个方向。这次商品展示会上，很多文创产品很吸引眼球，印度的商品，泰国的商品，马来西亚的商品，都很有特色，国内的韩城做得也很好。他们那里有花椒，他们围绕花椒做了旅游商品。我们有花椒，也想做，但没有做出来。真是没有做不到，只有想不到。我们不缺文化，缺的是研发、生产和销售。我们的工业品如何向旅游领域转化是难题。我们目前处于起步阶段。

四、旅游可进入性不佳

从外部交通看，永靖县地处大兰州都市圈之内，号称“兰州市的后花园”，但从兰州出发进入永靖县，由于堵车、转车等因素，路上花费时间却不少，导致游客满意度下降。

从内部交通看，县城交通相对便捷，但周边乡村旅游可达性不足，个别地方较远，路况不佳，直接制约了旅游业发展。

第三节　优劣环境细思量——条件分析

一、有利因素分析

1. 地理位置优势——毗邻兰州市场阔，后花园里好游玩

基于地理区位看，永靖县处于兰州大都市圈之内，具有发展旅游业的优势。一是距离兰州较近，约 70 公里，车程在 1 小时之内。二是市场规模巨大。从市场规模看，兰州常住人口在 300 万人以上，如此巨大的人口基数，强化区域旅游合作，打造兰州旅游圈，积极利用兰州客源市场潜在优势和潜力，其消费前景不可估量，作为“后花园”的永靖县自然会获得旅游经济优势，带动县域发展。

作者课堂学术点评笔记

在大学课堂上，我讲授《城市文化专题研究》《世界文化遗产》和《文化资源学概论》，对文化旅游发展问题多有点评。其中，永靖县是我点评的重点县域。

众所周知，永靖县文化旅游资源很好。但永靖县的旅游市场前景如何，许多人却没有去分析，也没有进行重点研究。我认为，兰州就是永靖县的希望所在，单独依靠永靖县本地或者外地人前来带动旅游业发展不现实，也不可能。但兰州大学、西北师范大学、西北民族大学等高校云集，大学生数量庞大。这些人虽然没有收入，但他们喜欢体验，喜欢新颖事物，喜欢探索、探求外部世界。只要利用好大学生这个群体市场，永靖县旅游消费则可猛增。

2. 旅游名气优势——业绩不俗人皆夸，旅游明星耀丝路

利用地理位置、气候资源、旅游景点和政策优势，永靖县旅游发展水平、旅游收入在甘肃处于前列。权威统计数据显示，2016 年永靖县接待游客 390 万人次，旅游综合收入达 17.5 亿元。2017 年，中国西北旅游营销大会发布了《2016 西北县域旅游发展研究报告》及“2016 西北地区旅游百强县域排行榜”，永靖县荣登丝绸之路十强旅游明星县（区），位次居于第四。同年，举办敦煌行·丝绸之路国际旅游节，由于服务精细、管理到位，获得各方好评。在旅游环境、基础设施建设方面，永靖县也加大了投入力度，获得外界好评。这无疑是未来发展旅游的一大资本。

3. 旅游产品优势——石窟三峡加草莓，大河两岸是美景

旅游目的地拥有了旅游资源，不等同于具备了产品优势，唯有将资源开发成产品，产业发展才会有物质依托和载体。由此，所有的旅游目的地都在致力于产品开发，在景点景区、线路设计、旅游购物品等方面煞费心机。经过多年努力，永靖县已经有了自己的特色产品。目前，永靖县拥有炳灵寺石窟、黄河三峡、黄河水电博览园、刘家峡恐龙国家地质公园、刘家峡水上公园、太极岛等景点，在甘肃县域旅游中以数量多和级别高而闻名。刘家峡草莓品质优良，营养丰富，被称为“水果皇后”，加之栽植面积大，近年开展大棚采摘项目，便于游客品尝，每年夏季，去刘家峡采摘草莓是旅游者的一大乐事。产品方面的优势为后续发展带来了保障和支撑。永靖县一日游颇受兰州市区居民的青睐。

4. 旅游资源优势——多元永靖有瑰宝，旅游转化底气足

现代旅游业发展虽然不一定依赖于旅游资源，无资源地区也可以通过资本运作和创意创新形成热点旅游目的地，但资源富集的优势显而易见，可以降低开发成本，加快旅游发展速度。一般来说，旅游资源的级别、数量、类别、价值、组合等会影响产业的发展。级别高，价值高，知名度就大；数量多，组合好，效应就高。永靖县的旅游资源具有如下优势：

一是永靖县拥有诸多中国之最。其中，由于拥有刘家峡水电站、盐锅峡水电站、八盘峡水电站，被称为“水电之乡”；花儿是西北地区比较流行的表演艺术，优美动听，参与者众多，娱乐性强，永靖县花儿独具地方特色，被称为“花儿之乡”；永靖傩舞戏（跳会）是古老的民间艺术和民俗，主要

流行于杨塔、王台、红泉等乡村，历史久远，内容丰富，学术研究和旅游体验参观价值极高，被称为“傩舞之乡”；彩陶是人类进入新石器时代的重要标志，永靖县出土各类彩陶，被称为“彩陶之乡”；永靖县木雕技术堪称绝活，为国家级非物质文化遗产，被称为“工匠之乡”；刘家峡出土了恐龙足迹化石，被称为“恐龙之乡”。这些资源堪称永靖县名片，是发展旅游业的优势资源。

二是各类资源组合度较好。各类文化可以优势互补，民俗风情、历史遗产、现代建筑等文化互相融合，有助于形成观光、休闲度假和专题类产品。

三是精华资源相对集中。自然景观、石窟、关隘烽燧、寺庙、公园、酒店、农家乐、特色商铺、博物馆、博览园相对集中分布在黄河两岸。

四是山水资源特色鲜明。有山有水，就可以靠山吃山，靠水吃水。永靖县虽然地处西北内陆，但山水资源丰富，黄河在这里流淌，丹霞在岸边召唤，好好利用，或者稍加开发，就可以形成卖点。

5. 旅游定位优势——首位产业地位高，各方支持有合力

发展旅游业定位是关键。一些县域旅游资源丰富，经济基础不错，但旅游业发展却难有起色，主要原因是政府态度和支持力度直接决定其投资力度、招商引资力度。永靖县之所以取得今日成就，与政府以及民众态度有关。在调查中发现，无论社区居民，还是县委领导，都十分关注旅游发展。如敦煌行·丝绸之路国际旅游节结束后，举办商品展示会的店铺闲置，相关领导提前研究如何运用盘活，给外界留下了深刻的印象。这就是未来旅游业持续发展的民心所在、根基所在。

二、不利因素分析

1. 旅游资源同质劣势——黄河景点如繁星，唯我独尊难度大

石窟类旅游资源方面，甘肃作为丝绸之路黄金段旅游区，伴随佛教的传播，石窟修建、造像绘画成为艺术家热衷之事，石窟林立，甘肃被誉为“中国石窟艺术之乡”，其中知名的有敦煌莫高窟、永靖炳灵寺石窟、安西榆林窟、庆阳北石窟寺、南石窟寺、平凉泾川县王母宫石窟、肃南裕固族自治县

马蹄寺石窟群、安西县东西千佛洞、天水市武山县拉稍寺石窟、甘谷大象山石窟、金塔寺石窟、天水市麦积山石窟、武威天梯山石窟、武山水帘洞石窟群、庄浪云崖寺石窟。同质性的石窟资源无疑增加了旅游开发难度。

黄河文化旅游资源方面，黄河流经省区众多，有青、川、甘、宁、内蒙古、陕、晋、豫、鲁九个省区。在打造“黄河旅游产业带”背景下，玉树、兰州、中卫、鄂尔多斯、延川、壶口、龙门、韩城、渭南、潼关、三门峡、济源、东营等城市都主打黄河文化旅游品牌。如何获得差异化亮点是必须面对的现实问题。

2. 旅游季节较短劣势——夏季凉爽游客多，冬季到来客流稀

和西北地区绝大多数旅游目的地一样，永靖县旅游季节分明，旺季主要集中在夏秋，淡季时间很长。尽管推出了一些冬季旅游产品如滑雪、滑冰、社火节会等，但客流量尚未达到一定规模。如何拉长旺季值得深思。

3. 旅游投资短缺劣势——文化旅游耗资巨，县域经济有短板

和自然景观开发不同，文化旅游需要在精细化、规模化上下功夫，对资本的耗费较大。而永靖县地处西北地区，经济实力本身不太雄厚，大规模投资文化旅游建设显得心有余而力不足。

4. 旅游发展自信劣势——小小永靖作为小，市场面前不敢为

永靖县虽然拥有众多高级别景点景区，旅游资源类别、价值、组合度较好，但受到各类要素制约，本地居民和政府的自信度不高，认为本地旅游发展无法和敦煌相提并论，无法和外地的一些旅游目的地媲美。自信心不足将直接影响旅游营销力度。

5. 旅游形象遮蔽劣势——兰州几个后花园，各领风骚竞争剧

兰州附近的几个县区都在发展旅游，都自称“兰州后花园”，利用地理位置、空间距离和交通便捷优势对兰州客源市场形成感召力。其中，榆中县旅游发展态势很好，兴隆山、青城古镇等名气较大，近年来，加大了城乡环境治理力度，通过“治转提”专项行动加速“兰州后花园”建设，也在创建全域旅游示范县；临洮县距离兰州较近，区位优势也非常明显，被称为“兰州的卫星城”，地处“兰州一小时经济圈”，也在打造“兰州后花园”、宜居城市；甘南临潭县国家4A级旅游景区冶力关也推出“山水冶力关——

兰州后花园”宣传口号，打造甘肃度假避暑旅游胜地。这对永靖县形成不小压力，在客观上也分流了客源。

第四节　未来行路有建议——对策分析

一、创新旅游理念

创新是经济增长的发动机和引擎，理念创新则是前提。“十三五旅游发展规划”明确提出，要以理念创新带动和引领旅游业发展。依据旅游发展需求和需要，结合发展趋势，及时转变观念，形成新的发展理念。一是强化自信心理，克服自卑心态，敢于竞争，敢于宣传，敢于跨越，敢于突破。二是强化精细化理念，在文化的展示展演上做大品牌，做好细节。三是强化学习理念，积极借鉴外部好的做法、好的观点，吸纳外部好思想、好思路。四是积极发展全域旅游。在大众旅游到来之际，必须发展全域旅游，积极推动旅游+厕所革命、供给侧结构性改革，实现传统观光旅游模式向现代休闲、度假和商务旅游并重模式的转化，谋求获得旅游发展新突破。五是形成融合发展理念。尤其是要探索黄河文化和旅游融合发展模式，积累经验，创新发展。

作者学术调查笔记

对旅游目的地来说，如何提高知名度是比较头疼的事情。为何？一是要看有没有值得宣传的资源或事件。二是有没有经费，宣传不是闹着玩的，要有钱。永靖县有没有拿得出手的资源可以宣传呢？当然有！如黄河、石窟、恐龙、水电站等。但没有创新，宣传效果不好。永靖县是胡锦涛同志大学毕业后工作的第一个地方。这里自然生态环境与文化历史积淀不错，可以挖掘。如何扩大知名度，提高吸引力，其实是个视角问题、理念问题。对相关的故事、事迹、资料、建筑等都要做好保护，为将来深度发展做好准备。

作者访谈记录

访谈对象：孔令俊（旅游局工作人员）

县里现在提出打造全域旅游。我想，不管搞什么，都需要专家介入。简单地说，全域旅游要发展，规划编制是第一步，首先，要邀请专家团队或机构来考察和编制规划文本。其次，要邀请专家来诊断问题。专家不会白来，没钱，专家都请不来，别说发展了。

二、创新旅游形象

整体形象塑造上，在现有黄河与洮河交汇形成蓝色黄色奇观美景基础上，展示黄河多元色彩，大胆突破，形成“五彩黄河”（蓝色水域、黄色水体、红色丹霞、白色山顶、绿色水岸）和“倒流黄河”形象，增强吸引力。同时，提炼可以代表本地魅力的词汇，如“休闲永靖”，突出休闲价值和时尚特色；优化软环境，改善投资服务质量，创新服务模式，打造旅游新品牌，整体提升旅游者评价指数和满意度。同时，多渠道宣传，多层次营销，通过新闻发布会、节会、研讨会、诗会、推介会、展览会等形式，提高永靖县黄河文化旅游的知晓度，开拓新的客源市场。

作者学术研究笔记

2017 年夏天，我到永靖县开展田野调查，恰好该县政协李主席也带团开展调研，我也一同参与了调研。最后，调查团展开交流发言。我谈了一些感受。其中，对永靖旅游形象问题有一点浅见：一是蓝色黄河的视觉冲击力是强，但蓝色无法反映黄河在永靖县的颜色特征，蓝黄交汇才是永靖县黄河的特色所在。二是没有突出动态特征。不但交汇，而且倒流。黄河东去不复返，但千里黄河却在永靖县发生“倒流”，河水不是东去，而是往西流。从龙汇山到孔家寺，由东向西。这是天下奇观，也是永靖县黄河特殊之处。因此，如何完整地体现黄河文化旅游形象，尚有很大完善空间。

三、创新旅游产品

针对旅游者观光游览、休闲度假、科考游学、增加感情、陪伴亲友、娱乐康体等旅游动机推出多元化产品，应在以下方面有所创新：一是形成新的旅游商品。永靖县商品开发模式应该以“黄河文化 + 丝路文化 + 旅游形象”为核心，围绕刘家峡水电站、炳灵寺石窟等制作模型类纪念品，围绕民俗历史制作木雕等工艺品，围绕区域旅游形象制作小鲤鱼等饰物，产品应力求凸显个性，一定要体现出永靖县特色，体现出黄河文化特色，同时提升旅游商品自身的市场价值，在携带性、实用性、美观性、艺术性等方面下功夫。二是提升演艺娱乐类产品质量。在夜游县城、水上电影基础上，将本地非遗项目大胆包装展示，推出常态化、有规模的演艺项目，拉长游客参观游玩链条。三是在历史文化旅游方面应有所提升。将历史典故、历史事件、历史名人等通过雕塑、绘画等形式加以体现。四是完善民俗文化旅游所。在农家乐基础上，挖掘三农文化，以文化点亮乡村旅游。五是优化产品结构。一般而言，观光产品目前各个旅游目的地都有，但休闲度假和专题类产品不足，因此要补短板，在休闲度假和专题类产品开发方面有所动作。此外，按照产品结构波士顿矩阵模型，现有旅游产品包括金牛产品（市场占有率高，但增长率不是很高）、明星产品（市场占有率和增长率都很高）、幼童产品（市场占有率低，但增长率很高）、瘦狗产品（市场占有率和增长率都很低）四大类，需要归类划分，区别对待，对金牛产品要采取降价策略，加强宣传，转换形成新型产品；对明星产品要降低宣传成本，追求最大化利益；对幼童产品要积极开展营销和宣传，增加知晓度；对瘦狗产品要考虑更新换代，必要时主动退出竞争，以免增加成本。

四、创新旅游研究

学术研究、旅游规划、决策咨询和产业运行是旅游发展的几大环节，其中学术研究贯穿始终。永靖县在旅游学术研究方面虽有进展，但还需要开展如下方面的创新工作：一是在规划编制方面，应多体现规划的地方性，同时注意发挥本地专家智慧，不可偏爱外部专家和规划机构，万不可有“外来的和尚会念经、本地无专家”之偏见。二是在决策方面，吸纳本地专家和外部专家研究成果与意见，提升决策科学性。三是建立专家库，吸纳多学科专家参与。四是开展项目研究。把握重大研究方向，在旅游消费、产业运营、信息化建设、物质保障、人力资源开发和管理等方面形成一批代表性、前瞻性、实用性成果；以招标、委托等途径，通过项目化研究，为旅游发展提供研究支持，为旅游发展把脉。五是建立联合研究基地。和兰州大学、西北师范大学、兰州财经大学等相关高校和机构建立合作机制，搜集资料和信息，分析数据，诊断问题，预测未来走势，同时把学术研究和旅游结合起来。总之，就是要积极利用外部资源，集思广益，深化旅游产业发展。

五、创新旅游机制

创新旅游机制主要包括以下几个方面：一是线路设计方面，通过制定专门政策和奖励计划，对接甘南、兰州等地旅游市场，扩大客源市场规模。二是形象建设方面，和沿黄地区旅游目的地协作，树立永靖县特色形象，突出黄河在本地的特定价值和功能。三是交通建设方面，与张掖、兰州以及青海打通连接，完善可进入性。四是人才资源培养使用方面，积极投入，盘活人才资源。五是社区参与旅游方面，采取激励和惩罚措施，使社区在旅游发展中发挥应有作用及职能。六是管理方面，在全域旅游发展大背景下，要促使多方利益主体搭建利益共同体合作平台，切实解决存在的问题，在监督检查、安全预警、纠纷处理、联合执法等方面形成合力，提高效率。

第十章 古浪红色文化旅游模式

第一节 几多探索终有报——发展历程回顾

一、零敲碎打起步——稚嫩起步阶段

和其他县域相比，古浪县旅游的起步面临很大阻力，缺少可借鉴的经验，缺少资源，缺少资本，缺少人才。但在这样的背景和艰苦条件下，古浪人民还是做了大量探索，为后续发展旅游做了铺垫；主要工作有四：一是修建恢复昌灵山建筑，举办节会，上山游览，避暑观光。二是利用黄羊川开发旅游。利用石门峡景区与中国台湾温世仁开展“千乡万才”网络城乡计划项目，修建了星级酒店，举办国际国内大型会议。三是开发马路滩林场，推出蒙古包、骑射、沙漠排球比赛等项目，研制特色食品。四是凭吊缅怀西路军烈士，推出红色旅游。

专家访谈记录

访谈对象：高康泰（古浪县教师进修学校教师）

问：温世仁和黄羊川是怎样联系在一起的？

答：2000年，当时英业达公司有个员工叫彭海纳来古浪县黄羊川支教，在这里工作了一年。他在6月份回去之前，把本地的发展现状向公司做了汇报，说这里条件差，希望得到支持，捐助图书资源，以充实学校图书室。公司对他的建议比较重视，捐助了几千册图书，还有电脑、打印机。那个时候，电脑在古浪县是个新鲜事物。这个员工回去以后，对工作再次做了汇报，公司比较重视。大约是七八月份，他来电话，说经理想来黄羊川考察。黄羊川比较重视，安排接待。经理考察后做了几件事情：一是回去以后撰写了一本书，叫《黄羊川》，情感非常真挚；二是捐助资金给学校住宿生改善伙食。他本人捐助2500元/月，以购买蔬菜、豆类、肉。三是捐资开通网络，让学生获取信息，通过网络了解外部世界。四是派遣人员去天津学习。有两个人，一位是北京来的挂职教师，另一位是我。时间是两周。很快，微机室就建设好了。这在本地是爆炸性新闻。当时，古浪县提倡学校建设微机室，但没有钱，很难办，黄羊川走在了古浪县乃至武威市的前列。

问：后来呢？

答：后来，天津的总经理在一次公司年会上向英业达集团总裁、英业达集团副董事长温世仁谈到了此事。温世仁非常感兴趣，觉得和国家刚刚提出的“西部大开发战略”吻合。实际上，英业达公司已经在天津、北京、西安、广州开设了分公司，对大陆也有了解。温世仁的思路比较超前，设想比较大：一是选取黄羊川做基地，实施“千乡万才”计划，想为西部培养1万名信息技术人才，使西部欠发达地区从农业社会过渡到工业社会、信息社会；二是修建国际会议中心，修建五星级宾馆，顺便带动本地发展服务业和旅游业。三是发展电子产业等，生产电脑，引入方便面生产线，在本地发展新型产业。这些举措明显具有超前性，因为意识到了信息的重要性，觉得网络经济是社会发展的趋势。

问：宾馆建设和服务方面也有超前性吗？

答：有。举例说。古浪县地处河西走廊，属于地震带，他在选址的时候非常谨慎；修建时，对质量要求很高，使用了防震垫；不修建柏油路、水泥路，而是石板路，成本很大；装饰很有乡土气息，使用的是庆阳的香包、皮影戏等非遗物品，不烧煤炭供暖，而是使用天然气。配合会议议程，空档期间安排皮影戏、地方歌舞演艺、兰州拉面制作、篝火晚会、庙会等活动，文化气息浓郁。宾馆配置了同声传译设备，比较先进。当时甘肃只有飞天大酒店是五星级，剩下就是这个酒店了。

可是，非常可惜和遗憾，就在五星级酒店封顶以后，温世仁身体健康出现问题，去世了。

问：现在宾馆还在营业吗?

答：2004 年开始营业，但效益不佳，不得不停业。温世仁去世的影响太大了。

二、金色银弧绘蓝图——理念提升阶段

21 世纪初，古浪县正式提出“金色弧线”旅游形象口号，串联县域内重点节点，联结成线，并举办中国古浪丝路明珠旅游节、美食旅游节。其基本内涵是：黄色表示沙漠文化，以马路滩沙漠生态旅游区为载体；黑色表示历史文化，以土门古城、月牙泉、汉明长城为载体；红色表示革命文化，以西路军战斗遗址为载体；蓝色表示科技文化，以黄羊川网络城乡建设为载体；绿色表示生态文化，以石门山为载体；古浪县的定位是“河西走廊门户、丝路东敦煌、兰州西花园”。“金色弧线”虽然不易被外人很快了解，但对古浪县资源特色的把握比较到位。

专家访谈记录

访谈对象：高康泰（古浪县教师进修学校教师）

这个口号是北京某人士提出的。他在古浪县挂职期间经过调研正式总结形成的。现在看来，古浪县旅游发展格局基本如此，就是将来，也基本在这个框架之内。因此，我觉得很好，口号很具有战略性、超前性、系统性。

三、建馆迎客有跨越——质变崛起阶段

在古浪县境内，中国工农红军西路军（以下简称“西路军”）与敌军发生多次战斗，但由于各类原因，一段时期学术界对西路军研究不多，西路军

历史文化资源的旅游开发利用较少。20 世纪 80 年代以后，西路军获得新的评价；21 世纪初期，国家发展红色旅游，古浪县迎来机遇。2002 年起，先后筹资建成中国工农红军西路军烈士纪念碑、中国工农红军西路军九军烈士墓、展览厅、缅怀广场、纪念馆、人工湖，通过“挥师进河西、组成西路军、突围干柴洼、阻击横梁山、血战古浪城、血染战旗红、丹心昭日月、浩气永长存”8 个专题，对中国工农红军西路军战斗历史进行了系统展示。红色景区先后被命名为“武威市国防教育基地”“武威市爱国主义教育基地”“第二批甘肃省中共党史教育基地”“廉政教育基地”，在国内军队系统具有一定影响。

作者访谈记录

访谈对象：郑天书（前古浪县旅游局局长）

当时我们从网络和其他渠道得知，国家正在征集红色旅游专线规划项目。于是我们积极整理资料，策划申报，最终得到批复，纳入了国家建设名录。这个机遇非常难得，我们抓住了。如果错过这个机会，虽然以后也会有机会，但起步就会很晚。甘肃有几个县就是这样，走在了我们后面。

古浪战役纪念馆就是我一手负责的。当时一门心思想建设问题，花了很多心血。国防科技大学也给了很大的支持。他们派遣专家前来到西路军当年战斗地采风、绘画，认真负责。

古浪战役纪念馆的陈展很有创新。例如，对于先辈和领导人的雕塑造型，我们做了相关思考，具体设计由相关高级领导决定，我们只是具体操作。这样就避免了许多不必要的麻烦。在这方面，会宁等地做得不够好。有的雕塑设计好了，但有些人说应该如何如何，提出很多意见。

古浪战役纪念馆的修建还促进了学术研究。如大家一致认为，西路军委员会是渡过黄河以后成立的。但到底是哪个地方？说法不一致，许多人说是靖远县，或者是景泰县。甘肃社会科学院研究院的知名专家董汉河等也是这样认为的。我们在修建纪念馆的过程中，赶赴外地，采访了健在的指挥员，最后确定是在我们古浪县这里，就把历史上一些有争议的问题解决了。

古浪战役纪念馆掠影见图 10－1 至图 10－8。

图 10－1　旧照片

注：古浪战役纪念馆照片由旅游局副局长张国武拍摄。

图 10－2　展厅一角

图 10－3　当年战斗生活用具

图 10－4　相关书籍

图 10－5　连环画

图 10－6　雕塑

图 10－7　相关证书

图 10－8　主题画

作者学术调查笔记（2017 年 5 月 23 日）

对于古浪县红色旅游发展，我并不陌生。

20 世纪八九十年代初期，我在县城第一中学读高中，对西路军就有所了解。每年清明节，学校都会组织学生前去凭吊悼念。每天很早起床读书，透过窗户会看到一座山，那里就是西路军当年血战“马家军”的地方。

现在，古浪战役纪念馆成为古浪县拿得出手的旅游品牌。但局限性很大，过于严肃，消费功能不强；一些战斗遗址保护不力；本地西路军战士后人缺少参与。

四、多维业态新集散——扩张发展阶段

一是乡村旅游。一些乡村以优美景色吸引了游客；黄羊川镇、大靖镇、冰沟墩镇等地农民主动顺应市场需求，集资开办农家乐，推出特色饮食，获得县城居民青睐。县域内还出现了民间资本投资的景区，典型的有“笔架山”“金水源”。当然，乡村旅游需要提升质量。

作者访谈记录

访谈对象：张国武（古浪县旅游局副局长）

县里开展乡村旅游培训以后，“笔架山”负责人也来了，他想走旅游发展道路，要求旅游局去山庄考察，将其评定为景区。我们非常重视，组织人员前去实地调查。结论是：需要在基础设施等方面有所提升。我们的建议是：需要编制好规划，按照规划，落实项目。这样的项目我们旅游局大力支持。

作者田野调查笔记

2016年12月，我利用回家之际，在同学高康泰和朋友的陪同下，对古浪县“金水源”景区做了调研。景区内有游湖、乡村博物馆、雕塑等。接待人员说，这个项目叫“丝路驿站”，主要集中展示古丝绸之路上的驿站文化和乡村民俗。投资者是本地人，早期搞煤矿企业，后转型发展旅游产业，思路比较超前，在景点建设上舍得投入。整体看，游玩项目尚不完善，还需进一步优化。

作者田野调查笔记

2017年10月，“笔架山”投资人邀我前去考察。笔架山位于土门，颇具规模，经营面积达到2万亩，重点推出休闲娱乐和农家文化体验项目，主要场所和设施有游泳池、钓鱼池、蒙古包、游乐场、烧烤城、蚯蚓养殖基地等。

投资人比较年轻，是“80后”，早期出外打工，积累了资本，开阔了眼界，后回乡创业，投资休闲农业项目，后转型发展旅游产业。交谈中，他谈到了山庄未来发展，想招商引资，通过土地流转方式吸纳本地人员参加新项

目，建设影视城、土门博物馆。

后从网络上获知，2017 年度甘肃旅游发展获奖单位中，“笔架山”名列其中。

二是节会旅游。利用农历四月八日、正月十五日、清明节、国庆节，举办节会活动，接待旅游者。例如，每年正月，黄羊川、土门等地的农村社火就吸引各地居民或游客前来观光，成为一大亮点。节会掠影见图 10－9 至图 10－12。

图 10－9　土门社火上的高跷

图 10－10　土门社火在街道

图 10－11　舞龙

图 10－12　黄羊川社火上的角色

注：以上照片由古浪县定宁乡廉宗仁拍摄提供。

三是宗教旅游。善男信女利用宗教场所举办各种活动，吸引游客观景游览，休闲度假。

作者访谈记录

访谈对象：郑天书（前古浪县旅游局局长）

现在宗教旅游这块有特殊的运作模式，专门有人在做。他们搜集全国各地的宗教节日，逐地举办活动，有“赶场子“的架势。但客观上增加了人气。

四是传说旅游。本地有杨家将西征故事，亦有杨门十二忠骨遗址及杨家将的传说。中华杨氏联谊总会甘肃分会组团前来调研考察，拟规划修建杨家将文化产业园，开发相关景点以发展旅游。

五是历史文化旅游。例如，最近古浪文化旅游开发推出新亮点——古浪县大漠绿洲生态旅游文化影视基地建设项目“西凉女国”景区建设实施。“金色大道·马踏飞燕大景区修建性详细规划”已经完成，项目概算投资约7.8亿元，以古丝绸之路上的西凉女国传说为基础，立足本地特色生态环境，规划建设皇宫酒店、丝路博物馆、鸠摩罗什广场、沙雕景观群、沙生植物馆、数字化丝绸之路体验馆、热气球基地、沙漠城堡、真人CS城，推出沙漠骑行、选驸马、国王登基大典、沙漠滑索、沙漠越野等特色项目，多角度多手段展示沙漠文化、西凉文化（如铁骑战术、攻鼓子表演艺术）和西夏历史文化。该项目将有力支撑与促进古浪红色旅游发展，对此，政府、民间、学界多有期待。西凉女国皇城效果图见图10－13。

图10－13　西凉女国皇城效果图（图片来自网络）

新时期新局势，古浪县旅游发展迎来新的机遇，取得新的进展。但把旅游产业打造为县域支柱产业，需要多方聚力蓄势，敢于追赶，谱写新篇章。

第二节 几多坎坷几多愁——发展误区分析

一、时来运不转——古浪峡甘州石网络事件

“甘州石”位于古浪峡，被称为“女娲补天石”“怀孕石”等，具有较高知名度。2010 年，古浪县政府雇佣特种车辆耗巨资将甘州石从古浪峡迁移至县城，目的是营造景观，提升县城吸引力。但事与愿违，网络上出现负面报道。最后，石头被放在了县城“金三角”地带（见图 10－14），由于地处客流稀少地带，游览景观价值有所降低。

图 10－14 位于县城“金三角”的甘州石

二、山乡留大恨——黄羊川国际会议中心有兴衰

黄羊川，一个古时候黄羊出没的地方，一个西北地区很普通的小地方，也是最贫困的山区乡镇。但就是这样一个小地方，却有过大梦想、大探索、大思考。这个梦想和英业达集团总裁温世仁有关。

心系大陆贫困地区发展的温世仁，借鉴美国西部开发经验，认为中国西部应该积极发展互联网技术，培育信息人才。他选择在黄羊川实施“千乡万才”计划项目，为西部地区城乡建立1000个网络学校，在100个西部城市设立办事处，并聘用上万名软件人才。为促进本地发展，投资400万美元修建了五星级国际会议中心，举办各类会议，促使本地从农业社会进入信息社会。

温世仁在黄羊川的举动和探索被称为“黄羊川模式”，是对脱贫扶贫模式的一次大胆创新和试验。可惜，天不作美，2003年12月7日，温世仁先生英年早逝。

由于主客观原因，“黄羊川模式”受到挑战，国际会议中心业务减弱，最终停业，当初红红火火的会议商务旅游直接中断。

居民访谈记录

访谈对象：贾某（男，黄羊川镇居民）

温世仁在世的时候，黄羊川国际会议中心知名度很大，各地的人都来参观、开会。可惜，温世仁去世了。现在国际会议中心已经停止营业了，移交到了乡镇，处于闲置状态。

三、兴旺有波折——马路滩林场旅游前景需细思

西北气候干旱，少雨，沙漠化是一大灾害。古浪县南部临近腾格里沙漠，生态环保压力较大。为保护家园、锁住沙漠，古浪县修建了马路滩林场，种植新疆杨、柠条、花棒、沙枣、白榆等植被，大胆培育经济林木和葡萄、林果、药材、沙漠土养鸡，成就不俗，被誉为“沙漠金盆”。

古浪县还利用传说中沙洲城历史文化优势和特殊生态优势，顺势发展沙漠旅游，依据大漠景观，建设风景游览胜地，推出生态农业、沙漠驼舟、越野、沙滩排球等项目，打造特色饮食，开展旅游接待。游客不但包括武威、兰州、古浪等本地消费者，也包括沿海地区、港澳台及外国游客；林场和北大、清华建立联系，举办大学生夏令营活动；和日本民间团体建立中日绿化基地。一时好评不断，客流不断。

但就是这样一个国家3A级旅游景区、国家旅游局列入的沙区“全国农业旅游示范点”，后来客流锐减，设施被毁，接待宾馆被废弃。作者调研时，看到的是一派荒凉（见图10-15至图10-19），好不叹息。

昔日员工访谈记录

访谈对象：刘学鹏（男，本地居民）

你看，这些树木都是我们花费了很大力气种植的。现在由于缺水，有的直接枯死了。原来的旅游接待是很不错的，各地的人都来，但现在不行了。非常遗憾，非常心疼。

作为接待业务占比例不低的大型景区，在政府改革和社会变革背景下，转型发展是必然选择。但本地敏感度不够，主动性欠佳，维系品牌的能力不足，其中波折应该总结。

专家点评记录

点评专家：牛海帧（兰州文理学院旅游学院院长、省级教学名师）

马路滩林场这个景区我知道，当年红火一时，但部分业务是搞接待。在改革趋势下，没有抓住改革机遇实现转型，非常可惜。

图 10－15　废弃的小路

图 10－16　倒塌的建筑

图 10－17　无人看管的景区标识

图 10－18　被遗弃的别墅

图 10－19　空无一人的院落

第三节　而今迈步再跨越——发展对策建议

一、换脑子——重新看待旅游产业定位和作用

在县域发展中，重视旅游产业发展，将旅游产业定位为战略产业，力求发展为支柱产业，在资本投入、人才培养、产业政策等方面给予更多实质性支持，力争在乡村旅游、全域旅游、供给侧结构性改革等方面有新的作为。

二、重实干——积极提高旅游产业实力和地位

在转变观念的前提下，定期召开县域旅游发展大会，形成发展文化旅游业的共识，积极研究国际国内局势，分析县内县外形势，找出和其他县域存在的差距所在、问题所在、根源所在，讨论应该采取的对策，集思广益，群策群力，开发新型业态，切实提高旅游业竞争力。

三、上档次——提升县域旅游产品品质和品味

作为典型的后发展县域，古浪县缺少高级别景区景点、缺少好的娱乐项目，产业链条也极其短小，尤其是红色旅游，几乎停留在传统的游览观光阶段，缺少能让客人增加旅游消费的项目。未来需要重点打造2－3个国家4A级旅游景区，以景区开发为龙头，搞活市场；同时，多点开发，多元推进，提高服务质量。

四、重合作——大胆利用外地经验和资本

要走出去，眼光对外，扩大开发，善于利用外部资源；要和研究机构、大学以及外部专家建立良好的合作关系，使其提供好的智慧支持；通过招商引资，将资源转化为产品和线路；利用外部的运营商宣传古浪，带来客源。不合作，少合作，失去的就是机会。

五、多创新——力求拥有新型动力和美誉

在业态上，积极推出新型业态，满足市场需求；在旅游形象上，立足本地历史文化传统和民俗，塑造红色古浪、活力古浪形象；在举措上，力求出奇制胜，敢于超越。

附录1

游客及居民访谈记录

广西游客：敦煌莫高窟属于历史人文景观吧，若是能先了解一些历史知识或佛教知识，再去看会更有体会，听导游讲解的时候会很有感觉，否则走马观花看过就忘了。游客很多，有的壁画有磨损，但还是挺精美的。

中国台湾游客：中国台湾来过甘肃或者敦煌的人应该很少的，他们认为没有目的性。我感觉环境、气候很好，我本来以为会很热、很干燥，没想到不是这样的感觉。敦煌是历史名城，充满宗教文化与异地风情，有相当多可以了解与探索的内涵有待开发！

兰州居民：前几天我和朋友到榆中县马坡乡去看油菜花了。那个地方是最近一两年才开发的，说是要重点打造。我是在朋友圈听别人说的，然后就开车去了。经过兴隆山以后朝东走就到了。油菜花的规模虽然不大，但景色很好。那里刚刚开发，原生性很强，还没有农家乐。我们事先带了午餐，坐在田野里吃的。出去一转，人的心情好多了。

敦煌居民：我经常接待各地游客，他们对敦煌的评价还是不错的，但问题也有，一是人太多了，门票有限；二是地处沙漠干旱地区，气候炎热，外地人难以忍受。

兰州居民：甘肃民族地区旅游很有特色，但有些人说回族、东乡族以及保安族只有宗教仪式，而且内敛，不张扬。这个观点值得商榷，饮食、服饰都可以用来发展文化旅游。

陇南游客：我是陇南的，前几年去过天水，感觉挺好的，环境也好，比陇南好，陇南有些地方如武都建设得有点乱七八糟。天水有麦积山支撑，路边的那些树也挺好，攀登麦积山很刺激。

海南游客：兰州街道干净，绿树成荫，交通便利，但司机野蛮；城市公园非常漂亮，历史悠久，古迹众多，配套设施齐全；市内住宿费用比较高，堪比一线城市；餐饮比较有特色，兰州的牛肉面很好吃。我去了黄河铁桥，挺不错的，桥上看，桥下走，都很有意思；兰州总体还是不错的。敦煌是暑假去的，人太多；敦煌旅游业发达，但餐饮集中在规划的区域；滑沙还是很不错的，我注意到了轰鸣声，的确是鸣沙山；骆驼鱼贯而行，很有沙漠驼队的仪式感，是极受欢迎的项目。我在敦煌呆了 2 天，带着几个半大的小孩，随便走走，时间太短，就看看石窟，阳关、魔鬼城等都没去。天水景区道路非常难走；麦积山石窟塑像大部分关闭着，得趴着铁丝网看，导游就在山下讲解，有些遗憾。我在甘南看到了绝美的风景，我觉得甘南很美。

武威居民：“三套车”在武威好像不太流行了，具体地点有北关市场、中国信合对面行面馆、坝场南口行面馆，原来的邱家行面馆已停业。我觉得武威行面、张掖搓鱼都是地方特色，现在没有了“三套车”是很可惜的，“三套车”对外地人来说还是有新鲜感的；大清早到武威要吃个米汤油馓子；另外，在武威吃驴肉，喝黄酒，也很好。其他的就是面皮子、凉面、拨鱼子等。

金昌居民：金昌市这几年旅游发展得很好。市区修建了花海，原来是对外免费的，现在开始收费了，人很多，许多年轻人在这里拍结婚照。还有沙漠旅游，可以直接驾车过去玩。金昌原来是工业城市，现在发展旅游，但接待条件跟不上。

乌鲁木齐游客：甘南我是最近去的，感觉过于商业化。尤其是草原，破坏得很厉害。您看我微信上发的照片，那哪是草原？有些地方都光秃秃的。到处都是帐篷，到处都是游客。

张掖居民：张掖旅游这几年变化太大了。来丹霞景区游玩的人太多了，现在开始限制客流量，每日 3 万人次，不限制的话接待压力太大了。马蹄寺是一个藏传佛教景区，这几年马蹄寺去的人少了。湿地公园现在是国家 4A 级旅游景区，里面有博物馆，景色很好。现在平山湖大峡谷游客很多，比马蹄寺热闹多了，距离张掖市不远，开车一个小时就到了，里边有点徒步探险的感觉。前不久，我还带同学转了一下。黑水国遗址、骆驼城遗址这些都没有开发。张掖旅游存在的问题是季节性很明显，8 月是最好的季节，南方人对丹霞、大峡谷非常喜欢。

张掖居民：我老家是甘肃灵台县的。皇甫谧是我们县的针灸鼻祖，但本地区位不好，交通不便，没有高铁经过，我们只能坐汽车进来，还要翻山，很不容易的。现在庆阳在修建高铁，西安到银川高铁经过庆阳，每次高铁都和平凉没关系。文化底蕴不错，但没有做起来，思路还没打开，应该是文化搭台、经济唱戏啊。

兰州居民：我老家是会宁的，我对会宁旅游比较熟悉。我们那里山好水好，是红色旅游基地。每年都有很多党员干部前来接受教育。我自己也去了，带孩子们来游学，孩子们都说很好。这个景区我们老家都叫“景园”。我们还带孩子爬了桃花山，山顶上在举办读书会，参加的人很多，下午，我们去农家乐玩，吃得很好，孩子们还玩泥巴，烧山药（土豆）吃，很高兴。

广西游客：我们来甘肃河西学院参加国家民委组织的会议。兰州去张掖的高铁票很难买到，人太多了。张掖气候非常好，很凉爽，景区景色也不错，但基础设施相对差点。

武威居民：由于地理、人文、经济等条件的限制，使得甘肃旅游景点单一、旅游服务滞后。希望甘肃乃至西北地区都在旅游方面能有重大突破，南方的旅游业在自身条件上有优势，北方在旅游方面应该体现出一个“动”字，充分发挥我们的西北风情，比如，通过向游客表演我们自己的民族舞蹈、讲述北方故事、展示北方人民的生活方式等来吸引游客。

兰州居民：我工作地在兰州新区，这里的旅游发展得不错。目前有西部恐龙园、二号人工湖大型音乐喷泉、牡丹园、新鲜蔬菜水果采摘园、影视城、湿地公园、保税区外贸商品交易中心、奥特莱斯奢侈品购物中心，以及其他一些休闲娱乐的公园和人工湖。这里风景美，观赏性强，娱乐趣味高，尤其是水上娱乐项目（漂流）很受欢迎，市区很多家长都带孩子来玩。

金昌居民：河西走廊的知名旅游景区我基本都去过了。2014 年，开车去了山丹的焉支山，那时候游客很多，主要是看自然景观，山上有片大森林，清澈的溪水沿河谷流淌。谷底有过山车，惊险刺激。车开到景区门口后，我们徒步上山用了大约2个小时。随后又去张掖看丹霞地貌。第二天早上大约9点钟就到景区了，人很多，由于天气很热，丹霞颜色不是很绚丽，据说雨过天晴之后色彩更为艳丽。一路向西直达嘉峪关，雄关很有气势，经过漫长岁月的洗礼，风姿依旧。遗憾的是由于时间紧，没有进去，就在外边看了看。“方特”的确很好玩，从早上九点多开门一直玩到下午六点，好多项目还没来得及体验。娱乐项目多，有过山车、火流星、大摆钟、海盗船、太空飞梭、飞越极限……各个惊险刺激。孩子们可以观看4D电影，身临其境地体验海洋世界，大人也可以通过高科技穿越到古丝绸之路上去感受中西方商贸的繁荣，还可以坐上飞机体验在大海、山巅、峡谷上飞翔的感觉；激流勇进、穿越唐古拉……一天感觉很短，很值得回味。敦煌也去了，魏晋石窟、盛唐壁画，让你亲眼所见老祖宗留下的遗产在几千年后仍保存那么完好，无不让人惊叹。鸣沙山是个很好的去处。娱乐项目很多，可以骑骆驼、骑摩托沙滩越野、登直升机鸟瞰全景、最简单的就是登上松软的沙山拍日落或滑沙，沙山很高，从上面滑沙倍受游客欢迎。月牙泉就在鸣沙山下，远看只是一弯月牙形清水，实则却不小，据说有活水从底下不断流出，这也是其地处沙漠中而水却不枯竭的原因。池边亭台楼阁，绿树成荫，相映成趣。几年前还去了天水，感觉天水市规划建设一般，在干净、整洁、绿化、美化等方面与兰州、武威、金昌有差距。甘南的确是一个很美的地方，一望无际的草原满目苍翠，成群的牛羊在蓝天白云碧草的映衬下美如一幅画，留下了难以抹去的一片绿。我也去过很多地方，如上海、杭州、苏州、丽江、西双版纳、大理、昆明、泸沽湖，感觉他们各有自己的品牌。江南烟雨蒙蒙，杨柳依依，吴侬软语，青衣巷子乌篷船，吴越文化、才子俊杰故居或茶文化，江南的山雄健，江南的水柔情。云南之旅则是领略了多样的民族风情（西双版纳的傣族、香格里拉的藏族、泸沽湖的纳西族，大理的白族），生活各具特色，别具风味。迥异的气候、地域、风俗习惯造就了各民族不同的性格特征和生活习俗。甘肃与这些地方相比，旅游缺少特色。我们虽没有江南的清秀山水，但我们有沙漠骆铃、有草原毡房，有雪山、滑雪场，还有黄河风情线，有河西走廊的西路军红色文化，这就是我们的品牌，就是我们的特色，只是没有加大力度投资与开发。

兰州居民：兰州的景点相对感觉服务不到位，没有系统的服务，整体感觉还是比较乱，不成体系，但是景点都挺有特色。

张掖居民：我在兰州上大学的时候，学校组织我们去天水实习。麦积山没给我留下多大的印象，但仙人崖很好，那里有个水库，可以划船，玩得不错。我发现，河西走廊建筑上使用的琉璃瓦都是黄色的，但天水的建筑使用的琉璃瓦是绿色的，和那里的绿色树木很搭配，当时没有注意到，后来中央美术学院有个教授做中国建筑艺术方面的报告，我听了后，想了想，还的确是这样。天水的气候比较潮湿，当时是 8 月份，兰州很热，但天水气温不高，比较舒服。张掖我比较熟悉，不过那里的丹霞没有去看，实际上，我们河西走廊，或者说古浪县也有这个，就是山上的石头上有点红颜色，没有什么，我非常喜欢张掖的湿地公园。武威主要去了天梯山石窟。我是和父亲一起去的，但这个地方不太好走，没有直达车，去了以后，也没有小吃，连饮料都买不到。武威的文庙很好，里边有各类名人的题字，不过没有文化或者对此不感兴趣的人去了会觉得没有什么意思。山丹的焉支山去的人很多，但自然景色还不如我们老家古浪县古丰镇好，有的地方没有树木，连草都没有，光秃秃的，我们老家那里森林多，气候好，非常凉爽，就是没有开发出来。

江苏游客：甘肃省的景点我去过鸣沙山月牙泉、嘉峪关和张掖丹霞地貌，其中给我印象最深的要数张掖的丹霞地貌，我是下午去的，由于时间比较紧张，我先乘车到最美处游览，坐上园区的通勤车后正好遇上暴雨，雨停大家在中途下车，上天台看到了双彩虹，搭配着丹霞独特的美景，叹为观止！然后继续乘车到达最美处，看到美丽斑斓的丹霞地貌，觉得真是不虚此行！

江苏游客：2017 年 8 月我们去了甘肃兰州，品尝了兰州拉面，乘坐了羊皮筏子，惊险刺激，给我们留下了深刻的记忆。我们也去了张掖，去看了七彩丹霞，在夕阳的映照下，非常美丽。

酒泉居民：去河西走廊旅游的确不错，我结合自己的经历说说感受吧。张掖我去过马蹄寺、丹霞景区、湿地公园、焉支山、扁都口。我们这里的人去山丹焉支山和民乐扁都口的人多，尤其是扁都口，环境很好，从甘肃过去快到青海了，那里绿绿的，而甘肃这边却是黄土一片，黄黄的，俨然是两个世界，这个区别非常明显。扁都口还可以直接去看门源县的油菜花，再到西宁，看茶卡盐湖。这条路我最近去了，人很多。玉门的旅游相对弱点，没有好的景区。我们瓜州有很多好玩的地方，锁阳古城原来就是沙漠之中的一堵土墙，周围是骆驼刺，现在成了世界文化遗产，宣传力度大了，知名度大了，来的人很多，我们瓜州有50多处古城，是中国古城遗址最多的县。我们这里还有榆林石窟，现在归敦煌研究院管理了，和敦煌一起宣传，名气上去了。瓜州县还有东千佛洞，但不太对外宣传。还有一个回鹘人迁移到这里后修建的古城，反映了当时的生活方式。这些遗址、石窟离酒泉不远，主要是本地人来游玩。如果和敦煌的线路连接起来就好了。现在的问题是人家不愿意合作，再说游客大多去看敦煌，看了就走了。阿克塞县城是新修建的，有看头。他们那里有很好的草原，在南山，但比较远；一直走出去就到了柴达木盆地，再到兰州，可以形成一个环线。

兰州居民：武威的问题主要是交通线路问题，绕道，游客如果去青海湖再去敦煌的话时间就不够了，都直接去了张掖；文化类景点多，中国有几千年历史，文化呈现多样性，对世界有重大影响和贡献，应该发展文化旅游；有好的资源，例如，天梯山石窟是石窟鼻祖，文庙是国内三大文庙之一，海藏寺也不错，但文化类属性太强。张掖的资源多样性很强，湿地、丹霞、沙漠、寺院、石窟等都有，基本可以代表甘肃或者丝绸之路的旅游特色。河西走廊的冬天旅游还没有发展起来，还没有做这方面的思考，东北比我们这里还冷，气温低，但是很多人去那里，因此温度不是问题；相关宣传没有，也没有做出来产品，我们其实是有优势的，可以做到让游客不虚此行。甘南是营销不到位，他们在中央电视台做广告，这个思路是对的，但效果不太好，建议做两个广告，一个宣传丝绸之路，一个宣传甘南。甘肃做得好的地方是拒绝低价游，外地几个大财团来甘肃，想开展低价游合作，都被拒绝了。现在“一带一路”对旅游影响很大，6年前我们没有感觉，现在越来越显著，来甘肃的游客多了。

武威居民：武威是丝绸之路必经之路，亦是古代兵家必争之地。自2018年初，武威开始注重城市绿化、卫生、环保等，城市环境大为好转。旅游景点维护及开发方面，政府开始注重标志性景点马踏飞燕出土地雷台公园的维修维护，具有历史文化背景的旅游景点白塔寺现已修成数条公路可达市区。政府及旅游部门更是加大力度积极开发天梯山石窟，此景点可和敦煌莫高窟媲美。但作为居民，感觉外地游客数量增加不多。另外，武威亦有很多景点有待开发推广，如古浪昌灵山、凉州红崖山水库、古浪黄羊川石门山、凉州沙漠公园、天祝天堂镇、天祝抓喜秀龙草原等。

黑龙江游客：我来甘肃旅游好多次了。兰州的东乡手抓不错，夜市上的小吃很好吃，牛羊肉做得好吃。也去了天水，但当时发生泥石流，麦积山没去成，敦煌当然很出名了，武威也很有特色。整体看，丝绸之路旅游很有看头。

附录2

专家观点集萃

对甘肃发展旅游业的几点看法

王文渊

第一，甘肃人容易夜郎自大，觉得甘肃在旅游文化资源方面有好多独特的东西，自以为了不起，在宣传时用词过分夸大，以为人家不来甘肃，就不知华夏文明，就妄为中国人似的。其实，情况远不是这样。我在江南待了十几年，在外参观、学习、交流接触的各地人也不少。我发现人们往往用一种同情的口吻谈论甘肃，一提甘肃就会涉及贫穷、落后和愚昧，并不是被那些文化上的闪光点所吸引。另外，现在全球化发展速度如此之快，人们对全球文化和文明的发展变化都有大致的了解和认识，可以参观的内容多了，而出国旅游又十分廉价，人们的选择余地大了，市场竞争更为激烈，甘肃慢慢地从他们必游之地的清单中被挤出去了。站在全球化的竞争激烈的旅游市场高度看待问题，结论就会大不一样。

第二，和大西北相比，江南地区人文荟萃，文化遗迹众多，影响力更大，旅游资源实际上更为丰富。比如，杭州的西湖景区、温州的雁荡山景区、绍兴的兰亭及鲁迅故里、宁波的蒋氏故里、苏州的园林和水乡古镇、无锡的天下第二泉、桐乡的乌镇，还有南京的中山陵总统府、淳安的千岛湖，等等，由于众多文人墨客的吟咏，来自海内外的游客更多，收入也更为可观。更为重要的是，江南地区的旅游业是四季皆宜，而甘肃的旅游业大都集中在夏秋两季，对旅游从业者的年收入影响也不小。我的感受是，在江南地区从事旅游服务业赚钱好容易啊！

第三，季节性问题很重要。由于甘肃的旅游业集中在夏秋两季，好多从业人员还得兼做其他工作，加上年接待旅游人数有限，难以形成专业化，难以不断提高服务质量，也难以满足游客的多种个性化需求。我在扬州遇见几位去过甘肃张掖丹霞地貌的游客，他们就抱怨当地的饭不好吃，而想吃一份地道的扬州炒饭又买不到。但问题是如果搞专业化旅游服务，一是个性化要求太过庞杂，并且需要更多的从业人员，否则难以一一满足；二是收入不能得到保障。

第四，旅游景点也存在一个升级换代的问题，否则难以长久维持并吸引游客的兴趣。以无锡的灵山景区为例。原先只有祥符寺，当时称为广福寺。第一期工程就不惜重金修建了灵山大佛雕塑，第二期工程增添了九龙灌浴喷水表演，第三期工程是梵宫，据说斥资 26 亿元，第四期是五印坛城，引入藏传佛教文化元素。后来，又专门开辟了拈花湾小镇，作为一个独立景区运营，独立售票，这可以算作是第五期了。在不断投资扩建景区的同时，票价也在不断上涨。无锡的梅园也是这样，在原来的基础上改建、扩建，尤其是把原先闲置荒废的后山开辟为世界梅品种园，引种了世界各地的梅花近万株，形成了独特的风景。

甘肃的马蹄寺景区就是一个例子，多年来变化不大。2003 年 8 月，我曾经帮助肃南县旅游局翻译资料并题写“马蹄寺石窟群”，涵盖马蹄寺、文殊寺等景区。但实际上各个景区之间距离较远，不能连贯起来参观。

第五，管理机制也需要革新。无锡的各大景区大多是由市政和园林局管理，但是，灵山景区是个例外。政府为了开发灵山景区，专门成立了灵山公司来开发并管理景区，公司是独立运营的。

第六，做事情要大气。平凉市以崆峒山为中心开展养生旅游，有些成效，但是受交通和季节的限制。我的老家崇信县也开展类似的项目，以分散在不同乡镇的几棵古树、奇树为景点，遗憾的是景区太小，游客驻足的时间太短，形不成气候。

对于外地人来说，看草原沙漠去内蒙古，看藏区去云南、四川、青海、西藏，看高山峡谷去四川，只有看丹霞地貌和莫高窟必须去甘肃。

总之，甘肃是一个很神奇的地方，因为甘肃人乡土观念太深，离不开甘肃，就错误地认为外地人都想去甘肃。他们以这种高高在上的姿态来办旅游，自然是办不好的。

（王文渊，男，汉族，甘肃崇信人。曾在河西学院外语系从事教学，现为江西无锡商业职业学院副教授。研究方向：应用语言学）

被典型的伪文化裹挟的旅游业

任　重

随着国民收入水平的提高和生活观念的改变，越来越多的人走出家门，加入到“旅游大军”行列。好长一段时间，我也不例外。但去过的地方多了，各地旅游区似曾相识的同质化景观以及旅游文化的庸俗化很令人厌烦，我不愿再将时间和精力花在这种名实不副的“旅游”景观上，更期望寄情于人迹少至的自然山水间。相信与我一样有此感受的人不在少数。

名实不副的旅游业近年来高歌猛进“大发展”的原因有很多。各级政府在“大开发”的号召下，受既得利益和预期利益共同驱使，急于赚钱生财，急于所谓的政绩，迫不及待地大拆大建。近年来，随着旅游收入在各地GDP收入中所占比重的增加，各地将旅游业发展提升到重要的地位。一方面，竭尽全力地挖掘与当地有关的历史人物、民间传说；另一方面，急于求成，试图将其短期内呈现给大众。在此背景下，急于造景、造物、造故事，一个个赝品相继粉墨登场、一个个传说胡诌八扯聒噪不休。名义上的“打造”变成了十足的“大造”，包括与之相关的有价值的文化符号、精神记忆和生活方式，都难逃脱“被消失”的厄运。其典型做法有以下几种：

一是“破旧立新”。这种“破”，并非哲学意义上的“扬弃”，不是推陈出新，而是无知、野蛮的破坏。很多地方该“破”的和不该“破”的全被“破”了，该拆的与不该拆的全被拆了。在我们眼前，总是出现拆除与重建交叠的场景。具有传统价值的建筑遭到唾弃，“破”的彻底，“破”的令人痛心，“破”的无以挽回。“旧”与“新”彻底断裂。一句话，糟蹋了悠久历史积淀下来的物质和非物质文化遗产。所谓“立新”，就是自作聪明，大张旗鼓地施工“仿古”，千篇一律、不伦不类。所谓的商业风情街称之为“风情商业街”似更恰当（冯骥才语）。结果是新的未能“立”起来，旧的却被破坏了，保护不够，开发过度，留下千古遗憾。

二是“重新装扮”。各地历史上所形成或遗留下来的名城、名镇、名街、名吃、名人故居，以及非物质文化遗产等，自有它无可替代的价值。但它们的命运随时会发生翻转。一些“聪明”的规划者与觊觎的开发者联袂行动，决不放过这天赐的“唐僧肉”。许多东西被堂而皇之地、热热闹闹地重新“打扮”，甚至拆卸重组。于是，有的被拆除，有的被重新“改造”。或者异地重建仿古城、民俗文化一条街等，以次充好，以假乱真。

三是“腾笼换鸟”。因利益驱使，各地很多古村古镇甚至人文景观正被过度开发。被改造成商铺、旅店、农家乐、茶社、咖啡屋混成一团的“游客天堂”。在过度粗鄙化打造下，所谓的古村古镇呈现给游客的无非是一些年久失修的老房子，名人故居不过是几间老屋子。在这里，没有足以见证历史的博物馆，没有真正拥有名人物品的名人故居，充斥的尽是现代化的小商品和真假导游反复解说的胡编乱造的民间故事，缺乏庄重感、神圣感、厚重感甚至基本的美感（冯骥才语）。

以上列举的各类现象归结起来，用一句话戳穿就是急功近利，无视历史。地方官员要政绩，商人要谋利，官商勾结下“发展”起来的旅游业必然乱象丛生，必然被典型的伪文化所裹挟。这种鄙俗化的潮流，以及充满谬误、以假乱真的伪文化，正在引导我国的旅游业向粗浅、轻薄、空洞、庸俗的方向发展。有识之士大声呼吁：长此以往，不仅伤害公众的文化情怀和历史观，也伤及中华文化的纯正及传承。试想，在这样的文化环境中成长起来的下一代，如何对自己的文化心怀挚爱与虔敬？

我们应坚定地秉持“保护中开发”“开发中保护”原则，在尽可能保持自然景观和人文景观原有风貌的基础上，发掘其历史渊源或文化背景，一方面给大众呈现其独特的景观魅力；另一方面继承和弘扬传统文化特色，使游客在旅游中获得教益、增长见识。

这才是旅游业应有的风貌！希望甘肃旅游业能够健康发展，克服或减少这些乱象。

（任重，男，甘肃会宁人。甘肃作家协会会员，《甘肃日报》特约撰稿人，出版著作多部。研究方向：基础经济理论及甘肃历史文化）

甘肃旅游发展须有自己的思维

张军谋

我是陕西人，来甘肃十几年了，长期从事旅游学研究。对于甘肃旅游发展想说说自己的看法，那就是甘肃需要有自己的做法。

例如，河西走廊的特色到底是什么？宁夏有沙漠，原来提倡治理沙漠，要防止生态恶化。后来来了新的领导，认为别这样治理，我们需要沙子，沙子不是多了而是不够，因为要突出沙漠文化，开发沙漠旅游。在这样的思维指导下，宁夏做大了沙漠旅游。我们甘肃是不是也可以借鉴一下，在别人提倡做某个事情的时候，反其道而行之，积极利用所谓的问题。

还有应该把旅游作为产业来做。这个理念，许多地方直到现在还没有摸索清楚。我们还没有把旅游当作一个产业，尽管文件上、口头上、心理上都想做大旅游。为何这样说，因为我们把旅游的附属功能过于放大，例如，说文化传承重要的时候，旅游就和文化挂钩了；说扶贫脱贫的时候，旅游就和扶贫脱贫挂钩了，忽而这个，忽而那个，旅游产业的地位没有单独强化出来。

对旅游的六要素我们过于关注，却忽视了其他内容。例如，大理旅游，当时市长给我们调查团做介绍的时候说，他们目前想依靠旅游做大地产。如何做？首先是人居环境要好。游客看到这里环境好，适宜生活，适宜养老，就会居住，就会购房。我们甘肃似乎没有这样的思维，最多考虑如何购物和消费，想的没有这么深远。我们有些城市如白银、金昌在人居环境上也不够好，地产自然难以做大。

兰州到底有什么？旅游发展方向不清晰，主要是城市的旅游分区功能不到位。游客到白塔山去干什么，到五泉山去干什么，到滨河路去干什么，到哪里去购物消费，到哪里去休闲娱乐，都没有弄明白。所以，城市的旅游功能要提升完善，资源要整合开发利用。

（张军谋，男，汉族。陕西人。陕西师范大学工商管理学院博士。研究方向：旅游经济学）

兰州旅游宣传口号到底如何定

牛海祯（兰州文理学院旅游学院院长、甘肃省高等学校教学名师）

早就听说兰州的旅游宣传口号又要变了，在今天早上开幕的黄河文化旅游节开幕式上，传闻变成了现实，领导公布了“千里之游，始于兰州”新的宣传口号。

一个地方的旅游宣传口号需要全面分析一个地方的地脉与文脉，提炼出区域特色与特质。不能让人感觉有歧义或者平庸，更不能有让人诟病的语病。

从这个意义上说，前几年兰州提出的“中国西北游，出发在兰州”，重点强调了兰州的交通枢纽地位和中国地理几何中心的特质，也体现出西北区域中心城市的区位特点。同时这个口号还可以衍生出“中国西北游，浪漫在兰州”“中国西北游，美食在兰州”“中国西北游，体验在兰州”等诸如此类体现兰州不同特色或者不同心理感受的口号！虽然有批评者认为这个口号似乎强调了兰州旅游过境地地位而没有强调旅游目的地地位。其实，在全域旅游理念下，任何地方都有可能既是出发地、过境地，又有可能是目的地。在后工业化时代，以文化和体验为代表的服务消费异军突起，逐步取代以了以“吃”为代表的生存消费和以“住”和“行”为代表的小康消费。旅游业进入了以体验和休闲度假为主要内容的品质旅游时代，地方旅游竞争也变成了地方形象竞争，地方旅游宣传口号的重要性日益凸显！

“千里之游，始于兰州”这个宣传口号脱胎于我们耳熟能详、小学就学过的成语“千里之行，始于足下”，平庸普通，毫无特色，可以放在任何城市使用，每个城市都可以来个“千里之游，始于××”。不过老百姓会质疑，我千里之游，为啥要从兰州开始呢？像我这样脑子迟钝点的人，会不会觉得出个门，还非要跑到兰州起步啊！我有点怀念“中国西北游，出发在兰州”，哪怕是更早的“丝路重镇，山水新城”也很不错的！

王万鹏（兰州文理学院教授、兰州大学博士）

听说兰州又要换宣传语了！城市宣传语是一座城市品牌建设的关键要素之一。分析兰州独特的历史和地理优势，我还是觉得“丝路明珠，黄河之都”更好、更有内涵。丝路明珠，既强调了历史上的金城兰州“屏障中原，联络西域，襟带万里”的丝绸之路重镇的地位，也凸显了兰州如今在“一带一路”倡议中“坐中四联”的重要位置。黄河之都，于兰州而言更是无须多言，兰州是黄河穿城而过的唯一省会城市，曾被孙中山先生定位为“陆都”。“千里之游，始于兰州”，貌似有点成语功底，其实却如同大白话，没有任何内容承载和文化指向。

孙永龙（西北民族大学旅游系主任、教授、博士）

近日听闻兰州旅游形象又要变了，既好奇又担心，一个城市的形象跟一个人的名字一样，经常变换肯定不是一件好事，会让周围的人记不住你。旅游形象设计不是简单的一句口号，而是市场定位、产品定位、品牌定位的过程，是一个系统工程。一般来讲，旅游形象设计至少要考虑三个方面的要素：地格、客源市场、竞争者，其中，最核心的是地格，即地方特性，包括地方自然地理、历史文化、民俗风情等。

2012 年，兰州旅游形象“中国西北游，出发在兰州”呼之而出，可圈可点，此口号虽没有凸显兰州地方特性，但强调发挥西北中心城市、交通枢纽的优势，过去确实如此，去青海旅游的游客一半以上在兰州中转，去新疆旅游的游客也有不少从兰州出发的，穿河西走廊而过……但中国高铁的快速发展打破了原有的市场格局，兰州的交通枢纽功能弱化，且 2016 年初国家旅游局提出了“全域旅游”的概念，旅游发展从“景点模式”向“目的地模式”转变。

兰州人很快意识到了这一点，旅游形象也改成了“中国西北游，相约在兰州”，比前一版有了明显提升，认同度也在提高，此口号也反映出兰州想打造成为知名的旅游目的地。近年来“兰马”、文化旅游节、环湖自行车赛、旅游版演艺项目等颇有成效。前两天陪来兰州游玩的同学去了正宁路夜市，发现这里的顾客结构发生了很大变化，邻桌的客人大都操着外地口音，街口的小商贩也开始宰客了，一斤桃子16元、一斤石榴13元，只有卖核桃的大姐比较实诚。本想自己说兰州话，老乡会便宜点，哪知人家跟我讲外地普通话……

这阵子有好几位同行说，兰州旅游有了新形象“千里之游，始于兰州”，真是捏了一把汗，中国地域辽阔，去个北京、上海乃至国外难道要始于兰州，“千里之游”的范围不明确，明显不如之前“中国西北游”，“始于兰州”又回到了“出发在兰州”。按照旅游形象设计理论，此口号存有三个缺陷：一是既没凸显地方特性，兰州文化识别度不高，公众不禁要问：黄河哪去了？牛肉面哪去了？丝路重镇哪去了？二是与全域旅游大势不符，又回到“组团地”和“集散地”的概念上了；三是没有充分考虑竞争对手，如西安、西宁、银川、乌鲁木齐等，在高铁时代如何发挥交通枢纽优势？

还是前面那句话，旅游形象设计是一个系统工程，不要轻易改口号，不然连“妈妈”都不认识你。

绍兴荣（兰州文理学院艺术学院教授）

旅游宣传语的提炼，应该充分考虑到受众的接受心理，尤其是其心底的逆反心理。你只是给受众提供了一种选择，而不是替他做出决定。

不如直接叫“黄河母亲之都”，不一定非要挖历史，近当代也可以，来兰州旅游除了黄河铁桥就是何鄂女士创作的黄河母亲像了，其实这个口号也一语双关，既指黄河母亲像，也指黄河文化。正好何鄂女士前几年把黄河沿线假的黄河母亲像都给打假打掉了，它就是唯一的ip了。黄河大景区的打造也可以以黄河文化和“母亲”文化为主，尤其是“母亲”文化，这个ip也很有价值。记得有一次听何鄂女士讲她的创作感受，讲母性美、东方美非常感人。

“母亲”这个概念是一个文化原型概念，代表生命，包容……有很多文章可做。

我最近在研究创意城乡问题，一个城市要有独特的气质，可以将“母亲”的气质视为兰州的气质。我们要去研究城市文化深层的东西，挖掘出一个点来才有文章可做。

窦开虎（宝鸡文理学院文学院副教授）

我不搞旅游研究，但我对语言文字应用有点思考。字面意思看，“千里之行，始于足下”表达合理，第一是走路需要用脚，第二是很有哲理，告诉人们要从点滴做起，脚踏实地，做好第一步才有大进步大成就，而“千里之游，始于兰州”不太合乎常理，因为旅游不一定始于兰州，也可是贵州、苏州、杭州……我是甘肃人，对兰州非常熟悉，兰州在丝路旅游中的地位实际上很尴尬，和西安无法比，和乌鲁木齐不可比，和银川、西宁比起来也没有多大的优越感，但宣传还得开展，不如说“中国西北游，精华在兰州”，甚至可以说“中国西北游，请您到兰州”，重点突出兰州是丝路黄金地段中的精华旅游地，可以沿黄河漫步观光度假休闲，意思也很明确。

孙永龙（西北民族大学管理学院教授、兰州大学博士）

最近一次座谈会上，许多人就兰州宣传口号和旅游形象做了研讨，提出“千里之游，始于兰州”。似乎有可以商榷的空间：其一，没有兰州识别特征，西北的区位没了；其二，全域旅游背景下要把兰州打造成重要的旅游目的地，如果说“出发”那就意味着兰州还是以前的中转站。

窦开龙（兰州财经大学研究员）

兰州旅游宣传口号一事，我们有过几次思考，几乎每次都会引发热议。第一次是对“中国西北游，出发在兰州”大家有争议，记得老家有位农民和我说，兰州是不是没有好的景点景区呀，为什么都不叫人来，反而要劝导人离开兰州，出发去其他地方？对他的言语，我无言以对。第二次是对“中国西北游，相约在兰州”的思考，有人说兰州是不是情人约会的地方，我们有家的人或者自驾车组团可以去不？我也无言以对。第三次就是对“千里之游，始于兰州”的思考。北京有个朋友说，猛一听千里之游，我好累呀；有的说我不去兰州，我生活在陕西，我要从家门口出发。我无言以对。

其深层次问题和关键不在于口号准确与否，而在其他：第一，旅游口号的确无疑是一个有效的营销手段，可以网络发布，全球征集，以提高知名度和影响力，同时借助他人智慧为我所用，这在许多城市屡试不爽，但兰州无此思维。第二，离开了客源和消费群体，城市旅游发展无从谈起。兰州目前尚不存在客满为患问题，反而游客规模很小，有些人甚至不知道兰州位居何地。如何吸引游客前来进而形成多日游是重点中的重点。兰州也无此思维，应该在口号上突出旅游目的地特点。第三，经济社会发展需要多倾听专家意见，或者听听市民意见，群众的眼睛是雪亮的，智慧在民间。兰州乃至甘肃要多点这样的思维。第四，城市发展要有科学性规划、延续性思路、可持续性战略，城市的发展需要坚持这样的思维。第五，需要关注旅游市场的需求。拥有区位、资源固然是优势，但游客更多的是考虑游玩后可以获得什么样的体验或感受，成都“来了就不想走的城市”的宣传口号模式就值得兰州借鉴。第六，过度自信甚至自大。“千里之游，始于兰州”暗含的意思之一就是旅游目的地之中我是老大，第一站就是我，你先游玩兰州，然后再考虑去别的地方旅游。实际受众未必认可。

但愿下一次我们的宣传口号会更美。

张高军（暨南大学旅游学院教师、陕西师范大学博士）

“千里之游，始于兰州”，我觉得想表达的也许是兰州是丝路旅游的重要节点的意思，兰州就是旅游的起点。那就有两个问题，第一，我为什么要从兰州开始；第二，我从兰州开始，意思就是我到你这转一圈就走了，这是送游客走的意思啊。

最关键的是，这两个问题解决不了。第一，我为什么要从兰州开始旅游，丝路旅游本身概念性比较强，实际上还是点状的旅游。第二，退一步讲，即便兰州作为起点，那作为游客有什么理由在这里停留呢，既然只是一个起点，就像驿站一样，我在这里停一下，也就是一两天的时间，兰州想要的是这样的效果吗？但游客解读口号之后会有这样的感觉。

丝路旅游，我在2015－2016年关注了一下，当时的情况看，丝路旅游大家喊得比较高，但市场并不认可，谁会真正去重走丝路，即便是走，多是走几个点，最多就是一条线，三五天就over了，对于特殊的人群，规模太小；另外，丝路很长，从游客的角度看，哪里最便利，哪里最有价值，我就从哪里切入，你现在宣传兰州是千里之游的起点，能不能给游客一个理由，让游客从兰州开始旅游，对应有没有产品支撑？如果这些都没有的话，这个口号就只是个空口号而已。

对兰州这个起点的性质的判定也很重要。起点是什么，一般意义而言，就是大家在这里集合一下，之后就各奔东西了，兰州花大价钱把大家聚拢过来，结果来了就散了，兰州能留下什么，能带来多少收益？如果强调千里之游，那对应的市场应该是全国尺度的，全国尺度看，优势又有多大呢？

刘军胜（西北大学管理学院教师、陕西师范大学博士）

关于兰州旅游宣传口号我有一些思考。首先，旅游宣传口号的提炼应从旅游目的地供给与游客需求角度共同考虑，同时需要注重旅游宣传口号的动态变化。就目前兰州的旅游宣传口号而言，深度思考后发现无论是“中国西北游，出发在兰州”“中国西北游，相约在兰州”，还是“千里之游，始于兰州”，均没有从供给与需求的角度进行深度提练，反而过分强调了兰州的区位（西北），口号的形式过分强调对仗，未考虑游客体验的需求，而且口号特色不强。所以，兰州旅游宣传口号的提炼需要从旅游目的地视角深度发掘文脉和地脉，结合不同地区垄断性的旅游资源来提炼不同地区的旅游宣传口号，这也符合旅游资源开发的多样性与综合性特征。同时，在提炼兰州旅游宣传口号时，需要运用大数据技术全方位跟踪和采集游客对兰州旅游各方面的评价、照片集、文本等，进而从游客的角度提炼出其对兰州的本底感知情况。然后，比较旅游目的地供给视角与游客需求感知视角，综合确定兰州的旅游宣传口号。其次，要注意旅游宣传口号的动态变化性，结合旅游市场细分的变动以及旅游新业态的发展及时更新其内涵，破除“毕其功于一役”的做法，实时转变管理观念，以市场需求来确立旅游目的地宣传口号。

高雪琴（兰州文理学院旅游学院讲师）

兰州旅游宣传口号最近改了，改成了“千里之游，始于兰州”。针对这个问题我在课堂上设计了一个讨论环节，让学生分小组讨论并分析兰州旅游宣传口号一变再变的背景、原因和利弊，并从自己的角度再提炼出一个叫得响的旅游宣传口号。同学们讨论异常热烈，分别给出了自己的观点。

兰州旅游宣传口号先后有：“丝路重镇，山水新城”“丝路明珠，黄河之都”“中国西北游，出发在兰州”“中国西北游，相约在兰州”“千里之游，始于兰州。”从中可以看出兰州旅游宣传口号的确是从资源角度向市场角度过渡。“中国西北游，出发在兰州”的初衷是强化城市在西北城市格局中的重要性，“中国西北游，相约在兰州”也很好地将兰州作为旅游目的地城市的形象打造出来了，“约”有邀请的意思，相约就是约定、邀请，经过商量而约定，正好显示了兰州作为旅游目的地城市热情好客的一面；“千里之游，始于兰州”没有将兰州包容、博大、多姿多彩的文化展示出来，更彰显不出兰州旅游形象的任何优势。“旅游＋”让旅游行业拥有了非常大的发展机遇，同时在一个大的背景下，即全域旅游时代的到来，如何将旅游做到最大限度地满足人民群众的消费需求呢？或许就是要让游客感受到处处皆风景的美好体验，旅游服务和旅游产品随处可见，旅游环境安全文明有序。兰州旅游宣传口号如何能有文化底蕴及内涵，我个人觉得最能体现兰州文化的莫过于丝路重镇，黄河之都。对此我将兰州旅游宣传口号提炼如下：“中国西北游，体验在兰州”“中国西北游，邀您到兰州”“黄河之都，浪漫兰州”“绚丽丝路，魅力兰州”。

附录3

甘肃作家张子艺女士访谈记录

窦开龙：您好。作为文学爱好者，我知道您的散文《锁阳城里的风铃草》获得“冰心散文奖”，很了不起。

张子艺：谢谢，《锁阳城里的风铃草》的创作其实是我一直以来的夙愿，我一直都觉得我要为西夏历史写点什么，甚至觉得冥冥之中可以和那段历史产生共鸣，因此在创作这篇文章的时候基本上一气呵成，写作情绪也十分饱满。

窦开龙：没想到您对丝绸之路美食文化也很有研究，今天特意请您谈谈丝绸之路上的美食文化旅游。

张子艺：目前为止，我认为我的知识体系不足以支撑起“学者”这个头衔，目前所做的也是根据自己喜欢的方向，撰写一些跟甘肃历史文化相关的稿件。我是媒体从业者，从业方向就是甘肃文化、甘肃历史、甘肃文物考古，在十余年的工作中，撰写了历史上许多发生在甘肃省的故事以及历史遗址的稿件。我对历史产生了浓厚的兴趣，人们常说“来路”和“去途”，我认为，历史就是了解我们“来路”最有利的证据，我们的祖先，我们的前人，他们在这片土地上如何生存，留下什么痕迹，这些都必须通过文字记载和文物考古发掘互为旁证，才能勾勒出一个大致的版图。

因为对历史的浓厚爱好，又因为饮食是人类生存最重要的基础，因此在走过3次丝绸之路后，我撰写了《舌尖上的丝绸之路》这本书，想通过文字将曾经经历过的、曾经目睹过的以及曾经向往过的都记录下来。

窦开龙：您也出生在丝绸之路上吗？

张子艺：我出生在丝绸之路沿线河西走廊的古浪县。小时候父母工作忙，把我放在农村跟爷爷奶奶一起生活，在我6岁前，我经历了最完整的农耕文化中的所有节气：二月二要吃炒豆豆；端午节吃凉面凉皮，不准动火；等到了八月十五，当年新的麦子打出来白面，在上面抹上新磨出来的胡麻油，那个月饼的香气和颜色永远都忘不了；冬至的时候做疙瘩饭，开饭前，奶奶会提着一个陶罐子给左邻右舍送过去……这些农耕文化中最宝贵，最诚挚的生活，被一个孩子看在眼里，终于在20多年后写了出来。

我曾给身边的朋友说《舌尖上的丝绸之路》是我写给故乡的一封情书，也是写给已经在天上的爷爷奶奶的一封信，这里面写出了我对农村生活的所有过往经验。

窦开龙：能详细介绍一下这本书吗？

张子艺：这本书是2018年初由甘肃人民美术出版社出版，大约12万字，主要以丝绸之路沿线的食物为主线。从陕西出发，经天水到兰州、武威、张掖、敦煌，再到吐鲁番、乌鲁木齐，一直到霍尔果斯，包括了国内段丝绸之路沿线比较常见的一些食物。里面的一些图片都是我拍的，也是因为这本书，我有了拍摄静物食物的欲望，还专门去成都学习了静物食物的拍摄，后面选插图的时候，我拍摄的很多照片都入选了。

窦开龙：这本书主要分几个部分？

张子艺：这本书主要分为四个篇章，第一部分“从大地湾开始的食物馈赠”，从中国饮食的历史发展，从黄河两岸的先民开始发现粟类，这是已知中国驯养出来最早的植物，到了后面各种食物随着丝绸之路进入中国，比如，石榴、胡椒、胡麻等。到了后期，海上丝绸之路开通以后，许多食物沿着水路进来，比如，番薯、西红柿等。第二个部分“丝绸之路沿线美食”，主要脉络是，从羊肉泡到泡儿油糕，从大盘鸡到烤全羊，不仅写了丝绸之路沿线一些比较著名的食物，还有一些家常饭，比如，张掖的牛肉小饭，新疆的扁豆面等。第三个部分以“节气中的丝绸之路”为主线，勾勒出24个节气中的丝路沿线农家图，可以说这部分的所有内容都来自于我曾经在此地生活的经验。第四部分“敦煌饮食”，以敦煌壁画中的一些记载为主线，挖掘当地饮食文化。

窦开龙：丝绸之路上的美食文化还有哪些典型特征？

张子艺：除了陕西曾经是王朝都城所在地之外，丝绸之路沿线大部分地区是边疆游牧民族生活之地，因此饮食多和牛羊肉有关。我以前写过一篇文章——《没有一只羊能活着走过黄河》，当然有一些夸张，但实际上这也是此地饮食的重要特征。比如，嘉峪关的烧烤、兰州的牛肉面、河西的羊肉垫卷子等。由于地处边疆，也就没有什么高档的宫廷式餐饮，规模小，局限于在本地传播，难以像“鲁菜”“粤菜”一样在全国推广。

河西走廊饮食的鲜明特征是融合，具有中原、西域以及中亚西亚的特征。天水、庆阳属于典型农耕文化区域，饮食多以面食为主，典型的有浆水面、洋芋搅团等。

窦开龙：您觉得基于全世界或者中国视野看，丝绸之路上的美食文化旅游有什么不足，该如何应对？

张子艺：从全国范围来说，除了兰州牛肉面外，实际上甘肃的饮食仍然只在甘肃这个地域范围流行，也就是说没有超出自己的地域，没有将饮食文化输出去。比如，像川菜已经开遍了全国，粤菜也作为高档菜的代表在各地抢滩登陆。从这个角度来说，甘肃菜，也就是陇菜未来发展任重而道远。

兰州牛肉面对外输出的品牌叫作“兰州拉面”，说到牛肉面外地人首先想到的是台湾“牛肉面”。不过现在北京开了不少牛肉面馆，像“东方宫”，是走高档精致化路线，里面也有不少甘肃菜。总体来说，甘肃的餐饮发展仍然处在第一阶段，虽然“兰州拉面”已经成为全国第一大快餐品牌，但这个品牌是青海化隆人经营出去的，兰州人目前所做的餐饮开发，不过是让外界知道了真正的兰州牛肉面到底是什么味道。

此外，丝路上的饮食材质虽然很好，但制作比较粗糙，一个原因是受经济水平制约，另一个原因是历史积淀不够。很多菜系的发展，实际上都跟各个朝代的宫廷菜有着重要的关系，而一直处在边疆的甘肃，实际上很难获得宫廷菜精致的制作技艺和选材，因此一直处在比较粗放的发展状态。

窦开龙：请您谈谈其他文化资源的旅游开发利用。

张子艺：甘肃有非常丰厚的历史资源，敦煌莫高窟是人类文明史上重要的文化遗存，是一部立体的中国美术史。目前敦煌研究院也在跟各方合作，根据现代审美观点制作文创产品。从甘肃范围内来说，敦煌研究院的文创已经很不错了，但是在全国而言，实际上敦煌研究院的文创衍生品才刚刚起步；从全世界范围来说，中国的文创也才刚起步。此前去日本旅行时，参观了不少博物馆，很多馆内的文物历史远远比不过甘肃省内的市级博物馆文物的历史，但他们在文化衍生品的制作方面已经走在了世界前列，将文创衍生品从“工艺品”推进到了“日用品”。这两个概念实际上非常关键。怎么说呢，此前中国所有的旅游纪念品、博物馆产品都是“纪念品”，适合陈列摆设，但大家都知道，目前房价这么高，在屋子里陈列一些无用的摆设的地方越来越小，而且景区纪念品都很粗糙，根本达不到“陈列摆设”的要求。

窦开龙：日用品的文创产品是什么概念呢？

张子艺：其就是将文化概念在日用品中得以体现。日本的“万古烧”非常著名，是一种煮汤炖肉的黑色陶器，价格很贵，当地人将此作为一种珍贵的匠人精神传承。实际上中国作为瓷器大国，器皿的使用在农村非常普遍。尤其甘肃盛产“黑陶”，我幼年时家里的碗、罐子都是取当地黄土在陶窑烧出来的陶器，非常便宜，材料也很天然。但目前本地使用“黑陶”已经基本难觅踪迹，城市中日常使用的也都是非常大众化的白色瓷盘、瓷碗。因此，文创只有跟生活发生关系才会有生命力。

窦开龙：你觉得甘肃还有哪些可以利用的旅游资源。

张子艺：甘肃可以利用的资源太多了，就说说最近举办的西和县乞巧旅游节会，当时我去文创中心参观时，发现墙上挂着的白马人服饰配色跟奢侈品 GUCCI 的配色非常相似。我就与负责开发的大学教授沟通，询问她是否受到奢侈品配色的影响而制作这些物品，她很诚恳地说：“所有的颜色都是原汁原味白马人的颜色，我们不过是通过现代的方式手段呈现出来了。而那些国际大品牌的配色也是在全球各地甄选购买当地人的工艺品，并从中汲取灵感。”

附录4

甘肃省敦煌学会副会长高启安教授访谈记录

窦开龙：您好，我们知道旅游研究具有跨学科特征。您是敦煌学研究专家，我想请您聊聊丝绸之路文化旅游方面的问题。

高启安：现在都说文化旅游，但实际上游客更关注自然景观旅游，你看张掖的丹霞，敦煌的雅丹地貌、月牙泉，非常火爆，文化类的旅游客流量相对就少多了。

窦开龙：您的这个观点是对的。文化旅游虽然说起来是未来的一个趋势，但需要有大智慧大创意，以及大的资本投入。您能否结合实际谈谈看法。

高启安：我是甘肃景泰县人。就以景泰县为例，整体的感觉是旅游资源很好，但开发者和管理者的理念不到位。一是依赖门票发展产业。黄河石林是甘肃重点打造的景区之一，但说出来你还别不信，现在亏损呢。为什么呢？除了卖门票，没有其他的收入来源。客人来了看看就走了。实际上旅游业还包括吃饭、住宿、交通等。石林附近可以开发住宿场所，客人留下来就会产生消费，我们是单纯卖票。二是对本地资源的价值认识不到位。例如，胡杨林旅游，现在都知道额济纳旗胡杨林，甘肃金塔县胡杨林，但我们县的更加有特色，他们那里是人工的，你看树木特别密集，都长得直直的，很挺拔，但天然的胡杨是弯曲的，歪歪扭扭的。我们这里就是天然的，可惜我们不知道对外宣传，外人也就难以知道，旅游业失去了一个亮点。还有我们这里的长城，在靠近黄河的地方修建有龙头，这个应该是和古人的一种宇宙观有关系，长城就是一条龙，龙嘴从黄河中吸水；长城的规模很大，保留也很完整。为什么不利用呢？我在地方上调研的时候，给领导和相关企业都说了好几次，我们这里的长城比嘉峪关长城好多了，他们那个不是第一墩，我们这个才是。可以修建玻璃栈道，叫游客拍照；也可以徒步；或者提供骆驼，叫游客骑着，沿线走，带上干粮、水壶，这才叫丝路旅游，要有体验。我们还有一个将近50米高的悬崖，上边是各类窑洞，是古代打仗用的，互相贯通，可储藏粮食，也可用于瞭望，和地道战差不多，这个也可以开发。三是不知道开发附加值高的旅游商品。例如，胡杨林开发根雕之类的产品很有市场价值。四是缺少创意。例如，“龟城”很有名气，古代的军事要地，这个和历史上的一个大人物岳钟琪有关，要赶快利用起来，修建雕塑。现在好多地方都抢着利用岳钟琪呢。我们不做，别人就做了，到时候就被动了。我还想把自己收藏的铜锤捐献出来，叫他们利用起来。五是没有形成线路。我们可以把丝路、黄河、长城、沙漠、胡杨林、龟城等联系起来，形成一条线路，完整地推销出去，开发一日游或者二日游，游客就会来这里，因为可以看、可以玩的东西多了，带来的刺激多了。

窦开龙：您说的很好。在饮食文化方面您觉得我们有什么问题呢？

高启安：问题都差不多吧，主要是没有特色。例如，我们提供的就是靖远县的羊羔肉、手抓，我们是景泰县，却给别人做了嫁衣，做了宣传。我们的山羊肉很好，有自己的地理标识，为什么不知道利用呢？我跟他们说，首先要从名称上创新，起个好听的和别人没听过的名字，一下子就会吸引住游客。敦煌的饮食文化旅游开发相对做得有点起色，就是依照文书记载，新建了“石窟”，游客在里边品尝美食，这个感觉就不一样了。当然，不可以直接把古代的餐饮拿出来招待客人，那样没有人喜欢，也没有人会去吃。因为当年的经济发展水平和我们现在无法相比。我们需要的是推陈出新，需要的是古为今用。

附录5

宝鸡文理学院高强教授访谈记录

窦开龙：高院长，您好。我知道您是国内研究周文化的知名专家，出版有多部关于周文化的论著，是宝鸡“西凤市民大讲坛”首批主讲人，开坛讲授“秦人的崛起”，在播出后引起较大反响。可否说说周文化的演化历史。因为这个朝代比较久远，大多数人不太熟悉。

高院长：周文化的演变大致可以分为四个阶段：后稷文化（萌芽期）；岐周文化（成熟期）；宗周文化（发展期）；成周文化（衰落期）。这个过程比较复杂，作为学者可以深入研究，对一般读者而言，大约了解就可以了。

窦开龙：您曾经给军队系统做过一场报告，专门谈周文化的特征。具体是什么呢？

高院长：周文化的特征很集中，一言以蔽之：崇德尚礼，敬德保民。周文化以宗法制为基础，分封制和礼乐制为形式，等级制为根本，主流是儒家文化、德治文化和王道文化。周文化是中华文化的基础与核心，也是中国文化软实力的重要源泉。

窦开龙：宝鸡主打周文化旅游。宝鸡与周文化有何关系呢？

高院长：宝鸡是周文化的发祥地，是为岐周。自古公迁岐至文王迁都，历经三代，奠定了建立西周王朝的基础，也奠定了周文化的基础。即使后来迁都丰镐，周原也是周人的根据地和大本营，是周人的圣地。

窦开龙：宝鸡周文化旅游资源有哪些？

高院长：宝鸡的周文化遗存主要有周公庙、钓鱼台、青铜器博物院、臊子面等，还有一些遗址，但目前的旅游开发利用情况一般。

窦开龙：我上次来宝鸡文理学院的时候，路过宝鸡青铜器博物馆。请问这个博物馆有什么特色？

高院长：宝鸡青铜器博物院是全国唯一一座青铜器专题博物馆，值得一看。其中最具代表性的是西周初年的何尊，内中铭文“中国”一词系首次出现。

窦开龙：宝鸡青铜器有什么特征？

高馆长：青铜器是商周文化的代表，宝鸡是青铜器之乡。宝鸡的青铜器有几个特点：一是数量多，自西汉神爵年间至今共发现数万件，散布世界各地；二是重器多，毛公鼎、大克鼎、大盂鼎、史墙盘、虢季子白盘等，闻名天下；三是铭文多，价值高，毛公鼎铭文最多，达 497 字；四是窖藏多，如庄白窖藏、董家窖藏、杨家村窖藏等。

窦开龙：这个很厉害，很有价值。我们甘肃和周文化也有关系。

高院长：甘肃天水和礼县是秦文化的发祥地之一，周时属于西垂，周文化不太发达。但是，礼县秦文化博物馆不错，天水秦安大地湾遗址也不错，我都去过。

窦开龙：我听说游客的评价不是很高，您如何看？

高院长：游客和学者的眼光不一致。我是学历史的，不是搞旅游的，主要看历史文物保护如何，历史文化的价值如何，对于那些花里胡哨的景区不感兴趣。游客却喜欢新奇的东西，因为他们就是找玩头。

窦开龙：臊子面在陕西和甘肃都有，和周文化也有关系吗？

高院长：是的。臊子面传说是周文王发明的，实为周礼分祚礼之遗存。祚即祭肉，分祚就是祭祀活动结束后，所有参与者均可分到祭肉。分祚礼的作用一是通神灵（天地祖先），二是亲族人，让大家分享神灵的庇佑，让参与者有一家人的感觉。臊子面把肉切成小块，把碗里的汤倒回大锅，如此大家就成了在一口锅里搅勺把子的自己人。这是学者的看法，民间则认为，文王斩恶龙，为民除害，然后把龙肉切成细丁，让民众分享。后者虽不靠谱（当时一无龙，二无面条），但凸显了文王有德，也反映了周文化的特性，更易被老百姓接受。

窦开龙：这个很有意思。我们旅游开发缺少解说。没有了解说，游客就无法了解文化的内涵。可以这样说，消费者吃的糊里糊涂，把文化给吃没了。您觉得周礼转化为旅游项目，是不是难度很大？儒家礼仪文化开发有与孔子相关的项目，甘肃有祭祀伏羲的项目，宝鸡可有类似项目？

高院长：没错，这正是开发周文化的难点所在。精神层面的东西难以具体化，即便是礼仪表演也不怎么好看。宝鸡曾有周乐表演，曲高和寡，观者廖廖（不花钱白听还行）。

窦开龙：陕西旅游亮点是周秦汉唐文化，陕西曾经提出要把周文化打造成与秦汉唐文化齐名的陕西文化品牌。秦文化有始皇陵墓，唐代文化有很多的项目如华清池、骊山，汉代文化旅游有很多的帝王陵墓，但周文化旅游似乎资源或遗址遗存不足。您觉得，现在的主要问题还有哪些？

高院长：周乐一年演不了几场，基本停顿；周天子陵墓至今尚未发现；岐山周城没有实地参观，无法评价；宝鸡周礼城不伦不类。现在的旅游项目同质重复，缺乏特色，缺少精品。

窦开龙：你的观点很精辟，受益匪浅。谢谢。

附录6

北方民族大学张多勇教授访谈记录

窦开龙：您是甘肃省知名历史文化和民俗研究专家，也是甘肃省非遗评议会专家。我想请您结合实践，说说陇东以及平凉非遗保护传承的情况。

张院长：好的。我们主要做的是省级非物质文化遗产的评议。几年评议一次，会议规模很大，主要工作是看材料，打分，看某个项目还有什么漏洞。具体认定工作则由省文化厅开展。截至目前，评过的项目有上百个。

窦开龙：可否具体说说。

张院长：张家川有个项目，叫“回族书法”，是用阿拉伯文字书写的，大家都说好。我有自己的看法，认为回族没有保留自己原本的语言，他们使用的是汉语。这个回族书法实际上是用阿拉伯文字书写的，是外语的书写方式。当时有24个专家评议，有23个认可支持，我做了发言，说了自己的看法，但当时没有受到重视。后来，我给文化厅领导写了一封信，说这个涉及国家的民族问题和民族政策，很敏感。我们知道，中华人民共和国成立以后，为了反对原来的民族压迫，开展了民族识别工作，申报接近3000个民族，太多了，后来就认定了55个少数民族。回族的认定和原来的界定不同，原来把新疆的维吾尔族叫作“缠头回”，其他的叫作“汉回”，现在把新疆的维吾尔族区别出来，东乡族也不同了，因为语言是蒙古族。我把这些概括性地说了一下，后来文件出来的时候，这个项目没有了，领导接受了我的观点。有些非遗申报项目是重复的，例如，“花儿”，早已经是世界非遗了，兰州有个县再次申报这个项目，目的就是为了获得一点补贴，把这个遗产保护起来，我觉得不太合适，没有必要再次确认了。我提出不如搞“桃花山唱腔”，这个有地方特色，是新的东西。最后这个项目成功了。庆阳申报过“庆阳刺绣”，我个人认为无法和苏绣、湘绣、川绣比较，不如叫作“庆阳香包绣织工艺”，变通一下，效果也很好，因为体现了庆阳的特色，而说刺绣的话几乎没有什么名气。非遗保护就是要有地方特色，这样才有保护价值。也许地方工作者是“只缘身在此山中”吧，需要专家来出谋划策。

窦开龙：庆阳的知名非遗有哪些？

张院长：国家级的项目有5个。一是甘肃环县皮影，是世界级遗产，由环县皮影道情和其他三个地方的皮影联合打造。二是剪纸。申报非遗工作我也参加了。全国来说，剪纸很多，但庆阳剪纸很有特色。三是庆阳香包绣织工艺。香包品种多，原始生态文化味浓，表现手法奇异多样。四是窑洞营造技术，也就是怎么去挖窑洞。在黄土高原上窑洞很普遍，但庆阳是在地上挖坑，然后修建窑洞。主要原因是空间和环境有限，只有在地上挖坑建造。五是庆阳唢呐。有南部和北部的区别，北部的曲调低沉，南部的曲调婉转，声音比较尖。庆阳唢呐的特点是曲牌多，如《燕落沙滩》是全国独一无二的。曲牌有300多个，曲目有1200多个。

窦开龙：庆阳的非遗很有特色，平凉有哪些代表性非遗呢？

张院长：一是华亭曲子戏，二是西王母信仰，申报的时候我也参与了。庄浪是“高抬”，一般是汽车拉着，用钢筋搭个架子，做成孙悟空、唐僧等模样，真人则站在上面。大概就是这些。

窦开龙：您觉得非遗保护的问题在哪里？

张院长：第一，有一些地方为了申报而申报，实质上就是为了钱，没有做多少工作，甚至重复申报。第二，有很多项目如编筐等技艺没有申报。这边还有徒手秧歌，全国很有名气，也没有做出来。第三，传承人问题也很严重。有的项目虽然办班了，但是没有人来学习，因为找不到工作。陇东学院设想开设一个专业，将来授予学位，就好办了，这些毕业生是科班出身，以后在民间整理、曲谱表达等方面会很规范。第四，研究不够。如“公刘祭祀”是甘肃省级非遗，但没有相关文献，我找了一些材料撰写了一篇论文，发表在《河南科技大学学报》上。

窦开龙：需要将哪些方面作为重点？

张院长：一是提升研究，搜集整理和创作；二是人才培养；三是加大政府补助补贴力度。例如，我们陇东学院把剪纸传承人特聘为教授，他感到非常自豪，因为得到了认可。他送给我很多作品，我觉得非常珍贵，送给了学校。

窦开龙：旅游以及文化产业方面的发展情况如何？

张院长：主要集中在香包方面。在西峰，大约有30－40个铺面在卖香包。有条街道也在卖香包、剪纸。香包节原来是与国家文化和旅游部联合举办，后来由于经费投入等原因，规模小了。现在举办的是农耕文化节。我正在写关于举办这个节会的咨询报告。此外，可以增加一些新的节日，例如，华池人七月十五日给荞麦过生日！其实很早七月十五日就是荞麦节了，建议华池县把七月十五日定为荞麦节，将华池县打造为世界紫花荞麦原产地。

窦开龙：你们学院在这方面很有研究，主要成果是什么？

张院长：我们学院也是甘肃省重点人文社科研究基地，即“农耕文明与庆阳民俗文化产业化开发研究中心”，也有一些成果。在甘肃来说，兰州大学文学院科研实力较强。你可以联系一下。

窦开龙：好的。谢谢张院长。

附录 7

作者旅游随笔

张掖旅游：20 年前，我在张掖师专（现在为河西学院）上大学，当时旅游业还没有受到重视，但也有发展。大学期间，班级组织了几次旅游活动，一次是去甘州公园，我记得主要是划船，湖面不是很大，但我们玩得很开心。还有一次是去“大野口”游玩，当时对张掖来说，大野口是很热闹的旅游目的地。去了以后，就是爬山。其他的似乎没有记忆，就是记得班主任李宗宏老师（现为兰州大学外语学院副院长）和外教 Edgar（在新西兰去世）女士的对话，说这里很干燥。那个时候，马蹄寺也很出名，但我没有去过。2016 年，大学毕业 20 年的时候，同学们决定在张掖聚会，然后一起去看丹霞地貌。那天早上，天气特别寒冷，到景区的时候，风很大，人走在山上，有被吹走的感觉。由于冷，旅游兴致大打折扣，都说丹霞色彩斑斓，但那天我没有领略到。晚上聚餐的时候，张掖美味补偿了白天的遗憾。驴肉、搓鱼子果然名不虚传，我们胃口大开。大家一致称赞，并谈论起张掖的饮食文化，回忆起当年大学期间的伙食。期间，我们参观了校园、河西讲堂，看了校史馆，里面有我们班级参加运动会时的照片，这使我们格外激动；我们还看到了当年参加英语角的曲文敏教授（已去世）的教案，都是手写稿，文字密密麻麻，但字迹工整，厚厚的一本，很是让人感叹。

兰州旅游：我第一次去兰州是 1996 年秋天，当时感觉兰州车辆很多，地方很大，不好走。第二次去兰州是 1998 年暑假，单位组织去西安学习，在兰州转车，感觉西安非常炎热潮湿，难以忍受，而兰州则相对干燥，早上凉快。第三次去兰州是1999年暑假，我准备考取研究生，便来到西北师范大学参加政治辅导班。后来，由于学习和工作地在兰州，对兰州就比较熟悉了，也去过一些地方，但感觉兰州旅游做得不好，没有像样的景点景区、街区，有变化的地方是：五泉山有了游乐场，人很多，很刺激；霍去病雕塑建成后，许多人都去摸“去病”两个字，以图吉利，求个健康。两次去新区游玩，去了影视城，参加了一场夜间游玩活动，整体感觉还是处于起步阶段，基础设施不好，也许，若干年以后，新区旅游会有起色，成为新的亮点，带动兰州旅游的发展。去仁寿山，发展之好出乎意料，没有想到安宁旅游发展态势如此强劲，环境优美，有山有水有花，小道上漫步的时候花香扑鼻，农家乐提供的餐饮味道极美，暗恨自己居住在城市东边不可以天天过来体验。随行的朋友都说，这里不但夏天接待量很好，即使冬天，由于院落为封闭式设计，内有暖气，客人也很多……在黄河铁桥看到几个搞创意的青年，设计了几套装扮，搞得像雕塑，很有意思。

天水旅游：为进一步了解天水的旅游发展，我在2018年去过一次天水，开展了一场旅游研究之旅。从兰州出发到天水，可乘坐火车、高铁，也可乘坐大巴。为节约时间，特别是节省体力，我选择的是高铁。高铁果然速度惊人，从兰州高铁站到天水仅用了2个小时。走出车站后，没有看到去麦积山的公交车，不得不坐乘出租车。司机要价很高，高达150元，司机说回来的时候没有人做车，因此要价很高。考虑到时间关系，咬牙答应。外面都说天水气候与环境很好，但沿途道路难走，坑坑洼洼，十分颠簸，道路两边也没有多少树木；空气有点干燥，还夹杂着一股尘土的味道。在快到景区的地方，有大量的农家乐，路边有各式各样的宣传牌匾和横幅。到达景区，我乘坐电瓶车上山游览。路边有出售纪念品的小商贩，但产品缺少特色。为了解麦积山历史和旅游文化，我特意找了导游。导游带我来到固定的拍照点，做了简单讲解，谈到了麦积山的修建、大佛的特征等。最后，告诉我要自己上去看。上山依靠的是栈道和扶梯，坡度很陡，很窄，感觉很不适应。心惊胆战爬上去，大概看了看雕塑，由于没有人讲解，可谓一知半解。有一处栈道较宽，外边有护栏，走上去没有先前那样紧张；上来的人有的休息，有的仔细观看，有的拍照。下山的时候，腿都发抖，算是一次有惊无险的旅游。需要说明的是，返回市区的时候，我找到了公交车，就在景区内，车票非常便宜，直达高铁站。我的感觉是天水旅游宣传和导览做得还不够好，在车站这样重要的地方，竟没有放置导览牌，告诉游客去景点应该如何坐车、如何转车，服务质量可见一斑。

甘南旅游：第一次去甘南是 2009 年，为了完成博士后研究报告，在那里做了很多次调研。在本地领导和朋友的帮助下，去旅游局、体育局、宗教局、拉卜楞寺进行了详细调研。在拉卜楞寺，看到了很多喇嘛，结识了喇嘛导游，对寺院历史和文化有了一点了解。在夏河县，印象深刻的事情有几件：一是在商业街，可以看到各式各样的商品，琳琅满目，很有藏区特色；二是工人在铺设管道，道路很不好走；三是藏区青稞酒很不错，爱人连续喝下好多杯，没有醉感（平时她是不敢喝酒的）；四是有一家农家乐，服务态度有点不友好。在冶力关，就是另外一个样子了，气候不错，饮食不错，玩得比较舒服。由于是香巴拉旅游节期间，夜晚演出非常不错，知名歌手王力宏等前来演唱，观看者人山人海，好不热闹。后来，出于研究需要，去了岷县县城，专门参观了岷州会议纪念馆，有两个感觉：一是这里也不是特别落后，小时候有很多岷县姑娘嫁到村子上，给我留下这里很穷的感觉；二是红色旅游的交通制约因素很大，路不好走，没有直达车辆。整体看，这几年，由于研究重点不再局限于甘南，去甘南的次数明显少了，田野调查开展得不是很扎实，对甘南旅游发展了解不如前几年深入。

临夏旅游：临夏我去过三次。第一次是到刘家峡调研，陪同兰州文理学院高亚芳教授去了解县域旅游进展。由于丝路旅游节会活动刚刚结束，县上领导就展馆后续利用争求意见，高教授的意见是利用起来做丝路旅游商品研发基地，弥补甘肃旅游短板。我们还参观了其他地方，对滑翔基地建设等有了了解。整体感觉县城建设非常不错，大气，现代化气息十足。第二次是我一人前去做调研，在政协领导带领下，调研了乡村旅游地，参观了刘家峡水电博览园，印象很深。第三次是去参加花儿节，感觉道路不好走，节会组织不是很好，兰州和临夏州许多游客前来，玩得还算开心。我看了八坊十三巷，感觉对历史文化的展示做得不错，砖雕精美，但缺少参与性项目，游客不多，饮食品质也需要提升。

白银旅游：白银距离兰州很近，但总是没有机会前去，对其旅游发展了解不够。有一天，看到兰州文理学院旅游学院院长在微信上晒出一组照片，感觉不错，问是何地，答：白银花村。我有点想去的冲动，于是联系了旅游公司，第二天组团前去。大约十点多到达目的地，停车场和村内道路正在修建中。村子内景色不错，到处都是鲜花、树木。留下的印象是：家家户户门口都有家训；修建有村史馆，但规模小，展出物件较少；导览牌不足，我好几次不知道如何行走，不得不询问他人，但所问之人也不知如何行走；饮食质量不好，尽管价格便宜。也许是处于起步阶段，旅游发展质量还需提升。对会宁红色旅游以及景泰县黄河石林旅游，由于动机不足，没有前去。

金昌旅游：第一次去金昌是1996年夏天，我大学毕业，分配工作（当时是计划经济年代，找工作以分配为主）时到市区报到，在亲戚的带领下，游览了市区，感觉很干净整洁。第二次去金昌是1996年秋天，当时为了学习张思中外语教学法，单位派遣我们几位教师去金昌，顺便游览了金川公司。2008年，我从新疆调研回来，在金昌略作休整，朋友带领我们夫妻二人观看了修建中的金水湖。此后，听说过金昌旅游发展的一些进展，但整体感觉客流不大。

定西旅游：说定西旅游，不如说是陇西旅游。因为定西包括的地方很大，我只去了陇西。在我的印象之中，定西缺水，干旱，经济不发达，是典型的贫困县。但到了陇西，却发现现实和想象差距很大。在好友杜兵的带领下，我们骑乘摩托，夜游县城，感觉耳目一新——县城修建得很漂亮，街道宽阔，高楼林立，灯火辉煌，犹如在大城市之中。杜兵告诉我，陇西不是贫困县了，现在是示范县。次日上午，我拜访了县旅游局局长等人，对旅游发展有了了解。下午，朋友开车带我游览了仁寿山、陇西李家龙宫等地。感觉历史文化资源开发不够，还有很大的提升空间。

武威旅游：第一次去武威是我上初二的时候，感觉武威很大，街上的面很好吃。最近研究旅游，视角不同，感受也不同了。一是古浪县旅游很有起色。从高中起，我就对西路军很感兴趣，悲壮历史催人泪下。十几年以后，古浪县西路军红色文化资源终于转化为项目，修建了纪念馆，受到游客的喜欢，本地人也感到很自豪。在古浪县周边的乡村（冰沟墩村），农家土鸡特别有味道，村落周边景色也很好。二是武威市区旅游发展相对张掖等城市滞后许多，归根结底是发展思路和战略原因，由于关注山区移民、工业项目，旅游业被忽视。三是新时期，武威旅游发展加速。新一届政府开始转换思路，发展旅游，要打造文化和旅游名市，大家都很期待。有亲戚告诉我，说武威最近旅游发展受到了重视，变化很大，要我去看看；有朋友还热情地建议我争取和旅游局合作，搞点研究，毕竟我是本地人，有感情，熟悉本地历史和文化。

平凉旅游：2018年，我参加崆峒文化旅游节以及研讨会，对平凉旅游有了一些了解。本次会议规格很高，组织得力，参会专家来源地较广，清华大学、西北大学等专家数量很多，另外有几位道长也参加了会议。大多数专家研究领域是文学和历史学专业，就本地历史人文掌故进行了考证和论证，使人眼界大开。但实际应用性不足，对此我直接指出，要邀请经济学、管理学学者前来，就文化产业和旅游发展开展研讨。会后，西北师范大学李并成研究员和我交流，说应该这样直接提出问题。李并成研究员是知名敦煌学研究专家，提交了很多提案，他的话对我是一种鼓励。再说说游览情况。会议之前，先观看演出，感觉《老子问道》等节目很有地方历史感，演员表演也很给力，但规模性、刺激性、创新性稍显不足。展馆数量很多，涉及非遗、美食等，但本地人告诉我，这样的展馆只有会议期间才启动，平时是关闭的，因为来得人很少，无法经常性营业。崆峒山景区是甘肃知名景区，气候凉爽，适宜避暑。此外，住宿地——广成大酒店，设施高档，服务到位。夜晚有明星演出，刚开始收取门票，但秩序不太好，后来直接免费开放。其实，节会旅游就是要让老百姓受益。

附录8

作者永靖县政协旅游调研会发言

尊敬的李主席、各位领导、各位同行：

大家好。非常高兴有这样一个宝贵的机会和大家坐在一起，交流县域文化旅游发展的看法。承蒙李主席厚爱，让我全程参加，今天又把我当作“专家”，要我发言。我不是专家，只是个旅游学爱好者。但我对永靖县旅游发展很关注，这次跟随领导们观看了景点景区，有一些实实在在的感受、感悟和感触。下面我结合自己的学术研究做几点汇报。

我们的成绩有目共睹，这里我就不多说了。调研过程中，李主席不停地问“我们发展有啥问题？你尽管说出来”。我越看越激动，越看越兴奋，感觉太棒了，发展太好了。但我们的目的是为了更好。我们座谈就是要找问题，摆差距，有问题意识，才可以解决问题。我们的问题有哪些呢？

1. 旅游形象的问题

什么是旅游形象？其实就是一个心理感受，一个旅游者对旅游目的地的评价。虽然如此，但它不是虚无缥缈的东西，也可以感知得到。一个好的形象设计，对旅游目的地发展至关重要。首先，要定位准确，如法国巴黎是“浪漫之都”，意大利威尼斯是“水上城市”，中国云南是“彩云之南”，广东是“活力广东”，浙江是“诗画山水，人文浙江”，西安是“世界四大古都”，都很到位。其次，要有一个好的宣传口号，朗朗上口，通俗易懂，有吸引力。如成都的宣传口号是“来了就不想走的城市”，上海的宣传口号是“精彩每一天”。相比之下，我们永靖县的形象如何呢？刚才陈局长给了我一本旅游宣传册，题目上就有“蓝色黄河，魅力永靖”。这个形象无疑是目前最好的。但是不是就没有瑕疵呢？蓝色黄河有视觉冲击力，突出了黄河的蓝色特性，因为在大部分人的眼中，黄河就是黄色的。其实，还没有把黄河的特性完全反映出来。为啥呢？这里的黄河不但是蓝色的，也是黄色的，黄色蓝色都有，并且汇流。这就是个奇观。此外，黄河还有一个特征，我们知道的是黄河东去，但这里不是，而是反过来了，黄河向西流。这就是我们永靖县的黄河特征。你看，蓝色黄色汇流，黄河向西流，岸边有山，有红色的丹霞，山顶是白色的，岸边有绿色的植被，这样颜色就是多元化的，还有动态。我们民间说的好，红山白土头，黄河往西流。红山白土头说的是特殊地质地貌形成的红崖赤壁与白土山顶，黄河向西流说的是地形导致黄河流向改变。这个形象明确的话，吸引力就更大了。

再说“魅力永靖”，本意很好，突出我们县的旅游有魅力，有竞争力。但学术研究的角度看，魅力是什么？最好再提炼一下。不错，蓝色黄河就是我们的魅力。但如果能突出我们的产品价值，突出我们休闲度假专题产品，就更好了。我们这里是个时尚之地，市场需要什么产品，我们就推出什么产品。

2. 旅游自信的问题

领导们都很谦虚，说我们刘家峡是个小地方，客流少，无法与敦煌莫高窟、天水麦积山相比。我们不是没法和他们比较，我们有我们的优势。优势在哪里呢？我们的山水景观好，有黄河，有石窟，有恐龙，有水电站，有石林，他们有吗？这里是胡锦涛主席工作的第一个地方，可以说是风水宝地。洮河、大夏河和黄河交汇，藏龙卧虎。我们缺少的是自信，缺少的是视角。我们完全可以自信地走出去，大胆宣传，大胆推销。中国黄河最美之地在永靖；黄河归来不看水，永靖归来不看黄。需要有这个气魄。

3. 全域旅游的问题

我们现在致力于发展全域旅游。全域旅游不是口号，是实在的东西。哪些是我们要重点或者必须搞的呢？厕所问题。国家提出厕所革命，甘肃省在这方面获得了好评。但我们需要再提升一下。这几天调研，我就在街上溜达，我看厕所建设，数量够不够，空间分布合理不合理。还有文化与旅游融合的问题，比如，到了农家乐后，李主席问我，有什么问题，我说，农家乐由三个字组成：农、家、乐，但似乎少点农业文化、乡村文化，光是吃喝和唱歌打牌，这个太简单了。太极岛，很出名的，我在陕师大做博士后研究的时候，导师专门问我，去过没有？搞得如何？要我做相关研究。这次来看了看，就是湿地，有游玩项目。但太极文化体现不够，太空蔬菜，这个思路很好，是个新鲜事物，但看了后感觉没有把太空文化做出来，我们游客来了以后，不仅仅是看看蔬菜，还想摸一下，想吃一口，甚至想带回去几个种子，自己种植。游客需要这方面的参与体验。

由于时间关系，我就说这些。不一定对，只是个人从研究角度的感受。各位领导在第一线指导、设计、规划，我说得不对的地方，请大家批评指正。

谢谢！

附录9

甘肃赞

专著初成，不胜喜悦，提笔作赋，以赞甘肃。

故乡甘肃，亦称陇上。祖国内陆，地势狭长。历史悠久，风雨沧桑。人文蔚起，多有慨慷。今逢盛世，再创辉煌。

故乡陇上，地貌多样。东耸高原，连通晋陕，八百秦川。南隅山地，俨然江南，林密枝繁，天然氧吧；甘南草原，自古牧场，塞上秋来风景异，风吹草低牛羊见。西越黄河，过乌鞘岭，走廊蔓延，青新毗连，巍峨祁连，纵横龙首，间有绿洲草如茵，六畜繁衍有欢颜；大漠孤烟万里直，长河落日千载圆，更有雪峰和冰川，神奇造化皆自然。北接蒙宁，突兀六盘，天高云淡，望断南飞雁。

故乡陇上，风光万千。金城兰州，华夏中心，黄河东逝，一桥飞架化天堑，通途北南；白塔五泉峙相望，绿色风情见长廊；平沙落雁，筏客搏浪，黄河母亲播希望，龙渊神韵添新卷。平凉崆峒美誉远，天下道教第一山。庆阳古朴，周祖开基肇兴地，农耕文化源流长；民俗之乡，荷包剪纸甲天下，民歌道情绽奇葩。天水地灵，伏羲创卦，女娲补天，轩辕问道，秦祖牧马；文有秀美之麦积，天下艺术陈列馆；武推诸葛及姜维，北伐中原留遗篇。凉州不凉米粮川，自古繁华骋天马。甘州不干水湖滩，半城芦苇半城塔。酒泉形胜，瀚海明珠，葡萄酒香，夜光杯内饮琵琶。昔日阳关玉门关，一片孤城万仞山，黄河远上白云间，今栽杨柳三千里，引得春风金不换。嘉峪雄风，边塞扬威，秦时明月汉时关。敦煌闻名，劫后拂尘惊宇寰。甘南梦幻香巴拉，亦真亦幻在体验。河州世称小麦加，遍地虔诚下夕烟。

故乡陇上，革命志坚。追忆往昔，岁月峥嵘，乱舞群魔，阴霾遮天；红旗漫卷东南，星星之火燎原。腊子口天险，一夫当关万夫难，一举突破敌胆寒。榜罗镇定落脚点，会宁会师三军欢。悲哉西征，喋血黄沙，风云变色，草木含悲，浩气长存泣天地，忠心世传惊祁连。待雄鸡一唱天下白，万家有乐舞翩跹。

故乡陇上，风情浓郁。秦汉之际，部落活跃，多有征战。两汉威武，丝路开通，胡商蕃客，贩夫使者，奔走驿命，驼铃不断。纷乱时期，金戈铁马，生灵涂炭。蒙元满清，一统天下。乃至当代，裕固撒拉，回藏满汉，共建家园。

故乡陇上，意气高远。遥想当年，丝路飞天，后渐荒远，沙尘埋掩。今誓追赶，旧貌觅难，高楼竞拔，生机勃发。二千万人同一呼，敢叫日月换新天。斯时斯地，小康缔造万民欢，和谐世界艳阳天！

注：此文原载于窦开龙主编的《甘肃文化旅游开发论》（人民出版社 2010 年）。现转载，以飨读者。

参考文献

1. 保继刚．旅游地理学［M］．北京：高等教育出版社，2012.

2. 曾瑜皙，钟林生．中国旅游资源评价研究回顾与展望［J］．湖南师范大学自然科学学报，2017（2）：1－10.

3. 许辉，杨洁明，喻晓玲．新疆优质旅游资源空间格局及影响机制［J］．地域研究与开发，2016（1）：96－101.

4. 刘芝凤．地方治理中的民族文化资源保护与新经济发展分析［J］．北方民族大学学报（哲学社会科学版），2018（3）：28－36.

5. 向宝惠，张爱平．黄河源区旅游资源空间特征分析与开发对策研究［J］．西北师范大学学报（自然科学版），2017（5）：121－127＋134.

6. 把多勋，王瑞，夏冰．甘肃省民族旅游资源空间分布研究［J］．地域研究与开发，2013（3）：77－82.

7. 刘法建，方叶林，李东和．省域旅游发展“资源诅咒”测度及其与区域经济的响应［J］．华东经济管理，2015（11）：66－70.

8. 冯亮，党红艳，金媛媛．晋中市红色文化旅游资源的评价与开发优化［J］．经济问题，2018（7）：92－98.

9. 刘建桢．甘肃民俗旅游资源整合与发展摭谈——以兰州刻葫芦为例［C］．决策论坛——政用产学研一体化协同发展学术研讨会论文集（上），2015（19）．

10. 柴秋实．甘肃打造旅游强省全面提速［N］．人民日报，2018－

2 – 14.

11. 张陇堂．甘肃 11 个市州设立旅游委［N］. 中国旅游报，2017 – 12 – 29.

12. 曹鹏，白永平．中国省域绿色发展效率的时空格局及其影响因素［J］. 甘肃社会科学，2018（4）：242 – 248.

13. 查建平，贺腊梅，舒皓羽．中国旅游经济增长源泉分解及其时空演化特征［J］. 长江流域资源与环境，2017（12）：1981 – 1990.

14. 谢磊，李景保．江苏省旅游经济空间差异及影响因素分析［J］. 兰州财经大学学报，2017（1）：94 – 102.

15. 张新生．旅游推动城镇化建设的典型模式与问题研究［J］. 四川师范大学学报（社会科学版），2016（1）：72 – 80.

16. 余凤龙，王英利．江苏沿海区域旅游经济发展特征、影响因素与对策研究［J］. 资源开发与市场，2016（2）：244 – 248.

17. 喇明英．川甘青交界区文化生态旅游融合发展的理念与路径探讨［J］. 西南民族大学学报（人文社科版），2016（2）：131 – 135.

18. 罗浩，颜钰荛，杨旸．中国各省的旅游增长方式“因地制宜”吗？——中国省际旅游增长要素贡献与旅游资源比较优势研究［J］. 旅游学刊，2016（3）：43 – 53.

19. 万科，黄新建，陈璐．江西省昌九区域旅游一体化发展［J］. 经济地理，2016（3）：201 – 207.

20. 罗谷松，彭华，闫罗彬．“红层荒漠”旅游开发价值分析［J］. 地理科学，2016（4）：55 – 563.

21. 冯燕，朱晓玲，杨洁明．基于“点—轴”理论的新疆旅游业空间结构研究［J］. 资源开发与市场，2016（7）：876 – 880 + 897.

22. 陆林，储小乐．旅游地演化研究进展与启示［J］. 安徽师范大学学报（自然科学版），2018（1）：77 – 84.

23. 张毓，孙根年，苏建军．丝绸之路经济带 9 省区国内旅游成长及增长惯性分析［J］. 干旱区资源与环境，2016（8）：203 – 208.

24. 董锁成，赵敏燕，郭鹏．“一带一路”生态旅游带发展模式与对策

[J]. 中国科学院院刊, 2016 (6): 647 - 655.

25. 马耀峰, 刘军胜. 中国丝绸之路世界遗产旅游发展战略研究 [J]. 陕西师范大学学报 (自然科学版), 2015 (6): 71 - 76.

26. 贺小荣, 胡强盛. 湖南省旅游产业集群与区域经济的互动机制 [J]. 经济地理 2018 (7): 209 - 216.

27. 邓广山. 民俗生态旅游与非物质文化遗产传承协同发展研究 [J]. 价格理论与实践, 2018 (4): 143 - 146.

28. 周兵, 黄显敏, 任政亮. 民族地区旅游产业精准扶贫研究——以重庆市酉阳县为例 [J]. 中南民族大学学报 (人文社会科学版), 2018 (1): 85 - 89.

29. 毛昕, 明庆忠. 新乡村主义视域下环城游憩带建设模式及开发路径研究 [J]. 曲靖师范学院学报, 2017 (6): 100 - 106.

30. 周春波. 文化与旅游产业融合对旅游产业结构升级的影响效应 [J]. 当代经济管理, 2018 (9): 7.

31. 段兆雯, 王媛媛. 西北五省 (区) 旅游与文化产业融合度研究 [J]. 河南科学, 2017 (12): 2055 - 2061.

32. 丰晓旭. 全域旅游和区域绿色发展的关联度 [J]. 改革, 2018 (2): 122 - 131.

33. 邹启朋. 历史文化名镇文化功能提升研究——以重庆安居古镇为例 [J]. 重庆建筑, 2018 (4): 14 - 16.

34. 陈鹏, 宋徽. 安徽省旅游产业集聚发展存在的问题及对策 [J]. 通化师范学院学报, 2017 (11): 59 - 64.

35. 赵得成, 张小华. 西北沙漠旅游与绿洲文化融合发展策略探析 [J]. 重庆工商大学学报 (自然科学版), 2018 (4): 97 - 107.

36. 贺小荣, 胡强盛. 湖南省旅游产业集群与区域经济的互动机制 [J]. 经济地理, 2018 (7): 209 - 216.

37. 钟林生, 曾瑜皙. 绿色发展理念给我国旅游业带来的新论题 [J]. 旅游学刊, 2016 (10): 1 - 3.

38. 王彩萍, 徐红罡, 张萍. 市场化改革、政府干预与区域旅游业发展:

从宏观视角来解读困境 [J]. 旅游学刊，2015 (3)：44 – 52.

39. 生延超，钟志平. 旅游产业与区域经济的耦合协调度研究——以湖南省为例 [J]. 旅游学刊，2009 (8)：23 – 29.

40. 王松茂，郭英之，王艳威. 旅游经济空间网络演变驱动机制实证研究 [J]. 泰山学院学报。2018 (3)：1 – 10.

41. 王俊，徐金海，夏杰长. 中国区域旅游经济空间关联结构及其效应研究——基于社会网络分析 [J]. 旅游学刊，2017 (7)：15 – 26.

42. 苏建军，孙根年. 中国旅游投资与旅游经济发展的时空演变与差异分析 [J]. 干旱区资源与环境，2017 (1)：185 – 191.

43. 赵传松，任建兰，陈延斌. 全域旅游背景下中国省域旅游产业与区域发展时空耦合及驱动力 [J]. 中国人口·资源与环境，2018 (3)：149 – 159.

44. 肖琳，徐淑梅. 黑龙江省 13 地市旅游竞争力空间格局演变研究 [J]. 哈尔滨师范大学自然科学学报，2017 (6)：86 – 94.

45. 马威，张耀南，敏玉芳. 基于互联网搜索数据的甘肃省旅游客源地时空分析 [J]. 中国沙漠，2016 (3)：857 – 864.

46. 普拉提·莫合塔尔，伊力亚斯·加拉力丁，白克拉木·孜克利亚新疆旅游经济网络特征演变及驱动分析 [J]. 黑龙江民族丛刊，2017 (3)：99 – 104.

47. 韩若苑. 甘肃省旅游经济的时空差异演变分析 [J]. 旅游纵览（下半月），2014 (8)：249 – 252.

48. 方应波，熊宏涛，张中旺. 广东省旅游经济区域差异特征研究 [J]. 华中师范大学学报（自然科学版），2014 (4)：601 – 605.

49. 刘军胜，马耀峰. 1995 – 2014 年西北 5 省旅游流与区域交通的耦合过程与格局 [J]. 浙江大学学报（理学版），2017 (5)：606 – 615.

50. 马耀峰，张春晖，刘军胜. 旅游耦合：可持续发展研究新路径 [J]. 旅游导刊，2018 (3)：1 – 19.

51. 赵传松，任建兰. 全域旅游视角下中国旅游业与区域发展耦合协调及预测研究 [J]. 经济问题探索，2018 (3)：66 – 74.

52. 龚艳，张阳．基于耦合模型的旅游—经济—生态环境协调发展——以江苏沿海为例［J］．社会科学家，2016（4）：107－112.

53. 徐佳萍，郑林．福建省旅游产业与区域经济耦合协调关系研究［J］．江西科学，2018（1）：195－202.

54. 马耀峰，刘军胜．基于供需视角的国内外旅游耦合研究审视［J］．陕西师范大学学报（自然科学版），2014（6）：76－84.

55. 李秋雨，朱麟奇，刘继生．中国旅游业对经济增长贡献的差异性研究［J］．中国人口·资源与环境，2016（4）：73－79.

56. 李田．基于耦合协调视角的河北省旅游产业与区域经济一体化发展研究［J］．地理与地理信息科学，2015（2）：87－90.

57. 马慧强，燕明琪，李岚．我国旅游公共服务质量时空演化及形成机理分析［J］．经济地理，2018（3）：190－199.

58. 程鹏飞．游览前目的地形象对游客感知服务质量的影响——游客专业知识的调节效应［J］．旅游学刊，2018（2）：57－66.

59. 郭安禧，郭英之，李海军．旅游者感知价值对重游意向影响的实证研究——旅游者满意和风险可能性的作用［J］．旅游学刊，2018（1）：63－73.

60. 窦璐．旅游者感知价值，满意度与环境负责行为［J］．干旱区资源与环境，2016（1）：197－202.

61. 秦远好，刘德秀．城镇居民对国内旅游服务质量感知评价研究［J］．西南大学学报（自然科学版），2015（4）：47－54.

62. 丁水平，林杰．地区经济发展对旅游增长影响的空间效应分析［J］．统计与决策，2018（15）：154－157.

63. 赵磊，方成，吴向明．旅游发展、空间溢出与经济增长——来自中国的经验证据［J］．旅游学刊，2014（5）：16－30.

64. 查建平，谭庭，李园园．中国旅游产业关联效应及其分解——基于投入产出分析的实证研究［J］．山西财经大学学报，2018（4）：62－74.

65. 王慧．经济新常态下辽宁旅游产业关联带动效应提升研究［J］．社会科学家，2016（1）：108－113.

66. 卢松，王琳琳，王立妹．基于 CiteSpace 的国外地方感知识图谱研究 [J]. 安徽师范大学学报（自然科学版），2018（1）：68－76.

67. 风笑天．社会研究方法［M］. 北京：中国人民大学出版社，2013.

68. 董雪旺，徐宁宁，陈觉．基于游客地方感的水乡古镇开发模式——兼论乌镇模式的可复制性［J］. 经济地理，2018（6）：187－192＋202.

69. 李强，杨立国，王宇桐．湖南省县域旅游经济发展问题与对策研究 [J]. 中国市场，2017（35）：241－243.

70. 孙盼盼，戴学锋．中国区域旅游经济差异的空间统计分析［J］. 旅游科学，2014（2）：35－48.

71. 陈灿，平姜豪．扶贫视阈下甘孜州县域旅游产业竞争力研究［J］. 民族学刊，2016（5）：71－75＋120.

72. 张广海，赵韦舒．国内外旅游政策研究进展［J］. 西部经济管理论坛，2018（1）：82－89.

73. 韩卢敏，陆林，杨兴柱．安徽省旅游政策变迁及其空间响应研究 [J]. 地理科学，2016（3）：431－438.

74. 林泓，林岚，朱志强．国内全域旅游研究述评［J］. 旅游研究，2018（2）：62－74.

75. 石培华．"旅游＋"是实现全域旅游的重要路径［N］. 中国旅游报，2016－5－11.

76. 张广海，赵韦舒．国内外旅游政策研究进展［J］. 西部经济管理论坛，2018（1）：82－89.

77. 崔林．我国旅游市场营销问题分析与对策研究［J］. 赤峰学院学报（自然科学版），2017（21）：93－93.

78. 毕丽芳，王薇，薛华菊．少数民族地区旅游发展趋势研究［J］. 价值工程，2017（2）：254－255.

79. 田里，陈永涛．旅游产业转型升级研究进展［J］. 资源开发与市场，2017（10）：1265－1270.

80. 中国科学院地理科学与资源研究所．甘南藏族自治州生态旅游发展规划［M］. 北京：中国社会出版社，2014.

81. 王世金，徐新武，邓婕．中国滑雪旅游目的地空间格局、存在问题及其发展对策［J］．冰川冻土，2017（4）：902－909.

82. 塔娜，图雅．草原牧区绿色发展现状及对策研究——以典型牧区内蒙古正蓝旗为例［J］．黑龙江畜牧兽医，2017（20）：64－68.

83. 詹丽，张小月．湖北省入境旅游发展的现状、困境与对策［J］．四川旅游学院学报，2016（1）：33－36.

84. 王硕，李玉峰．京津冀文化旅游融合发展问题与对策［J］．人民论坛，2016（5）：229－231.

85. 吕蕊，石培基．河西走廊产业集群发展现状与对策研究［J］．中国包装，2016（3）：68－71.

86. 陈燕．民生视角下的民族地区旅游发展：思路、模式与对策［J］．云南民族大学学报（哲学社会科学版），2016（4）：128－132.

87. 徐永清．民族地区旅游发展中的政府作用研究［J］．贵州民族研究，2015（9）：152－155.

88. 杨鹏，王金叶．旅游可持续发展：内涵探讨及桂林应对分析［J］．中南林业科技大学学报（社会科学版），2015（1）：44－48.

89. 王金叶，梁佳，张静．加快我国西部地区生态经济发展的对策研究［J］．生态经济，2013（6）：38－41＋49.

90. 窦开龙．基于社区感知的县域旅游发展影响及机理研究［J］．全国流通经济，2018（21）：66－69.

91. 窦开龙．西北民族地区旅游危机预警管控研究［J］．合作经济与科技，2017（6）：45－47.

92. 罗盛锋，刘永丽，黄燕玲．西南民族地区旅游影响调控研究——基于游客感知视角［J］．中国农业资源与区划，2015（5）：50－59.

93. 窦开龙．民族地区旅游业发展的民生效应研究［M］．北京：中国社会科学出版社，2015.

94. 李瑞，殷红梅，吴殿廷．旅游对民族社区居民民族认同影响测量及其社区对比［J］．西南师范大学学报（自然科学版），2017（12）：68－74.

95. 张秀改，赵媛，朱敬敬．丝绸之路经济带中国段旅游资源与旅游发展耦合研究［J］. 干旱区地理，2018（1）：170－177.

96. 白彩玲．甘肃全面推进全域旅游示范创建［N］. 中国旅游报，2017－5－4.

97. 刘海飞．关于西北落后地区发展中存在的典型问题研究——以甘肃省为例［J］. 经济研究参考，2017（56）：54－58.

98. 梁亚民．以绿色发展为引领，加快甘肃生态文明建设［J］. 兰州财经大学学报，2017（4）：1－6.

99. 李巍，韩佩杰．基于旅行社线路的甘肃省旅游特征研究［J］. 资源开发与市场，2017（6）：750－753.

100. 潘竟虎，马春天，李俊峰．甘肃省A级旅游景点空间结构研究［J］. 干旱区资源与环境，2014（7）：188－193.

101. 把多勋，徐金海，杨志国．甘肃省14城市旅游竞争力比较研究［J］. 干旱区资源与环境，2014（7）：194－199.

102. 张军谋．丝绸之路经济带甘肃段旅游产业发展战略研究［J］. 宝鸡文理学院学报（社会科学版），2016（5）：59－63.

103. 张雍华，白永平，郭芳艳．甘肃省城市旅游效率发展态势研究——基于2005－2012年甘肃省14个市州的面板数据［J］. 环境与可持续发展，2014（6）：160－162.

104. 王肃元，李巧玲．兰州市非物质文化遗产的保护及开发［J］. 兰州大学学报（社会科学版），2014（6）：142－146.

105. 梁旺兵，徐彤，张毓利．基于断裂点理论下的甘肃省城市旅游吸引范围研究［J］. 资源开发与市场，2015（2）：231－234.

106. 李秋雨．中国旅游业经济效应的时空分析与协调性研究［D］. 东北师范大学，2017.

107. 南宇，孙建飞，张萍．丝绸之路背景下甘南藏族自治州旅游产业与文化产业融合问题研究［J］. 干旱区资源与环境，2017（3）：203－208.

108. 张小华，邱云慧．“一带一路”背景下轩辕文化旅游产业发展的战略思考［J］. 甘肃科技纵横，2017（1）：82－85.

109. 廖碧芯，张河清．全域旅游视角下博罗县乡村旅游发展研究［J］.

经济论坛，2017（1）：48－53.

110. 王佳果，吴忠军．“一带一路”背景下民族地区旅游业创新发展研究［J］．广西师范学院学报（哲学社会科学版），2016（6）：81－86.

111. 祁述裕，孙凤毅，许立勇．“丝绸之路经济带与区域文化规划”研究笔谈［J］．浙江工商大学学报，2015（3）：104－128.

112. Sylvie Demurger，Jeffrey D. Sachs. Geography，Economic Police and Regional Development in China［J］．Forthcoming in Asian Economic Papers，2000（1）．

113. Ying L G. Understanding China's recent growth experience：A spatial econometric perspective. The Annals of Regional Science，2003（4）．

114. Brendan Canavan. Tourism culture：Nexus，characteristics，context and sustainability［J］．Tourism Management，2015（53）．

115. Scott R S，Lance D E，Vaughn R A C，et al. Rural health care bypass behavior：How community and spatial characteristics affect primary health care selection. The Journal of Rural Health，2015（2）．

116. DeepakChhabra，Shengnan Zhao. Present－centered dialogue with heritage representations［J］．Tourism Management，2015（55）．

117. Yi－Ju Lee. Creating memorable experiences in a reuse heritage site［J］．Annals of Tourism Research，2015（55）．

118. 何立波．中国骊靬古城真与“罗马战俘”有关吗？［J］．河北学刊，2004（6）．

119. 张德芳．汉简确证：汉代骊靬城与罗马战俘无关［N］．光明日报，2000－5－19.

120. 杨共乐．中国境内哪有罗马城：西汉骊靬城与罗马战俘无关［N］．光明日报，1999－5－21.

121. 余兵．“焦作模式”和“栾川模式”对我国旅游业发展的启示［J］．信阳农业高等专科学校学报，2007（3）．

122. 常慧丽．生态经济脆弱区旅游开发扶贫效应感知分析——以甘肃甘南藏族自治州为例［J］．干旱区资源与环境，2007（10）．

123. 范彬彬. 基于焦作旅游的区域旅游现象比较分析 [J]. 陕西青年职业学院学报, 2009 (4).

124. 李佳, 钟林生, 成升魁. 民族贫困地区居民对旅游扶贫效应的感知和参与行为研究——以青海省三江源地区为例 [J]. 旅游学刊, 2009 (8).

125. 杨公齐. 中国经济发展模式: 理论反思与县域经济发展实践的回归 [J]. 现代财经, 2009 (8).

126. 范彬彬. 基于旅游者角度的"焦作模式"潜在问题分析 [J]. 曲阜师范大学学报, 2010 (4).

127. 赵雪雁, 侯成成, 李建豹, 赵敏丽甘肃省县域经济增长与空间格局演变探析 [J]. 西北师范大学学报 (自然科学版), 2011 (5).

128. 黄敏, 刘洪利. 山区县域旅游可持续发展研究——以河北省崇礼县为例 [J]. 商业经济, 2010 (1).

129. 郑春丽, 韩春鲜. 丝绸之路中国西段旅游中心城市国际旅游流时空演化特征 [J]. 市场论坛, 2010 (5).

130. 李瑞, 殷红梅. 民族县域旅游发展定量综合评价——以黔东南苗族侗族自治州 16 个民族县域为例 [J]. 地理科学进展, 2010 (10).

131. 沈坤荣, 付文林, 李子联. 中国经济增长的动力机制与发展方式转变 [J]. 江苏行政学院学报, 2011 (1).

132. 赵磊, 夏鑫, 全华. 基于旅游产业链延伸视角的县域旅游地演化研究 [J]. 经济地理, 2011 (5).

133. 李瑞, 吴殿廷, 郭谦, 朱桃杏, 吴孟珊. 20 世纪 90 年代中期以来中国县域旅游研究进展与展望 [J]. 地理与地理信息科学, 2012 (1).

134. 周志宏. 县域旅游融入区域旅游的路径选择研究——兼论湘阴旅游与长株潭旅游圈的对接 [J]. 经济地理, 2012 (1).

135. 李巧玲. 丝绸之路申遗中国段旅游形象设计与推广策略——基于陕西段西安旅游区的视角 [J]. 西北农林科技大学学报 (社会科学版), 2012 (5).

136. 吴俊. 县域旅游转型升级中的路径依赖, 创造及突破——以浙江省淳安县为例 [J]. 商业经济与管理, 2012 (5).

137. 薛华菊等．区域入境旅游流质量时空演变及特征研究［J］．干旱区资源与环境，2014（6）．

138. 张瑞英，席建超，葛全胜．1996－2013年中国入境旅游市场时空演变研究［J］．地域研究与开发，2014（6）．

139. 中国科学院地理科学与资源研究所课题组．丝绸之路经济带可持续发展模式探析［J］．中国国情国力，2014（10）．

140. 杨恕，王术森．丝绸之路经济带战略构想及其挑战［J］．兰州大学学报（社会科学版），2014（1）．

141. 卫玲，戴江伟．丝绸之路经济带：超越地理空间的内涵识别及其当代解读［J］．兰州大学学报（社会科学版），2014（1）．

142. 金运成．基于旅游软实力的县域旅游品牌构建——以浙江衢江为例［J］．北京航空航天大学学报（社会科学版），2014（5）．

143. 郭鹏，董锁成，李泽红等．丝绸之路经济带旅游业格局与国际旅游合作模式研究［J］资源科学，2014（12）．

144. 魏敏．丝绸之路经济带：中土旅游合作的战略思考［J］．亚非纵横，2015（1）．

145. 王会战，李树民等．丝绸之路旅游合作国内研究述评［J］．旅游科学，2015（2）．

146. 张爱平，钟林生．我国省际旅游发展质量特征及空间差异［J］．地理科学，2015（3）．

147. 程玉申，戴玲丽．浙江省县域旅游经济差异的时空演变分析［J］．北京第二外国语学院学报，2015（3）．

148. 韩学伟．基于智慧旅游的县域旅游“五位一体”发展模式研究——以河南省洛阳市栾川县为例［J］．开发研究，2015（10）．

149. 陈丽军，洪玉华．基于GIS的大别山县域旅游资源禀赋差异研究［J］．湖北农业科学，2015（10）．

150. 郭晓东，杨施思．近10年来甘肃省入境旅游发展的时空差异与演变特征［J］．北京第二外国语学院学报，2015（11）．

151. 翟燕霞，舒波．基于BOS理论的县域旅游资源开发创新研究——

以河北临城县为例［J］．燕山大学学报（哲学社会科学版），2015（12）．

152．徐绍华．中外丝绸之路战略比较研究［J］．云南行政学院学报，2016（1）．

153．刘英．遗产廊道背景下丝绸之路经济带旅游一体化创新［J］．甘肃社会科学，2016（9）．

154．宋红娟等．丝绸之路网络视频旅游营销价值研究［J］．商业经济研究，2016（10）．

155．李晶晶．丝绸之路经济带跨国旅游合作研究［J］．特区经济，2016（11）．

156．吴亚平，陈品玉，周江．少数民族村寨旅游精准扶贫机制研究——兼论贵州民族村寨旅游精准扶贫的“农旅融合”机制［J］．贵州师范学院学报，2016（5）．

157．董婷婷，方世明．县域旅游发展的时空分布特征及其影响因素分析——以武汉市黄陂区为例［J］．湖北大学学报，2017（1）．

158．陆娇，方世明．旅游精准扶贫体系研究［J］．湖北农业科学，2017（1）．

159．王克军．主要客源国对中国入境旅游市场的贡献分析［J］．旅游学刊，2017（1）．

160．巩萧等．甘肃省A级旅游景区空间格局演化研究［J］．资源开发与市场，2017（2）．

161．孙才志等．中国绿色化发展水平测度及动态演化规律［J］．经济地理，2017（2）．

162．吕雯雯等．民族区域产学研的现实困境与解困研究［J］．贵州民族研究，2017（2）．

163．许新国．河北省县域全域旅游发展模式构建分析［J］．旅游纵览（下半月），2017（2）．

164．滕飞，杜金涛．中国省级区域旅游经济发展的时空演变统计分析［J］．吉林师范大学学报（自然科学版），2017（2）．

165．南宇，孙建飞，张萍．丝绸之路背景下甘南藏族自治州旅游产业与文化产业融合问题研究［J］．干旱区资源与环境，2017（3）．

166. 龙祖坤，李绪茂．县域旅游经济结构演变与发展模式研究——以湖南省20个贫困县为例［J］．中南林业科技大学学报（社会科学版），2017（7）．

167. 王金营，何岩浩．京津冀县域经济发展：要素作用与城市辐射［J］．河北学刊，2018（1）．

168. 雷兵．农村电子商务发展与地方经济的关系——基于中国1870个县数据［J］．当代经济管理，2018（1）．

169. 封福亮．基于人类发展指数的云南县域经济社会发展研究［D］．云南师范大学，2008.

170. 崔乔．基于动力机制的县域旅游发展模式研究——以“沂水模式”为例［D］．山东师范大学，2012.

171. 邓小海．旅游精准扶贫研究［D］．云南大学，2015.

172. 范彬彬．区域旅游发展中“焦作模式”的探讨研究［D］．陕西师范大学，2008.

173. 杨雪峰．湖南县域经济组团式发展研究［D］．湖南农业大学，2014.

174. 赵好战．县域生态文明建设评价指标体系构建技术研究——以石家庄市为例．［D］．北京林业大学，2014.

175. 叶敏弦．县域绿色经济差异化发展研究［D］．福建师范大学，2014.

176. 牛亚莉．旅游流与目的地耦合时序测评及发展差异研究——六大城市入境旅游为例［D］．陕西师范大学，2015.

177. 洪亚丽．县域旅游发展影响因素及其发展模式研究［D］．浙江工商大学，2015.

178. 史伟婷．记化与共鸣：丝绸之路线性文化遗产旅游的研究［D］．长安大学，2015.

179. 候利莉．中国省域旅游经济发展质量的时空差异研究［D］．安徽大学，2016.

180. 蒋思远．丝绸之路旅游区旅游合作模式研究［D］．河南大学，2016.

181. 洪亚丽．县域旅游发展影响因素及其发展模式研究——以浙江淳安县为例［D］．浙江工商大学，2015.

182. 张露．湖北县域经济绿色发展路径研究［D］．湖北工业大学，2015.

183. 方超．县域发展评价及转型路径研究——基于浙江省58个县域实证分析［D］．浙江工商大学，2017.

184. 李晶晶．基于文化体验的丝绸之路旅游开发模式研究［D］．北京交通大学，2017.

185. 周腰华．中国县域经济增长差异及其影响因素研究［D］．沈阳农业大学，2016.

186. 邱玲．河南省县域经济发展模式的探讨［D］．兰州财经大学，2015.

187. 宋晓珍．河西地区县域经济差异及影响因素分析［D］．甘肃农业大学，2016.

188. 任萃颖．吉林省县域经济转型发展研究［D］．东北师范大学，2016.

189. 邹毅．现阶段我国县域治理问题研究［D］．中共中央党校，2016.

190. 唐石．县域生态经济发展动力研究——以江苏省为例［D］．北京交通大学，2016.

191. 李维．重庆市区县经济增长实证研究［D］．重庆大学，2016.

192. 郭斌．中国县政府职能变迁及其影响因素研究［D］．兰州大学，2016.

193. 刘敏．县域金融风险与经济发展研究［D］．武汉大学，2014.

194. 王潇音．通辽地区县域经济发展研究［D］．浙江海洋大学，2017.

195. 张华凯．合肥县域产业竞争力研究［D］．南京大学，2017.

196. 戴其文．全球化，地方化与西部欠发达地区发展不平衡——以广西为例［D］．华东师范大学，2017.

197. 傅倩楠. 县域旅游品牌构建策略研究——以沂南为例 [D]. 山东大学, 2017.

198. 李晓云. 洛阳山地县域旅游经济发展潜力评价研究 [D]. 郑州大学, 2013.

199. 张晨莲. 湖南省县域旅游品牌发展现状与对策研究 [D]. 湖南师范大学, 2016.

200. 李蕾. 西藏山南地区的县域旅游规划研究 [D]. 西南交通大学, 2012.

201. 方晓勤. 中国县域旅游经济发展模式研究——以泰宁县为例 [D]. 北京交通大学, 2009.

202. 钱慧逸. 乡村旅游发展为导向的县域村落体系规划研究——以河南新县为例 [D]. 东南大学, 2016.

203. 杨建新. 丝绸之路 [M]. 兰州: 甘肃人民出版社, 1988.

204. 王长远. 县域经济发展战略 [M]. 北京: 中国经济出版社, 1993.

205. 张爱棠. 中国县域经济问题 [M]. 北京: 光明日报出版社, 2000.

206. 王怀岳. 中国县域经济发展实论 [M]. 北京: 人民出版社, 2001.

207. 中华人民共和国国家旅游局. 丝绸之路旅游区总体规划 (2009 - 2020 年) [M]. 北京: 中国旅游出版社, 2010.

208. 南宇. 西北丝绸之路五省跨区域旅游合作开发战略研究 [M]. 北京: 科学出版社, 2012.

209. 马晓龙. 城市发展对城市旅游效率的影响研究 [M]. 北京: 中国旅游出版社, 2014.

210. 中国旅游研究院. 中国区域旅游发展年度报告 2015 - 2016 [M]. 北京: 旅游教育出版社, 2016.

211. 窦开龙等. 西北地区民族文化旅游产业发展模式研究 [M]. 兰州: 甘肃文化出版社, 2016.

致　谢

专著出版之际，特向我的家人、领导、朋友和同事表示感谢。

感谢我的家人，没有父母的养育，没有兄弟妹妹的支持，我不可能走出农村，走向城市，在大学工作。

感谢爱人陈淑琳，无怨无悔承担了家务，照顾孩子、校对书稿，付出了辛勤的劳动，没有她长时期的支持，我很难静下心来做调研、写论著。在此，我由衷地向你说一句：辛苦了，我的爱人！

感谢给予我教诲和指导的老师，尤其是各位导师，没有你们的支持，我不会走上学术研究之路，更不会著书撰文。他们是西北师范大学经济学院原院长李兴江教授、博士（已去世），兰州大学历史文化学院原院长王希隆教授、博士，陕西师范大学地理与环境学院马耀峰教授，四川大学邓玲教授，北京大学经济学院杜丽群教授、博士。在此，真诚地说声：谢谢！

感谢兰州财经大学经济研究所领导张贡生、雷兴长、蔡国峰、蒋俊生、郭北辰、王娟娟以及同事何国长、史菊美，我们相处愉悦，互相切磋学术，互相勉励提高，情感醇厚，如沐春风，为我营造了一个宽容和谐的学术环境。

感谢各地领导和朋友给我调研工作的积极支持。他们是：永昌县委办公室副主任王玉鲲，永昌县宣传部祁尚明、张铭功、仁怀明，甘肃公航旅集团永昌分公司主任丁永琴，永昌县宣传部祁尚明、张铭功、仁怀明，永昌县旅游局局长张崇洋，永昌县文化馆王克芝、曹成魁，永昌县委党校陈学军，永昌县第四中学王明光、杨延魁、严占学、杨斌元，永昌县第一中学刘鸿林、侯有铭、黄生炎、蔡昌，永昌县档案馆刘玉辉；古浪县旅游局局长郑天书，古浪县旅游局副局长张国武，古浪县定宁乡廉宗仁，古浪县委党校高康泰，古浪县马路滩林场刘学鹏，古浪县发改委陈天资；永昌县前旅游局局长张和平，陇西县宣传部杜冰，陇西县旅游局局长张凯、安主任、李早霞；陇西县薛宏彪、刘伟伟；永靖县政协张主席，永靖县旅游局局长陈忠义、齐勇、永靖县政协孔令俊，永靖县三塬镇党委书记李昌赟；甘肃民族师范学院刘玉中副教授；夏河县宗教局华浩春。没有你们的支持，许多信息和资料无法获得。

感谢甘肃及省外的一些专家学者，他们是：陕西师范大学旅游学院王晓峰教授、博士，河西学院贾小军博士、教授，敦煌研究院丁得天博士，西北师范大学旅游学院南宇教授、博士，兰州文理学院旅游学院院长牛海帧教授，兰州文理学院乡村旅游研究中心常务副主任高亚芳教授，兰州文理学院旅游学院吴煜群老师等。你们的建议使本书愈加完善，也使我获益匪浅。

感谢兰州财经大学统计学院研究生程钦良，为我调研做了大量工作，提供了各方面支持，使我调研得以顺利高效开展。

感谢中国财政经济出版社的责任编辑同志，为本书出版付出了大量劳动和心血，你们的严谨和热情，使我感动。

感谢参与本书写作的人员，他们是陈淑琳、张红艳、李世黎、李杏丽、王燕、任巧民、乔瑞、刘艳、曲静等。他们做了大量的资料搜集整理工作，提供了各方面支持，使本书得以顺利出版。

从 2001 年走上学术研究之路，18 个年头不知不觉走过，但学术之路，何其艰难，有所成就，何其艰辛。我将继续认真研讨，关注甘肃旅游发展，使自己的思考得到提升。如能对实践有些许借鉴价值，我将不胜喜悦！

窦开龙

2019 年 11 月

第一作者简介

窦开龙（1974 - ），男，汉族，甘肃古浪人。1993 - 1996 年求学于河西学院外语系；1997 - 2001 年在甘肃永昌县从事教育工作；2001 - 2004 年在西北师范大学经济学院攻读硕士学位，获人文地理学硕士；2005 - 2008 年在兰州大学民族学研究院攻读博士学位，获民族学博士学位；2008 - 2010 年在陕西师范大学旅游与环境学院从事博士后研究，获人文地理学博士后资质；2011 - 2014 年在四川大学经济学院从事博士后研究，获理论经济学博士后资质；2014 - 2015 年在北京大学经济学院做高级访问学者。目前在兰州财经大学从事旅游经济研究工作，荣获“兰州财经大学中青年骨干人才”称号。

研究兴趣集中在区域经济学、旅游经济学、中国少数民族经济方面。主持国家社会科学项目 2 项（《非传统安全视域下西北民族地区旅游危机预警管控研究》《西北地区民族文化旅游产业发展模式研究》）、中国博士后项目 1 项（《西部民族地区旅游目的地国际竞争力研究》）、广西人文社会科学重点项目 1 项（《广西旅游业国际竞争力：2001 - 2011》）、广西社科规划项目 1 项（《广西地级城市旅游竞争力研究》）、兰州财经大学重大招标项目 1 项（《西北丝路旅游时空演变研究》）、兰州财经大学丝绸之路经济研究院重点项目 1 项（《丝绸之路入境旅游流时空演变研究》）、西藏文化传承发展协同创新中心招标项目 1 项（《“一带一路”背景下西藏区域旅游合作发展研究》）、古浪县乡村旅游规划项目 2 项。独立在人民出版社、中国社会科学出版社、内蒙古人民出版社出版专著 3 部，分别为《甘肃文化旅游开发论》《民族地区旅游业发展的民生效应研究》《民族地区旅游发展研究》。在 CSSCI 期刊发表论文 10 多篇，其中 3 篇被中国人民大学报刊复印资料转载。多次受邀在多所大学和地方政府做学术报告、规划评审与社科项目申报辅导。